당신은 이미
괜찮은 존재입니다

당신은 이미
괜찮은 존재입니다

지은이 류샹핑 | 옮긴이 허유영

ViVa체

프/롤/로/그

자존감 중독에서 벗어나라

많은 사람들이 평생 벗어나지 못하는 악몽이 있다. 바로 자신과 남을 비교하는 것이다. 마음속에 그런 생각이 자주 떠오른다면, 예를 들어 무의식중에 자신이 남보다 어떤 점이 나은지 부족한지를 생각하거나, 대부분의 고민과 행복이 그런 비교에서 비롯된다면 당신은 이미 '비교'가 몸에 밴 것이다. 그렇다면 당신은 자존감self-esteem과 관련된 곤란을 겪고 있을 가능성이 높으니 조심해야 한다. 한마디로 자존감에 중독된 것이다.

건강한 자존감을 갖지 못한 사람들은 타인과 비교하는 것이 왜 문제인지 이해하지 못한다. 그들은 본능적으로 이렇게 반문한다. "비교는 기본적인 거 아닐까?", "다른 사람보다 뛰어나면 기쁘고 만족스러운 게 당연하지 않아?", "남보다 뒤떨어지면 당연히 우울하지 않겠어?" "올림픽에서 금메달을 딴 선수들은 모두 기뻐서 울기까지 하던걸?"

그래서 그들은 명예를 추구하면서 다른 사람보다 앞서가는 것을 인생 최고의 목표이자 유일한 원동력으로 여긴다. 자신이 얼마나 대단한지 다른 사람에게 보여 주는 일이 곧 자신의 가치를 실현하는 것이라고 생각하기 때문이다. 이들에게 인생의 의미는 나를 둘러싼 사람들에게 본때를 보여 주고 으스대는 데 있다. 자신이 그렇게 생각하기 때문에 다른 사람들도 모두 똑같을 것이라 여긴다. 다만 이런 목표는 자존감이 낮은 사람들의 건강하지 못한 생활 방식일 뿐 보편적인 가치관이라 볼 수는 없다.

그렇다면 자존감에 문제가 없는 사람들은 어떨까? 물론 그들도 자신과 타인을 비교한다. 남보다 우월하지 못하면 우울해하고 우월하면 기뻐한다. 그러나 이들의 비교는 자존감이 낮은 사람들의 그것과는 완전히 다르다. 이들은 타인과 비교하는 것에 크게 관심이 없으며, 타인을 이기는 것을 인생에서 가장 중요한 목표로 보지도 않는다. 그들에게 비교는 그저 일의 결과일 뿐이며, 삶의 궁극적인 의미가 아니다. 그들에게 삶이란 독특하고 개성 있는 꿈을 실현하는 일이다. 그리고 꿈이란 어린 시절부터 간직해 온 자신의 내면에서 솟아오르는 소망과 흥미다.

　또한 이들은 자신의 취향과 본능적인 느낌에 따라 삶의 목표를 설정한다. 예를 들어 어느 나라 대통령이 바쁜 일정 중에도 여가를 이용해 목공 일을 한다고 하자. 그는 그저 그 일이 재미있어서 할 뿐, 누구와 실력을 겨루거나 남의 칭찬을 듣기 위해 하지 않는다. 목공 작품으로 전시회에 참가해서 상을 받을 수 있다면 좋은 일이지만, 이런 것은 그에게 중요하지 않다. 그는 남의 의견에 그리 개의치 않으며, 타인과 함께 목공일을 하면서 깊은 친교를 나눌 수 있다. 왜냐하면 이런 사람들은 자신과 타인이 모두 동등한 존재로 독립적인 견해를 가지고 있으며, 서로 믿고 협력할 수 있다고 생각하기 때문이다. 반면 자존감에 문제가 있는 사람들은 타인을 그저 내 삶의 관중이나 경쟁 상대로만 바라본다.

　자존감에 문제가 없는 사람들은 자신의 심리적 욕구를 대부분 효과적으로 만족시킬 수 있다. 이들에게 삶은 매우 간단한 일이다. 그들은 많은 친구를 사귀고, 여러 가지 일을 하며, 자신의 능력을 발휘하며 살아간다. 또한 자신의 자주성, 능력, 사랑에 관한 욕구도 만족시킬 수 있다. 남이 본다고 해서 더 힘껏 일하거나 허물을 감추려고 하지 않는다. 자신의 감정을 자연스럽게 드러내면서 웃어야 할 때 웃고 울어야 할 때 운다. 이들에게 타인의 존재는 어떠한 부담도 아니다. 타인은 길동무이거나 동반자이며, 나아가 조력자이자 협력자다.

　반면 자존감에 문제가 있는 사람들에게는 종종 이런 인식이 결여

되어 있다. 그들은 가족 관계에서 받은 상처나 그 밖의 다른 원인으로 인해 타인의 존재를 위협이나 장애로 받아들인다. 타인은 나를 비웃는 존재이거나 냉정한 평가자다. 철학자 장 폴 샤르트르Jean Paul Sartre가 말했듯이 "타인은 곧 지옥이다". 이런 사람들은 마치 무대에 처음 서는 배우와 같다. 그들은 타인에게 보여지는 자기 자신을 의식하며, 전혀 알지 못하는 사람일지라도 타인의 존재만으로도 초조함과 경각심을 느낀다.

이 책에서 논하려는 주제도 인간관계에서 나타나는 이와 같은 자아 결함과 인지 왜곡 문제다. 자존감의 문제에서 기인한 여러 가지 심리적 질병은 현대인이 불행한 근본 원인 중 하나다. 자존감으로 인한 곤란이나 장애는 과거에 비해 훨씬 심각하다. 개인 간의 빈부 격차가 더욱 심화되었을 뿐 아니라, 누구나 언제든지 타인의 상황을 보고 자신과 비교할 수 있게 되었다. 이웃이 타는 차, 동료가 사는 집, 재벌의 별장과 자가용 비행기, 스타들의 멋진 얼굴과 몸매. 마우스 클릭 한 번으로 당신의 사회적 위치가 일목요연해진다.

과거 폐쇄적인 사회에서는 달랐다. 예를 들어 과거 중국 사회에서는 단 네 개의 가문만이 대단한 부를 소유하고 있었다. 다른 사람들은 애초에 그들 네 가문이 어떻게 호화롭게 사는지 알 길이 없었다. 설령 같은 마을에 악덕 소지주가 살고 있다고 해도 개인의 자존감에 어떠한 영향을 주지 못했다. 고작 수십 마지기 땅과 수십 칸의 기와집을 더 가진 것으로 생활 수준의 차이가 얼마나 나겠는가.

또한 사람 간의 관계가 갈수록 멀어지고 있는 것도 문제다. 고층 아파트에서 서로 전혀 왕래 없이 살아가는 이웃들은 가끔 엘리베이터에서 마주칠 뿐이다. 낯선 이에게는 인사 한마디 하지 않는다. 인정은 각박해지고 세태는 냉정해졌다. 과거 명절이면 온 마을 이웃끼리 서로 찾아가 인사하던 모습은 이미 추억 속으로 사라졌다. 차가워진 인심은 자존감 장애를 더 부추긴다. 소통에 대한 관심이나 능력도 예전에 비해 크게 떨어지고, 우울증과 괴벽증을 앓는 사람들은 갈수록 많아지고 있다.

그러나 사회에는 온정이, 인간에게는 소통이 필요하다. 인생의 아름다움이란 곧 인정의 아름다움에 있다. 심리학은 사람들의 내면적 고통을 해결하고 행복을 실현하도록 돕는 역할을 한다. 이 분야에서는 인간의 자존감에 관심을 가진 연구가 수십 년간 활발하게 진행되어 오고 있다. 그리하여 자존감의 기본 원리, 측정 방법, 간섭 요인 등과 관련하여 큰 진전을 거두었다. 그러나 아직 실제 생활과 접목하여 자존감에 대해 소개하는 책은 많지 않다. 나는 이 책을 통해 자존감에 문제가 있어 고통을 겪는 사람들이 자아를 더 잘 이해하도록 돕고 싶다. 그들이 삶을 다시 새롭게 정립하고 나아가 더 건강한 생활 방식을 찾아낼 수 있기를 바란다.

자신과 타인을 비교하고 위치를 매기는 습관에서 벗어나 자존감의 문제를 해결한다면 거의 모든 심리적 문제는 저절로 사라질 것이다. 많은 심리적 문제가 건강하지 못한 자존감에서 비롯되기 때문이다.

나는 건강한 자존감을 갖는다면 완전히 새로운 인생을 체험하게 될 것이라고 믿는다. 서로 비교하는 일이 참을 수 있을 만큼 가벼운 일이 된다면 사람들은 진정한 꿈을 찾아낼 수 있을 것이다. 자신의 에너지를 그 꿈을 실현하는 데 오롯이 쏟을 수 있고, 끈기 있고 너그러우며 온화하고 안정적인 사람이 될 것이다. 또한 자아 정체성에 대한 올바른 인식과 내면적 접근을 통해 독립적이고 친화적이며 자주적인 안정적 애착 관계를 형성하고, 주도적이면서도 남에게 순응할 수 있고 확고하면서도 융통성이 있는 내면을 기를 수 있을 것이다. 한마디로 누에고치가 화려한 나비가 되듯 더욱 완전하고 충실하며 폭넓은 인간으로서 삶을 변화시킬 수 있을 것이다.

류샹핑

목/차

서문— 자존감 중독에서 벗어나라 _ 5

01 자존감이 낮을수록 자존감을 추구한다

- 자존감을 구분하는 세 가지 기준 _ 16
- 낮은 자존감의 결과 _ 22
- 완벽주의자의 너무 높은 기대 _ 25
- 자기 과시형 인간의 과대망상 _ 31
- 자존감 장애 _ 36

02 자존감이란 무엇일까?

- 포레스트 검프는 자존감을 고민했을까? _ 40
- 자기 평가와 자존감의 차이 _ 46
- 자존감이 함축한 다섯 가지 의미 _ 49
- 자신을 긍정적으로 바라보는 힘 _ 55
- 인간관계의 강력한 조절 장치 _ 60
- 안정감, 사랑, 자존감 _ 67

03 자존감의 씨앗이 뿌리내리게 하라

- 무조건적 애정에서 출발하는 자존감 _ 74
- 안정 애착과 불안정 애착 유형 _ 80
- 자신을 부풀리는 과대평가 _ 88
- 투사의 영향을 덜 받는 효과 _ 92
- 개인의 성장과 인격의 완성 _ 99
- 진화론의 시각에서 본 자존감 _ 110

04 체면을 위해 고통을 감수할 것인가?

- 자존감에 따라 좌절에 대처하는 법 _ 116
- 자기반성이 오히려 독이 될 때 _ 124
- 왜 남과 비교해서 우월감을 얻으려 할까? _ 128
- 나도, 타인도, 세상도 평가하지 마라 _ 135

05 낮은 자존감에는 과대평가가 필요하다

- 자신에 대해 덜 긍정적인 사람들 _ 148
- 적절하게 자신을 높이 평가하는 것 _ 152
- 자존감이 낮은 사람들의 해결책 _ 168
- 아름다운 과거를 추억하라 _ 173

06 비판을 받거나 거절당할 때 드러나는 자존감

- 부정적 피드백에 작동되는 낮은 자존감 _ 176
- 득실에 연연하는 것과 그렇지 않은 것의 차이 _ 182
- 실패는 성공의 어머니가 아니다 _ 185
- 실패는 왜 그토록 두려운 일인가? _ 189

07 두 가지 동기의 충돌

- 자기 고양과 자기 일관성 동기 _ 198
- 내가 진정 원하는 것은 무엇일까? _ 203
- 목표 수준을 어떻게 잡을 것인가? _ 208
- 고생만 하고 대가를 누리지 못하는 이유 _ 211

08 자존감과 대인 관계

- 과도한 자기 방어의 덫 _ 218
- 자존감이 낮은 사람들의 소통 방식 _ 221
- 부정적 메시지에 대한 민감한 반응 _ 224
- 무조건적 지지와 인정이 일으키는 효과 _ 229

09 자존감과 우울증

- 우울증은 어떻게 유발되는가? _ 234
- 부정적 인지와 우울증의 관계 _ 239
- 낮은 자존감은 우울증의 원인일까? _ 243
- 긍정적인 요인과 부정적인 요인의 공존 _ 248
- 타인을 과소평가하는 이유 _ 256
- 우울증적 현실주의란? _ 258
- 긍정적으로 착각하라 _ 260

10 높은 자존감의 독, 낮은 자존감의 힘

- 높은 자존감의 단점 _ 266
- 낮은 자존감의 장점 _ 273

- 무조건적인 사랑의 힘 _ 284
- 성공은 자존감의 필수 조건인가? _ 287
- 자존감의 근원과 안정감의 중요성 _ 290

11 가장된 자존감의 실체

- 높지만 불안한 자존감 _ 296
- 자아도취에 빠진 사람들 _ 298
- 자신에 대한 마음속 진정한 생각 _ 303
- 자존감의 안정성과 가변성 _ 306
- 가장된 자존감의 반항 기질 _ 309

12 자존감과 작별하라

- 치명적인 자존감 게임 _ 314
- 추구할수록 더 낮아지는 자존감 _ 319
- 높은 자존감 추구의 함정 _ 326
- 완벽함에서 멀어져라 _ 332
- 자존감보다 중요한 것 _ 335

자존감 평가 – 텍사스 사회적 행위 설문 _ 337

01

자존감이 낮을수록
자존감을 추구한다

자존감을 구분하는
세 가지 기준

　　　　　자존감은 누구에게나 익숙한 단어이지만 정확히 설명하기는 어려운 말이다. 모든 사람의 삶은 자존감과 떼려야 뗄 수 없는 관계를 맺고 있지만, 자존감 문제는 이상하게도 나타나지 말아야 할 곳에서 늘 나타나 사람들의 마음을 심란하게 만든다.

　대학원에 입학했을 때 동기 중에 무척 잘생긴 친구가 있었다. 기숙사에서 넷이 한방을 썼는데, 그 친구만 안경을 쓰지 않았고 눈이 크고 생기가 넘쳐서 보기 좋았다. 그런데 어느 날 그 친구가 한 달 생활비의 절반이나 들여서 무척 보기 싫은 뿔테 안경을 샀다. 안경을 쓰면 더 지식인 같아 보인다는 이유에서였다.

　최근 퇴직하고 실직 상태인 한 친구는 고등학교 졸업 30주년 기념 모임에 참석했다. 그는 값비싼 남성용 밍크코트를 입은 채로 자전거를 타고 왔다. 무척 추운 날이긴 했지만, 어울리지 않는 그의 모습에 친구들은 안쓰러운 시선을 보냈다.

어느 기업 회장이 비용을 아끼기 위해 항공사의 특가 비즈니스석 티켓을 구입했다. 그런데 항공사 규정상 특가 티켓으로는 공항 라운지를 이용할 수 없었다. 비즈니스석 티켓을 가지고서도 그에 상응하는 대우를 받지 못하자 자존심이 상한 회장은 항공사가 승객을 속이고 불공평한 대접을 했다고 불만을 터뜨렸다. 이것은 모두 자존감 때문에 벌어지는 일이다. 삶 구석구석에서 만나게 되는 자존감은 인간 행동을 유도하는 가장 중요한 동기이자 심리 건강의 관건이다. 자아 혼란이라는 관점에서 바라보면 모든 심리적 문제를 해석할 수 있다. 자존감은 자아 혼란의 수수께끼를 풀 수 있는 열쇠다.

이 책에서는 자존감을 '진심 어린 애정으로 자신을 바라보는 긍정적인 생각'이라고 정의한다. 다시 말해 어떤 조건 없이도 스스로 유능하고 가치 있는 사람이라고 인정하고, 성공하든 실패하든 여전히 자신이 가치 있는 사람이라고 생각하는 것이다. 또한 타인도 자신과 마찬가지로 존재의 가치를 지니고 있다고 여기는 것이다. 말하자면 자존감은 '남이 잘났으면 나도 잘났다'는 가치관이다.

우리는 이처럼 타인의 가치도 더불어 인정하는 자존감을 '긍정적 자존감' 또는 '건강한 자존감'이라고 부른다. 반면 이러한 삶의 가치관에 부합하지 않는 자존감은 '건강하지 않은 자존감', '완전하지 않은 자존감' 또는 '자존감 장애'라고 부른다.

자존감에 관한 심리학의 연구 성과를 종합해 보면 건강한 자존감과 그렇지 않은 자존감은 다음과 같은 세 가지 측면에서 구분할 수 있다.

높은 자존감과 낮은 자존감

자존감이 높은 사람들은 언제나 자신을 긍정적으로 바라보고 사랑한다. 그는 독립성과 자아 긍정성을 유지하면서 타인에게 쉽게 영향을 받지 않고 통제감sense of control* 과 자기 효능감self-efficacy** 을 가지고 있다. 또한 다른 사람들에게 의존하지 않고 그들과 분명한 경계선을 유지하며 독립적으로 사고한다. 자기 회의나 부끄러움, 어색함 등의 감정은 거의 느끼지 않는다. 언행이 효율적이고, 집중력 있고, 과감하며, 의지가 강하다.

반면 자존감이 낮은 사람들은 늘 부정적인 시선으로 자신을 바라보며, 자신에 대한 믿음이 부족하다. 자신에 대한 인식이 매우 모호하며, 스스로 가치 있고 남에게 호감을 주는 사람이라고 확신하지 못한다. 그들은 과도하게 타인에게 의존하고 두려워한다. 자신의 능력과 가치를 실제보다 과소평가하고, 부족한 점은 부풀려 생각한다. 마치 자신의 단점을 발견해야만 마음이 놓이는 듯하다.

---

* 자신의 힘으로 주변 환경과 사건을 통제할 수 있다는 믿음. – 옮긴이.
** 자신의 능력으로 어떤 문제를 해결할 수 있다는 신념이나 기대감. – 옮긴이.

조건부 자존감과 진정한 자존감

미국의 유명한 심리학자인 에드워드 데시Edward Deci와 리처드 라이언Richard Ryan은 인간의 동기 이론에서 출발하여 자존감에 대한 새로운 분류기준을 제시했다. 바로 조건부 자존감과 진정한 자존감이다. 이 두 가지는 각기 다른 행위 동기와 심리적 기초에서 나온다. 진정한 자존감은 '본질적 자존감'이라고도 할 수 있다. 이것은 자아 만족, 자아 성향, 자기 역량에서 저절로 생겨나는 자기 가치감을 의미한다. 진정한 자존감은 안정적인데, 정작 이러한 자존감을 가진 사람들은 이를 분명하게 느끼지 못한다. 다시 말해 그들은 자존감이라는 문제에 무관심하며 자아를 객관적인 사물처럼 원래 그런 것으로 대한다. 높은 가치감은 본질적 자존감에서 나오며, 이러한 자존감을 가진 사람은 수시로 자신의 가치를 확인할 필요가 없다.*

본질적 자존감은 높은 수준의 자주적 동기를 수반한다. 다시 말해 자신의 주인은 바로 자기 자신이다. 따라서 자신이 진정으로 바라는 것과 그만의 행위 기준에 따라 생각하고 행동한다. 본질적 자존감을 가진 사람들은 아무 조건 없이 자신을 받아들이고 사랑한다. 그들은 "나는 내가 마음에 들어. 내가 성공했거나 다른 사람들이 나를 부러

---

* Michael H. Kernis, *Self-Esteem Issues and Answers*, Psychology Press, 2013(reprint edition).

워해서가 아니라, 내가 살아 있기 때문에, 내가 살아 숨 쉬는 생명이기 때문에"라고 말한다.

이에 반대되는 것이 조건부 자존감, 즉 미리 세워 놓은 기준에 도달했을 때 얻는 자존감이다. 자기 가치감이 저절로 생겨나지 않고 어떤 기준을 달성했는지의 여부에 달려 있다. 예를 들면 외모가 아름다워야 가치감을 가질 수 있고, 돈이 많아야 자존감이 있으며, 성공해야만 즐거워한다. 조건부 자존감을 가진 사람들은 종종 자신에게 진정으로 필요한 것이 무엇인지 알지 못하며, 자존감을 측정하는 기준을 내면화internalization* 를 통해 얻는다. 인생 초기, 부모와의 관계에서 그들의 사랑은 조건적이다. 부모는 아이가 자신이 원하는 행동을 하면 칭찬하고 원하지 않는 행동을 하면 꾸중함으로써 행위 기준을 아이에게 강요한다. 아이는 무의식중에 이렇게 외부에서 강요받은 기준을 인생의 목표로 삼고 자기 내면에서 우러나온 진정한 욕구는 간과해 버린다. 조건부 자존감은 강렬한 자의식을 통해 겉으로 선명하게 표출된다. 이런 사람들은 늘 타인의 눈을 통해 자신을 바라본다.

---

* 타인의 인지 기능, 태도, 가치관 등을 자신의 사고 체계에 병합하는 것. – 옮긴이.

이기적 자존감과 이타적 자존감

자존감은 내면의 심리 구조일 뿐 아니라, 대인 관계와도 관련이 있다. 이기적 자존감은 한 사람의 자기 가치감이 오로지 자신의 내면으로만 향하는 것이다. 이기적 자존감을 가진 사람들은 자신의 가치를 높이는 데만 관심이 있으며, 타인의 자기 가치감과 기본 권리는 소홀히 하고 훼손하기도 한다. 성장 과정에서 부모의 사랑과 안정적 애착 관계가 부족했던 사람들의 자기 가치감은 종종 타인의 자존감을 고려하지 못하거나 동정심이 결여된 형태로 나타난다. 그들은 자신에게만 관심을 쏟고 타인의 감정을 고려하지 않거나, 타인이 자신을 바라보는 관점에서 자기를 보지 못한다. 폐쇄적인 사고방식은 이기심과 자기 연민을 불러일으켜 심리 건강을 해칠 수 있다.

반면 이타적 자존감은 그 바탕에 타인의 애정과 위로를 갈구하는 심리가 깔려 있고, 타인의 감정에 공감함으로써 대인 관계에 긍정적인 작용을 한다. 이타적 자존감은 다시 두 형태로 나뉘는데 하나는 자신을 매우 가치 있는 인간으로 여기는 것이고, 또 하나는 타인에 대한 신뢰, 즉 자신을 도울 수 있는 사람으로 여기는 것이다. 이타적 자존감을 가진 사람들은 객관적으로 타인의 처지를 고려하고 그에 맞추어 융통성 있게 자신의 관점과 자존감을 조절한다. 이로써 자신의 결정과 자주성을 유지하면서도 다른 사람의 처지를 고려할 수 있는 것이다.

이와 같이 자존감을 구분하는 이 세 가지 기준을 가지고 다양한 자존감 장애를 분석해 볼 수 있다.

낮은 자존감의 결과

　　　　　　자존감이 낮은 사람들은 기본적으로 자신감이 부족하다. 고민이 너무 많고 감정이 가라앉아 있어서 초조감과 우울감으로 이어지기도 한다. 그들은 자신에 대한 생각과 평가가 실제 능력이나 행동으로 나타나는 것보다 현저히 낮다.

　예를 들면 훌륭한 외모를 가지고도 자신감이 없거나, 머리가 좋은데도 학업 성적에 자신이 없거나, 다방면에 재주를 가지고도 활력이 부족하거나, 성공을 거두었지만 걱정이 많고 우울하다. 그런가 하면 외모는 평범한데도 자신을 잘 드러내고, 지능은 보통이지만 용감하게 도전하고, 가진 능력은 그저 그렇지만 활력과 열정이 충만한 이들도 있다. 이런 이들은 벽에 부딪혀도 쉽게 우울해하거나 실의에 빠지지 않는다. 전자는 자존감이 낮은 유형이고, 후자는 자존감이 높은 유형이다.

삶의 질은 누구보다 더 부유한지보다 내면이 얼마나 풍부하고 행복하며 진실한지, 또 자아실현의 정도에 따라 결정된다. 그러나 자존감이 낮은 사람들은 그 사실을 인식하지 못한다. 그저 자신과 성취에 대해 만족하지 못하고 높은 자존감을 갖고 싶어 한다. 또한 그들은 비교적 쉽게 초조함을 느낀다.

예를 들어 자존감이 낮은 학생은 중간고사에서 1등을 해도 안정적인 자신감과 뿌듯함을 느끼지 못한다. '기말고사에서 1등을 하지 못하면 어떡하지?'하며 더럭 겁을 내기 때문이다. 자존감이 낮은 대학교수는 많은 논문을 발표하더라도 자신이 얼마나 우수한지 생각하기보다 '올해 이렇게 많은 논문을 발표했는데 내년에 한 편도 발표하지 못하면 어떻게 하지?'라고 걱정부터 한다. 자존감이 낮은 관리자는 부하 직원들과 함께 사내 최고의 실적을 거두어도 그런 결과를 내기까지 얼마나 힘들었는지 이야기하고 직원들을 칭찬하는 것이 아니라, 현재의 성공에 안주하지 말라고 하면서 아직도 무엇이 부족한지를 성토한다. 마치 업무 실적이 꼴찌인 듯 스트레스를 주는 것이다.

그들이 자신에 대해 느끼는 감정과 현실 사이에는 큰 괴리가 있다. 그들은 실제 자신의 상황을 바로 보지 못하기 때문에 성공을 거둔 뒤에도 만족감이나 자랑스러움을 적절하게 표현하지 못한다. 이때 자존감은 고장 난 온도계처럼 자신의 성과가 가져다주는 상황을 있는 그대로 반영하지 못하고 부정적인 방향으로 오류를 일으키게 된다.

자존감이 낮은 사람들은 항상 자신의 부족함을 반성하는 습관이 있다. 그렇게 해야만 마음이 편안해지는 것이다. 자랑스러움과 만족감은 그들을 오히려 더 초조하게 만든다. 평온한 상황에서도 위험을 미리 걱정해야만 불안감을 줄일 수 있다. 그들에게는 이것이 일상적인 상태다. 그들은 늘 불안한 마음을 가지고 살기 때문에 안정감이 부족하고 인생의 편안함과 즐거움을 누리지 못한다. 그들은 '가장 좋은 것은 없다. 다만 더 좋은 것만 있을 뿐이다'라는 인생 신조를 가지고 살아간다. 인생은 유한하므로 항상 좋을 수만은 없고, 세상은 본래 불안전한 곳이기 때문에 그들은 안전한 상황에서도 쉽게 불안감을 느낄 수밖에 없다. 설령 모든 것이 순조롭더라도 시간은 모든 것을 바꿀 수 있고, 인간은 반드시 늙기 때문에 언젠가는 움직이지도 못하는 날이 올 것이다.

이처럼 자존감이 낮은 사람들에게 모든 일의 결과는 단 하나뿐이다. 세상은 끝없는 고통이며, 인간은 늘 불안함 속에서 보낸다. 그들은 자신을 부정적인 시각으로 바라보며, 자기 능력을 의심하고 실패를 두려워한다. 그래서 매일 어떻게 해야 좀 더 자신 있게 행동할 수 있을지를 생각하지만, 행동 능력과 모험 정신은 줄어들기만 한다. 그렇다고 자존감이 낮은 사람들이 날마다 자책과 후회로 시간을 보내고 자기 인생에 대해 부정적인 평가를 내리는 것은 아니다. 하지만 자신에 대해 믿음을 잃으면 즉시 활력을 잃고 수동적인 사람이 되는 것이다.

완벽주의자의 너무 높은 기대

조건부 자존감을 가진 사람들은 성패에 연연하고, 명예와 이익을 손에 넣기 위해 고민한다. 이런 이들은 성패를 자기 가치감을 가늠하는 유일한 잣대로 삼기 때문에 타인을 이기기 위해 발버둥치고, 다른 사람들을 모두 제치고 1등 자리를 지켜야 한다고 생각한다. 그들은 무리의 제일 꼭대기에 있어야만 안전하다고 느끼며, 1등을 하고 명예와 이익을 거머쥐어야만 비로소 가치 있는 삶이라고 여긴다. 자신이 어떤 사람인지 확신하지 못하고 타인의 눈을 통해서만 자신을 평가하려고 하기 때문에 부와 지위에 극단적으로 매달린다.

명리를 좇는 것 자체는 심리 장애가 아니다. 사람은 누구나 명예와 이익을 좋아한다. 진정한 자존감을 가진 사람들도 마찬가지다. 하지만 그들에게는 안정감과 본질적 자존감이 밑바탕에 깔려 있기 때문에 자신의 가치관과 진실한 감정에 따라 스스로 결정을 내리고 주도적으로 행동한다. 그들에게 부와 명예는 목적이 아니며, 자아실현이라는 커다란 과정 가운데 일부일 뿐 유일하거나 주된 목표가 아니다. 또한 가족 간의 정, 친구와의 우정, 창조, 심미 등 다른 가치도 똑같이 중요하다. 자존감이 낮은 사람들이 부와 명예에 집착하는 이유는 일종의 보상 심리나 체면을 중시하는 태도 때문이다. 그런 사람들의 특징을 살펴보면 다음과 같다.

첫째, 부와 명예가 유일한 목적이다. 그들은 어떤 대가를 치르고서라도 성공하려고 한다. 다른 취미와 관심사는 뒷전으로 밀려 버리기 때문에 정신적으로 피폐하고 무미건조하다. 그들이 할 줄 아는 것은 야근하고 상사에게 잘 보이고 실적을 위해 내달리는 것뿐이다. 가족이나 친구, 여가 생활에는 거의 시간을 쏟지 않는다. 마치 수도승처럼 다른 일에는 일절 관심을 끊고 오로지 부와 명예만을 위해 분투한다.

둘째, 부와 명예를 추구하는 것이 일종의 강박증이 되어 그칠 줄 모른다. 그들의 목표는 영원히 달성할 수 없을 만큼 거대하다. 게다가 '반드시', '한순간도 쉬지 않고', '무조건' 충족해야 한다고 생각하기 때문에 정상적인 필요성을 넘어 탐욕에 가깝게 변한다. 그들의 이런 극단적인 성향은 안정감 부족에서 기인한다.

셋째, 부와 명예를 추구하는 과정에서 적대감이 나타난다. 자존감이 낮은 사람들이 부와 명예를 추구하는 것은 안정감을 얻기 위해서다. 그러므로 타인은 안중에 두지 않는다. 그들은 애착감이 없으며,

그저 타인과 대립하고 그들을 밟고 올라서서 권력과 명예를 얻기에만 급급하다. 급기야 그의 삶은 성공을 추구하는 것이 아니라 모든 이들을 초월하기 위한 게임으로 변한다. 남보다 앞서는 것은 원래 즐겁게 일하는 가운데 부수적으로 따라오는 결과이지만, 그 부수적인 결과가 그들에게는 유일한 목표가 된다.

성공이 자존감을 얻기 위한 유일한 수단이라면 정반대의 힘이 생겨날 수밖에 없다. 바로 실패를 두려워하는 것이다. 성공을 추구하는 마음과 실패를 두려워하는 마음은 밀접한 관계를 맺고 있다. 성공을 중요하게 여기는 만큼 실패를 치명적으로 생각하는 것이다. 이 두 개의 힘은 언제나 정반대 방향에서 균등하게 작용한다. 기대가 클수록 실망도 크다고 말하는 이유가 바로 여기에 있다.

조건부 자존감을 가진 사람들은 성공을 갈망하는 만큼 실패와 좌절의 부정적인 영향을 실제보다 더 크게 느낀다. 이들은 성공했을 때와 실패했을 때 감정 기복이 매우 크다. 날마다 성공이냐 실패냐에 연연하기 때문에 생활의 질이 떨어질 수밖에 없다. 일단 실패하면 기분이 급격히 가라앉고 성공하면 또 미친 듯이 기뻐한다. 그들의 자존감은 성패에 따라 불안정해진다. 심리학자들의 연구 결과에서도 조건부 자존감을 가진 사람들이 크고 작은 일의 결과에 따라 감정 기복이 심하게 나타난다는 사실이 밝혀졌다.

완벽주의자의 비현실적인 기준

> 가능하다면 전진하라.
>
> 불가능하다면 가능하게 만들어서 전진하라.
>
> → 완진시 王進喜 *

고된 인생을 자처하는 사람들이 있다. 그들은 언제나 도달할 수 없는 높은 기준을 세운다. 주위에서 일벌레라고 부르는 그들은 바로 완벽주의자다. 자신에게 무리한, 심지어 비현실적인 요구를 하고 자신과 타인에게 더 높은 업무의 질을 기대한다. 그들은 목표를 너무 높게 잡고 도저히 엄두도 낼 수 없는 기준을 자신 또는 타인에게 강요한다. 그들이 자신의 가치를 평가하는 유일한 기준은 바로 능력과 성과다.

완벽주의자는 현실성 없는 기준을 설정해 놓고 한 치의 동요도 없이 그 기준을 고수한다. 이들은 "가능하다면 전진하라. 불가능하다면 가능하게 만들어서 전진하라"라는 말을 인생의 신조로 여긴다. 성공할 수 있는 여건이 갖추어지지 않았다면 좀 더 기다려야 하거나 어쩌면 잠시 포기해야 한다는 뜻일 수도 있다. 인간의 능력이란 유한해서 아무리 노력해도 할 수 없는 일이 있기 때문이다.

A가 바로 그런 사람이다. 그녀는 우울증, 불면증, 집중력 부족으로 부득이하게 대학을 휴학했다. 그녀는 평범한 지능을 가졌지만 고등학

생 시절 피나는 노력으로 차근차근 성적을 올려 명문대 수학과에 진학한 노력파였다. 수학과는 그 대학에서도 커트라인이 제일 높은 축에 들었고, 합격생들은 모두 각지에서 온 내로라하는 수재들이었다. 그들은 지능이든 수학적 사고력이든 모두 A보다 훨씬 뛰어났다. 하지만 A는 노력하면 무엇이든 안 될 것이 없다고 믿었다. 이것은 그녀의 어머니가 그녀에게 입버릇처럼 해 온 말이기도 했다. 그녀는 꼭 해내겠다는 신념으로 열심히 공부했지만 역부족이었다. 다른 친구들은 한 번 듣고 이해하는 내용을 그녀는 수없이 공부해도 이해할 수가 없었다. 친구들의 설명을 들어도 확실하게 알아듣지 못했다. 그렇게 1학기가 끝나고 기말고사 성적이 발표되었을 때 그녀의 성적은 과에서 꼴찌였다.

그녀는 노력이 부족했다고 생각하고 다음 학기에는 거의 매일 밤을 새워 가며 수학 문제를 풀었다. 극심한 스트레스로 불면증에 시달리더니 우울증세가 나타나기 시작했다. 늘 우울했고 공부를 하기 싫었다. 자책과 열패감만이 그녀를 휘감았다. A의 문제는 실제 상황에 맞게 목표를 수정하지 않았다는 데 있다. A와 같은 이들은 자존심을 내려놓고 목표를 낮추는 것을 용납하지 못한다. 그들에게는 오히려 포기하기보다 목표를 실현하기가 더 쉽다.

완벽주의자들은 일이든 학업이든 최대의 노력과 시간을 투자해 훌륭한 성과를 내지만, 그것에 만족하지 못하고 행복감을 느끼지 못한다. 그들은 일벌레가 되어 가정도 우정도 건강도 모두 포기한다. 스티브 잡스도 이런 사람이었다. 그는 자신의 일에 관한 한 혹독한 기준을 세워 놓고 전심전력을 다해 몰두했다. 가족들과 한가하게 여가 시간을 보내는 일은 거의 없었다. 현대인들은 정도의 차이는 있지만 이런 과도한 통제감이나 정복감을 가지고 있다

자존감 이론에 비추어 보면 완벽주의자의 가장 큰 문제는 외재적 기준으로 자신의 가치를 평가한다는 점이다. 그들은 조건부 자존감을 가지고 있으며, 그들의 자기 가치 self-worth 는 자신의 실제 상황을 반영하지 못한다. 그들의 행위 기준도 스스로 내면에서 우러나와 설정한 것이 아니라, 부모의 기준이 그들에게 내면화된 산물이다. 모종의 원인 때문에 완벽주의가 내면화되어 자기 능력을 훨씬 뛰어넘는 기준을 세우게 된 것이다. 자존감이 낮은 사람들은 실제 자신의 능력보다 낮은 기준을 세우는 반면, 완벽주의자들은 높은 기준을 세운다. 비유컨대 자존감이 낮은 사람들의 온도계는 실제보다 낮은 온도를 가리키고 있다면, 완벽주의자들의 온도계는 실제보다 높은 온도를 가리킨다.

자기 과시형 인간의 과대망상

완벽주의자들의 심리적 문제는 초조함이나 우울감이 아니라, 타인이나 환경과 충돌하는 것이다. 그들은 툭하면 타인의 행동을 공격하는 반면, 자기반성은 부족하다. 또한 타인을 과소평가하고 자신은 과대평가하며, 고집스럽고 융통성이 부족하다. 이런 특징은 자존감이 불안정하기 때문에 나타난 결과다.

자기 과시

자존감은 복잡한 현상이기 때문에 여러 가지 각도에서 분석하고 평가해야 한다. 과거의 자존감 연구에서는 단지 자존감의 수준이 높은지 낮은지만 측정하고 그 결과로 심리적 건강 상태를 단정했다. 자존감이 높으면 심리적으로 건강하고 자존감이 낮으면 건강하지 못하다고 말이다.

 그런데 오늘날의 자존감 연구에서는 이런 단순한 평가가 틀렸음이 밝혀졌다. 자존감은 여러 가지 이론적 구조를 가지고 있으며, 높은지 낮은지는 가장 중요한 척도도 아니고 유일한 척도는 더더욱 아니다.

 자존감에서 가장 중요한 것은 바로 애착감이다. 안정적 애착 관계를 기반으로 타인의 가치를 존중하고 인정하느냐가 자존감에서 가장 중요하다. 건강하고 긍정적인 자존감은 반드시 두 가지를 갖추어야 하는데, 하나는 자기 가치감이고, 다른 하나는 남도 나와 마찬가지로 가치감과 중요성을 가지고 있음을 인정하는 심리다. 내가 사랑스러우면 남도 사랑스럽다고 생각하는 것이다. 이런 기준으로 바라보면 우리 주변에도 자기 중심적 자존감의 장애를 가지고 있는 사람들이 수두룩할 것이다.

 자기중심적인 사람들의 자존감은 불완전하다. 자신에 대해 긍정적인 생각과 감정만 가지고 있고 타인을 인정하는 마음이 부족한 까닭은, 자기 연민을 넘어서 사랑이 부족한 탓이다. 그들은 현실과 타인의 이익을 고려할 수 없으며, 과도하게 주관적이기 때문에 주변 사람들을 불쾌하게 만들 수 있다. 또한 자신감과 자부심이 너무 크고, 자신의 능력과 가치를 과대평가하며, 자신의 미래에 대해서도 실제보다 더 낙관적인 견해를 가지고 있다. 하지만 타인에 대해서는 냉정하고 그들의 감정에 공감하지 못한다. 이런 모습을 보고 공자는 이렇게 말했다. "자기가 원하지 않는 것은 남에게도 시키지 말라己所不欲勿施於人."

이것은 단편적이고 불충분한 반쪽짜리 자존감이다. '자기 과시형'인 그들은 자신의 감정에만 집중하고 타인의 감정은 완전히 무시한다. 그들의 마음속에서 타인은 그저 자신을 부러워하기 위해 존재할 뿐이며, 자신과 동등한 자격조차 없다. 그들은 자신의 성과를 과시하고 남들이 보기에 별로 가치 없는 사소한 일도 위대한 성과로 자랑한다.

예를 들면 자랑하기를 좋아하는 선생님이 자기 아들이 재롱부린 일화를 이야기하느라 수업 시간을 다 보낸다거나, 잘난 척하는 상사가 젊은 시절에 최고의 실적을 거두었던 일화를 마치 전쟁 무용담처럼 장황하게 떠벌리는 것이 그러하다. 이들에게 세상의 중심은 바로 자신이다. 그들은 타인과 소통할 때 상대의 반응에는 관심을 두지 않고 자신의 감정과 성과만 내세운다. 타인과 깊이 소통하기 쉽지 않은 그들은 대부분 표면적인 소통에 머문다.

재미있는 것은 남을 대하는 태도에서 그들은 자존감이 낮은 사람들과 다르다는 사실이다. 자존감이 낮은 사람들은 주변 사람들의 태도에 너무 연연하여 중심을 잃는다. 반면 자기 과시형의 사람들은 남들이 자신을 바라보는 태도나 반응에 크게 신경 쓰지 않는다. 그들은 타인을 안중에 두지 않는다.

이런 현상에 대해 심리학자들은 다음과 같이 결론을 내렸다. '자존감이 높은 사람들은 자존감이라는 문제에 관심이 없고 타인의 태도에 따라 자아를 표현하지 않는 반면, 자존감이 낮은 사람들이 자존감을 목표로 삼고 추구한다.' 『삼국지』에 나오는 관우는 대표적인 자기과시형 인물이다. 그는 재능이 출중하고 충성스럽고 용맹했지만, 자신을 과대평가하고 주위 사람들을 동정하지 않았다. 또한 남을 자신과 평등하게 여기지 않았고, 남의 단점을 너그럽게 용서하지도 않았다. 그가 맥성麥城으로 패주해 세상을 떠난 것도 이런 성향과 무관하지 않다.

호전성과 통제욕

자존감이 높은 사람들 중에는 호전적이고 강한 통제욕을 드러내는 이들도 있다. 그들은 다른 사람을 적수로 여기기 때문에 타인을 통제하고 권력 게임을 하려고 하다.

그들은 마음의 소리에 따라 결정을 내려 선택적으로 남에게 반대하지도, 원칙과 정의를 지키기 위해 투쟁하지도 않는다. 그들의 목적은 경쟁이다. 다시 말해 그들은 '나는 반드시 이겨야 한다. 남을 패배시켜야 한다'를 인생의 신조로 삼는다. 이들의 자존감은 사랑과 관심을 바탕으로 형성된 것이 아니라, 엄하게 처벌하는 부모의 양육 방식에서 비롯된 경우가 많다. 그러므로 그들은 자신의 잘못을 인정하지 않는 대신 남의 잘못과 불공정함을 과장함으로써 제 존엄을 지키려고 한다. 그들의 '자기감'은 자신의 단점을 사실 그대로 반영하지 못하고 남을 패배시킴으로써 자존감을 지키려고 한다.

그들은 자기 비하에 빠졌거나 조건부 자존감을 가진 사람들과 마찬가지로 조건적인 부모의 사랑을 받으며, 안정감이 부족한 환경에서 성장한 경우가 많다. 그들은 기질적이고 저항적이고 용감하고 외향적이며 쉽게 분노하고 공격적이다. 이 때문에 부모의 기대를 내면화하여 부와 명예를 추구함으로써 자기 가치감을 얻는 대신, 반항함으로써 자기 가치감을 얻게 된 것이다.

자존감
장애

위에서 열거한 몇 가지 유형의 자존감 장애에는 하나의 공통점이 있다. 바로 조건부 자존감을 가지고 있다는 점이다. 본래 사람은 자신에게 부족한 것일수록 더 간절하게 추구하는 법이다. 가난할수록 돈을 바라고, 불안할수록 안정감을 찾으며, 체내에 부족한 영양소를 가진 음식을 골라 먹게 된다.

심리학자들에 따르면 행복한 사람들은 행복을 알지 못한다. 행복이라는 문제를 인식하고 나면 그때는 이미 행복하지 않은 경우가 많다. 이미 행복을 느낀 사람은 무엇이 행복인지 관심이 없고 일부러 그것을 추구하지도 않으며 그저 자기 일에 몰두한다. 그들은 이미 행복하기 때문에 굳이 행복을 말할 필요가 없다. 반대로 불행한 사람들은 행복을 중요하게 여기고 입만 열면 그것에 대해 이야기한다.

자존감도 마찬가지다. 재미있는 역설을 자존감이 낮은 사람들만이 자존감을 높이기 위해 노력하는 반면, 자존감이 높은 사람들은 그 문제를 생각하지 않는다는 것이다. 마찬가지로 자존감 장애가 있는 사람들만 자존감에 관심을 가지며, 건강하고 긍정적인 자존감을 가진 사람들은 굳이 그것을 추구하지 않는다. 자존감 장애의 여러 가지 유형은 기본적인 필요가 충족되지 못하여 자기 가치감과 만족감이 부족한 데서 비롯되었다. 본질적 자존감이 부족한 사람들은 다양한 수단으로 자존감을 지키려 한다. 자아와 관련된 본질적 자존감은 인생의 행복을 위한 가장 소중하고 유일한 '자원'이다. 한 마디로 그것은 공기와 물처럼 생명에 없어서는 안 되는 필수 요소다. 만약 통제할 수 없는 원인 때문에 본질적 자존감을 얻지 못한다면 어떤 결과가 나타날까? 그것을 얻기 위해 발버둥 치고 소리치거나, 무슨 대가든 다 지불할 수 있을 것처럼 갈망할 것이다. 또 어떤 이들은 자신의 심각한 구조적, 기능적 결점 때문에 그 대체품을 찾을 것이다. 하지만 결국에는 그 대체품이 도리어 심신의 건강을 해치고 만다. 본질적인 자존감은 추구한다고 해서 얻을 수 있는 것이 아니다. 근본적으로 자아 기능ego function이 훼손된 상태에서는 본질적 자존감이 생겨날 수 없다. 이를 해결할 유일한 방법은 건강하지 못한 자아 기능을 치료하는 것뿐이다.

나는 이 책에서 자존감의 심리학과 자존감에 대한 임상 경험을 바탕으로, 자존감 장애를 분석하고 그것을 극복하는 방법을 찾아보았다. 낮은 자존감, 완벽주의, 과도한 자기 연민, 권력 추구 등 다양한 자존감 장애를 분석하고, 오늘날의 여러 가지 심리학적 치료법과 연계하여 자존감 장애를 어떻게 극복할지 살펴볼 것이다.

02

자존감이란
무엇일까?

포레스트 검프는
자존감을 고민했을까?

> 자신의 길을 걸어라. 남들은 말하게 내버려 두라.
> → 단테Alighieri Dante, 『신곡』 중
>
> 너 자신이 되어라.
> → 서양 격언

아리스토텔레스Aristoteles는 생각하지 않는 삶은 살 가치도 없다고 했다. 그가 말하는 '생각'이란 자아에 대한 생각이 아닐까. 자아를 모르고 바쁘게 하루하루 살아가기에만 급급하다면 생활의 질이 낮아지고 자아혼란이 나타나게 된다. 인생 목표도 잘못될 수 있으며, 그런 목표를 계속 추구한다면 진정한 행복으로

부터 더욱 멀어진다.

 일반적으로 심리학자들은 두 가지 측면에서 자아를 이해한다. 하나는 '주체의 각도에서 본 자아'다. 이런 자아는 보통 '자의식'을 의미한다. 자아라고 하면 대부분 자의식을 떠올린다. 고등 동물인 인간은 진화 과정에서 자의식과 언어 능력을 갖게 되었다. 그때부터 인간의 존재는 다른 고등 동물들과 본질적으로 달라졌다. 자의식과 언어 능력 덕분에 인간은 미래를 예측하고 자연을 변화시켜 만물의 영장으로 우뚝 서게 되었다. 하지만 다른 한편으로 인간은 자신의 존재가 처한 상황을, 예를 들면 생명의 우연성이나 유한성을 자각하고 두려움을 갖게 되었다. 이런 초조함과 두려움은 다른 고등 생물들과 비교할 수 없을 만큼 크다. 인간은 경험을 통해 생명의 유한성과 우연성을 자각하기 시작했다.

 자의식은 우리가 생각하고 지각하는 주관적 의식을 의미하기도 한다. 역사상 처음으로 자의식에 대해 논한 사람은 프랑스 철학자 르네 데카르트René Descartes다. 그는 인간은 자기 회의와 반성을 통해 무엇이든 다 의심할 수 있지만 오로지 하나 의심할 수 없는 것은 '내가 바로 이 순간에 의심하고 있다는 사실'이라면서, "나는 생각한다. 고로 존재한다"라고 말했다.

 하지만 실험심리학자들은 자의식에 크게 관심을 갖지 않았다. 자의식이라는 현상이 비교적 단순하고 직관적이기 때문에 데카르트의 명제에 흥미를 보인 것은 주로 철학자들이었다. 현대 심리학에 이르러

실존주의 치료 이론에서 자의식과 자기 지각 self-perception 을 중요하게 여기면서, 인간의 불안과 소외, 무의미감 등 심리적 고통과 연결 짓기 시작했다. 자의식과 자기 지각은 인간을 고통스럽게 하는 요인이자, 그 고통을 해소하는 수단이기도 하다.

자의식과 자기 지각은 자아를 이해하는 것과 다르다. 어떤 이들은 늘 반성하며 살지만, 이것은 그저 습관일 뿐 자주 반성한다고 해서 자아를 이해하는 것은 아니다. 자주 반성하는 사람들이 자신의 자아 이해도를 과대평가하는 경향은 임상 상담 과정에서도 흔히 본다. 그들은 "내가 나 자신에 대해 당신보다도 더 모르겠어요? 나는 하루에 세 번씩 나 자신을 돌아본답니다. 내 자아를 완전히 이해한다고는 할 수 없지만, 적어도 남들보다는 나를 더 잘 알아요."라고 말한다. 그런데 아쉽게도 이런 자신감은 틀릴 때가 많다. 자의식이 곧 자아 이해를 의미한다면 누구라도 자신의 심리 문제를 치료할 수 있을 것이다. 그렇다면 자의식이 자아 이해와 어떻게 다른지 좀 더 구체적으로 살펴보자.

첫째, 자의식이란 자기감정을 의식하고 '나'의 각도에서 일을 체험하는 것이지, 자신을 이해하고 인식하는 것이 아니다. 인간의 주의력에는 한계가 있어서 외부의 일과 내면의 체험 중 어느 한곳에만 관심을 기울일 수 있으며, 두 가지를 동시에 아우르는 것은 불가능하다. 자의식을 가진 사람들은 자아를 관찰하는 버릇이 있다. 그들은 자아의 각도에서 사물을 관찰한다. 이는 내성적인 성격이나 어릴 때부터 자주 평가를 받고 야단을 맞으면서 생겨난 심리적인 상처 때문일 수도 있다.

심리 건강이라는 관점에서 본다면 자아에 너무 큰 관심을 갖고 반성하는 것은 그리 건강하지 못하다는 증거다. 삶의 의의를 찾은 사람들은 '나는 어디에서 와서 어디로 가는 것일까?'를 수시로 자문하지 않는다. 그들은 자신의 생각을 실행에 옮기고, 인생의 의의를 실현하는 데 주력한다. 자존감이 높은 사람들은 자존감과 자기 평가가 무엇인지 궁금해할 필요가 없다. 자신의 포부를 실현하고 잠재력을 계발하기에도 시간이 모자라기 때문이다. 심리 치료 사례를 살펴보아도 피상담자의 심리적 질병이 호전될수록 자의식에 대한 관심이 줄어들고 성격도 외향적으로 변한다는 사실을 확인할 수 있다. 심리적 질병에서 벗어나면 자아 탐색보다 노래하고 춤을 추고 단체 활동에 참여하는 시간이 많아져 심리상담사와 대화를 나눌 필요도 없었다. 외향적인 사람이 내성적인 사람보다 더 행복하며, 더 적극적이고 긍정적으로 생활한다는 사실은 심리학자들의 연구를 통해 여러 번 증명된 바 있다.

　자아를 인식하기 위해서는 자기반성과 자의식도 필요하지만 심리학에 대한 지식도 필요하다. 심리학의 치료 이론을 보면 자아 인식에 관한 지식이 체계적으로 세워져 있다. 심리학의 발달과 자아에 관한 연구가 행해지면서 관련 지식과 개념도 많이 발표되었다. 자의식과 체험은 자아에 대한 지식과는 다르다. 예를 들어 누가 치통으로 치과에 갔다고 치자. 그는 자신의 치아가 아프다는 사실은 체험을 통해 잘 알지만, 그것에 관한 병리학 지식이나 치통을 치료하는 방법에 대해서는 모른다. 그의 치아 상태에 대해 더 잘 알고 치통을 치료할 수 있는 사람은 바로 그것에 관한 과학적 지식을 가지고 있는 치과 의사다.

둘째, 자의식은 주관적인 현상이며 나름대로의 규칙이 있다. 이런 규칙은 직관적인 의식으로 이해할 수 있는 것이 아니다. 체험으로는 표면적인 의의와 느낌만 알 수 있을 뿐, 그 내면에 어떤 규칙이 있는지 알 수 없다. 반성을 통해 자신이 누구를 질투하고 있음을 알았더라도 그 경험과 주관적인 추리가 질투심으로 이어지기까지의 과정은 매우 복잡하기 때문에 과학적 이론을 통해 깊이 있게 분석해야 한다. 게다가 의식의 배후에는 어마어마하게 많은 무의식적 심리 활동이 존재하고, 또한 인간의 심리 활동은 대부분 자동적으로 가공되어 형성되기 때문에 자의식으로는 잠재의식의 활동을 인식할 수 없다.

셋째, 자의식은 초보적인 능력이며, 그것을 가지고 자아를 진정으로 인식하기까지는 오랜 탐색의 과정이 필요하다. 이 과정에서 지혜를 발휘해야 하며, 자아를 받아들이고 통합하는 용기도 필요하다. 만일 자신의 자아 속에 공포, 이기심, 인색함 등의 단점이 있다면 그것을 있는 그대로 받아들이고 긍정적인 성향과 통합함으로써 중화하려는 노력이 필요하다. 이것은 자신을 더 넓은 세계와 연결하는 과정이자, 자아를 개조하여 다시 태어나게 하는 과정이며, 자아 해방이기도 하다.

자의식과 자기반성은 자아를 체험하기 시작했다는 뜻이다. 하지만 자아란 아주 복잡한 것이어서 의식과 반성만으로는 온전히 이해할 수 없다. 자주 반성하지 않고 자아를 인식의 대상으로 보지 않는데도 그것을 이해하고 있는 사람들을 볼 수 있다. 그들은 어떤 일을 다짐하면 효과적으로 행동에 옮길 줄 안다. 영화 「포레스트 검프」의 주인공 검프는 지능은 낮지만 "어릴 적 엄마는 내게 이렇게 말씀하셨지……"라며 종종 자신에게 말한다. 자의식에 대해 고민했을 리 없는데도 그는 자신에게 필요한 것이 무엇인지 아주 잘 알고 있으며, 정확하게 선택하고 용감하게 행동할 줄 안다. 그가 자의식이 강한 사람보다 자신에 대해 알지 못한다고 말할 수 있을까?

자기 평가와
자존감의 차이

　　　　　　　　　자기 평가란 자신의 지능, 외모, 타인에게 주는 호감도 등을 평가하고 바라보는 과정이다. 자기 평가는 자존감에 영향을 미치기는 하지만 그것이 곧 자존감은 아니다.

　일반적으로 자기 평가는 자신의 행위 결과에 대한 객관적인 평가와 판단에 좌우된다. 예를 들면 자신의 능력과 성과에 따라 자신을 평가하는 것이다. 자기 평가란 자신의 특징과 역할에 대한 견해이므로 비교적 객관적이고 중립적이다. '나는 체격이 퉁퉁한 편이다', '나는 머리카락이 갈색이다', '나는 외향적인 사람이다', '나는 오늘 부끄러운 일을 했다', '나는 맛있는 음식을 먹었다'등 이런 평가에는 감정이 크게 실려 있지 않다. 이는 자신에 대한 객관적인 생각일 뿐이다.

　자기 평가에 비하면 자존감은 주관적이고 감정적이다. 자기 평가에는 자신의 상황이나 행위에 대한 주관적인 감정이 개입되지 않는다.

어떤 사람이 '자신감이 부족하다'라고 자기 평가를 내렸더라도 그는 그런 자신을 마음에 들어할 수도 있다. 겸손이 미덕이라는 말이 그의 생활신조일 수도 있기 때문이다.

또한 자기 평가란 생활 속에 어떤 구체적인 일에 대한 평가를 의미하며, 그 일이 발생한 환경과 관계가 깊다. 예를 들면 오늘 시험을 망쳤기 때문에, 친구들에게 놀림을 받았기 때문에, 선생님께 꾸중을 들었기 때문에 기분이 나쁘다거나, 오늘 칭찬을 받았기 때문에, 운동 경기에서 이겼기 때문에 기분이 좋다고 하는 것이 그러하다.

반면 자존감은 특정한 일에 따라 바뀌는 것이 아니라, 전반적이고 안정적인 자기감이자 자기 평가다. 독립적인 특성을 가진 자존감의 바탕에는 어린 시절 부모와의 관계에서 겪었던 경험과 기억이 깔려 있다. 자존감이 높은 사람들은 특정한 일에 실패했을 때 정서적으로 영향을 적게 받는 반면, 자존감이 낮은 사람들은 작은 일에 실패해도 기분이 급격히 가라앉는다.

자기 평가는 남들이 인식하는 것과 일치하지 않을 수도 있다. 스스로 남에게 호감을 주고 매력적으로 보인다고 자부하지만 실제로는 환영받지 못하는 사람들이 있다. 남들은 그에게 호감을 느끼지 못하는데 자기 혼자만 그렇게 생각하는 것이다.

반대로 자신감이 없고 남들에게 호감을 주지 못한다고 자기 평가를 내리는 사람이 실제로는 인기가 많을 수도 있다. 이렇듯 우리의 생각과 행동은 실제 상황이 아닌 자기 평가에 의해 좌우된다. 개인은 주관적이며, 스스로 자아를 세워 놓고 자신이 그렇다고 믿기 때문이다. 남들이 자신에 대해 어떻게 생각하는지 정확하게 알기 힘들고, 설령 안다고 해도 쉽게 믿지 않는다.

그런가 하면 자존감은 자기 평가와 충돌할 수도 있다. 스스로 남에게 호감을 준다고 생각하지만 기분은 늘 우울할 수도 있다. 자신이 매력적인 사람임을 알지만 그보다는 사회적 성공을 더 우선시하기 때문에 자신의 가치를 느끼지 못하는 것이다.

반면 스스로 못생겼다고 생각하지만 자신을 사랑하고 가치 있는 사람이라고 여긴다면 늘 유쾌한 기분을 유지할 수 있다. 그런 사람들은 자신이 다른 장점을 가지고 있으며, 꼭 훌륭한 외모를 갖지 못해도 인생을 멋지게 살 수 있다고 생각한다.

자존감이 함축한
다섯 가지 의미

　그렇다면 자존감이란 무엇일까? 그것은 사람들이 자신에 대해 느끼는 특정한 방식이자[*] 자신의 가치를 바라보는 관점이다. 이런 자기 가치감은 대인 관계와 밀접한 관계가 있다. 대인 관계에서 표출되는 가치감은 어린 시절 부모와의 상호 작용을 통해 쌓은 경험에서 비롯된다. 그것은 안정적이고 통합적인 자아 관념이다.

---

[*] Jonathon D. Brown, 앞의 책.

자존감이란 자신이 어떤 사람인지에 대한 전반적인 느낌이다

'느낌'이라는 단어에는 직관, 평가, 감정이라는 넓은 의미가 내포되어 있다. 자신이 가치 있는 사람인지 아닌지에 대한 판단은 이처럼 감성적인 요인에 좌우된다. 요컨대 자기 평가는 감정을 배제한 채 자신을 바라보는 것이고, 자존감은 감정을 개입시켜 자신을 평가하는 것이다. 자존감은 자기애가 얼마나 강한지에 따라 결정된다고 많은 심리학자들이 말한다. 누구든 자신을 바라볼 때 좋고 싫은 감정을 느끼기 마련이다. 자신에 대해 아무런 감정도 없이 무덤덤한 사람은 없다. 그러므로 수학 공식이나 자연 풍광을 대할 때와는 달리 감정이 강하게 개입된다.

이를테면 자존감은 자신이 어떤 사람인지에 대한 전반적인 느낌이다. 그것은 성공, 실패 등 구체적인 사건이 발생한 뒤에 따라오는 일시적인 자기 가치감과는 다르다. 일시적인 자기 가치감은 자신감 또는 상태 자존감state self-esteem이라고 부른다. 그것은 일에 결과에 따라 그때그때 변한다. 가령 자신이 시험에서 1등을 했다는 것을 알면 자기 가치감이 크게 증가하지만, 친구들이 질투하며 따돌리면 금세 기분이 우울해져 자기 가치감도 사라지고 만다. 이것은 일상적인 감정 기복일 뿐 자존감이 아니다.

자존감은 인격을 구성하는 안정적인 요소로 비교적 독립적이기 때문에 그때그때 일의 결과에 영향을 받지 않는 반면, 일의 성패에는 영향을 미친다. 예를 들어 자존감이 높은 사람은 실패를 경험해도 자신을 실패자라고 생각하지 않는다. 어느 정도 충격을 받을 수 있지만, 완전히 무너지지는 않는다. 물론 일의 결과가 자기 가치감에 어느 정도 영향을 주겠지만, 자존감에 따라 그 영향의 정도는 달라진다. 심리학에서는 이렇게 전반적이고 안정된 자존감을 특질 자존감trait self-esteem이라고 한다.

그런데 두 가지 경우에는 특정한 일의 결과가 전체적인 자존감을 변화시킬 수도 있다. 하나는 이혼, 불치병, 승진 등 인생의 중대한 사건인 경우다. 이러한 일의 결과나 그로 인한 자신감은 종종 자존감 자체를 변화시키기도 한다. 다른 하나는 어떤 상태가 장기적이고 광범위하게 지속되는 경우다. 오랫동안 실패에서 벗어나지 못하고 침잠되어 있거나, 여러 가지 일에서 연달아 실패하는 경우가 그러하다. 극단적인 예를 들자면, 가정은 화목하지 못한데 실직하고, 아이는 탈선해 사고를 치고 다니며, 그 와중에 친구에게 배신까지 당했다고 치자. 그런 상황에서는 자존감에 변화가 생길 뿐만 아니라, 심하면 우울증에 걸릴 수도 있다. 아무리 건강한 자존감을 가졌다고 해도 이렇게 명확하고 보편적인 결과 앞에서 의연하기란 쉬운 것이 아니다.

성장기의 경험

자존감의 바탕에는 어릴 적 부모와의 관계에서 쌓인 기억이 놓여 있다. 대인 관계에서 겪은 정서적 경험을 포함해 성장기의 경험은 컴퓨터 메모리처럼 우리 내면에 차곡차곡 기록된다. 두뇌 발육의 중요한 시기에 형성된 '나는 어떤 사람인가'에 관한 감정이 또렷하게 각인되는 것이다.

의식과 잠재의식의 구분

감정이 개입된 자기 평가인 자존감은 의식적인 가공과 사고를 통해 형성되기는 하지만, 자기도 모르는 사이에 자동적으로 형성되기도 한다. 심리학에서는 후자를 암묵적 처리 implict processing라고 부른다. 자존감이 형성되는 과정은 의식과 무의식의 과정으로 나뉜다. 전자는 논리적이고 이성적인 원칙에 따라 개체에 대한 관찰과 직관을 통해 형성되는 '명시적 자존감explict self-esteem'이고, 후자는 무의식의 경험을 바탕으로 저절로 형성되는 '암묵적 자존감implict self-esteem'이다. 암묵적 자존감은 의식의 통제를 받지 않는다.

안정성과 불안정성

자존감은 일단 형성되면 쉽게 변하지 않고 어디를 가나 따라다닌다. 하지만 자존감이 언제나 또 누구에게나 안정적인 것은 아니다. 특히 그것이 낮은 사람들의 자존감은 상대적으로 쉽게 변한다.

자존감의 높고 낮음

자존감이 높은 사람들은 자신을 사랑하고 스스로 좋은 사람이라고 확신한다. 그러므로 이들은 활력과 에너지가 넘치며, 인생을 낙천적으로 산다. 그들은 자신이 단점보다 장점이 많다고 생각하며, 장밋빛 선글라스를 쓰고 자신을 바라보기 때문에 늘 기분이 좋다. 반면 자존감이 낮은 사람들은 자신을 부정적인 시선으로 바라보고, 장점과 단점이 절반씩이거나 단점이 더 많다고 여긴다. 그들은 자신이 어떤 사람인지 확신하지 못하기 때문에 감정 기복이 오르락내리락한다.

심리학자들은 낮은 자존감이란 부정적인 자존감이 아니라 긍정적이지 않은 자존감이라고 말한다. 낮은 자존감과 자기 비하를 혼동해서는 안 된다. 그 두 가지를 같은 것으로 생각하는 사람들이 많지만,

사실 자기 비하는 우울함에 더 가깝다. 자기 비하에 빠져 있는 이들은 자신을 긍정적으로 생각하지 못할 뿐만 아니라, 스스로 원망하고 비난하기 때문에 남들이 뭐라고 하지 않아도 혼자서 모욕감과 수치심에 사로잡힌다.

자신을 긍정적으로 바라보는 힘

　　　　　　자존감을 자신에 대한 긍정적인 감정, 자기애 등으로 정의 내린다면 그것에 대해 두 가지 측면에서 구체적으로 논할 수 있다.

　첫째, 자존감은 자기 능력에 대한 긍정적인 인식으로, 통제감, 자기효능감 등으로 부르기도 한다. 즉 그것은 스스로 세상에 영향을 미칠 수 있다고 믿는 마음이다.[*] 자아에 대해 오랫동안 연구해 온 미국의 심리학자 조너선 브라운Jonathon D. Brown은 '통제감'이란 큰 뜻을 이루겠다는 포부나 자신감, 즉 자신이 위대한 인물이 될 수 있다는 믿음이 아니라, 일상생활에서 부딪히는 일을 성실하게 처리하고 어려움을 극복하기 위해 노력하는 과정에서 얻는 감정이라고 말했다.

---

[*]　Jonathon D. Brown, 앞의 책.

통제감이 높은 사람들은 실행력이 강해서 계획만 세우고 지키지 못하는 사람들과는 다르다. 가령 회사 야유회에서 직원들에게 장기 자랑을 해 보라고 시키면 잠시 생각하다가 자신 있게 노래를 부르거나 춤을 추는 사람들이 있다. 그들은 노래나 춤 실력이 별 볼일 없어도 부끄러워하며 뒤로 숨지 않고 무대에 집중할 뿐 자기 실력이 어떤지는 크게 연연하지 않는다. 바로 '자기 신뢰'가 강한 사람들이다. 자기 신뢰는 겉으로 꾸며 낼 수 없으며, 진정한 내면에서 우러나오는 것이다. 이런 통제감은 능력 자체와는 다르다. 음치나 몸치일 수도 있지만 그들은 자신의 행동과 능력에 대해 높은 자기감을 가지고 있다. 그렇기 때문에 자신을 꾸미지 않고 장기 자랑 자체의 즐거움을 추구한다. 자신의 능력과 행동에 대한 무조건적인 호감과 믿음은 객관적인 자기 평가가 아니라 주관적인 감정에서 나온다.

반대로 평소에는 노래도 잘 부르고 춤도 잘 추지만 사람들이 해 보라고 시키면 수줍어하며 뒤로 빼는 사람들이 있다. 제일 자신 있는 노래나 춤을 생각해 내려고 한참을 망설이지만, 결국 마음에 드는 것을 생각해내지 못한다. 그들은 비록 노래나 춤 솜씨가 훌륭하더라도 반드시 남들을 깜짝 놀라게 하고 박수갈채를 받고 싶다는 생각 때문에 너무 긴장해서 평소의 제 실력을 발휘하지 못한다. 무대에 집중하지 못하고 즐거움보다 체면을 먼저 생각하기 때문에 보는 이들에게도 즐거움을 주지 못한다. 이것은 실력의 문제가 아니라 자기 신뢰가 부족하기 때문이다.

둘째, 자존감은 자기 인생이나 존재를 무조건적으로 좋아하고 존중하는 감정이다. 브라운은 이것을 애착감attachment[*]이라고 했다. 이런 감정은 유년기 타인과의 소통 경험을 통해 형성된다. '무조건적'이라는 것은 자신을 좋아하고 존중하는 것이 자기에게 있는 어떤 특징이나 요인 때문이 아니라, 자신이 생명을 가진 개체라는 사실 자체 때문임을 의미한다. 자존감이 높은 사람들은 "나는 사랑스럽고 가치 있는 사람이야. 내가 성공하고 남들에게 찬사를 받아서가 아니라, 그저 내가 존재하기 때문이지"라고 말한다.

이런 자기애가 바로 자존감의 핵심이자 가장 중요한 역할이다. 자신을 사랑하는 사람은 어려운 일이 닥쳐도 강인한 의지와 자기 정체감을 발휘한다. 이런 자기애는 양육자에게서 무조건적인 사랑과 존중을 받았을 때 형성된다. 양육자의 태도가 내면화되어 나타나는 것이다. 하지만 자존감은 한 번 형성되면 안정적으로 계속 유지된다. 우리가 장밋빛 선글라스를 쓰고 자신을 바라보는 법을 배우고 나면 주위 사람들에게 영향을 쉽게 받지 않는다. 우리는 자신에 대한 주변 사람들의 생각을 가공하고, 자의적으로 가공해 낸 그 생각을 진실로 믿어 버린다. 예를 들어 자기애가 강한 사람은 누가 자신을 탐탁지 않게 생각한다는 것을 알아도 그 때문에 심하게 불쾌해하거나 울적해지지 않는

---

[*] Jonathon D. Brown, 앞의 책.

다. 그들은 자신이 어떤 사람인지 잘 알고 있기 때문이다. 반면 자신을 좋아하지 않거나 자신에 대한 확신이 없는 사람들, 즉 자존감이 낮은 사람들은 같은 평가에도 한참 동안 낙심하고 우울해한다. 어떤 경우에는 자신의 약한 자존감을 보호하기 위해 성을 내며 반박하기도 한다. 또한 자존감은 타인과 차별화되는 남다른 개성이나 특징 또는 자주성이나 독립성이 반영된 것이기도 하다. 자존감이 높은 사람들은 남에게서 영향을 쉽게 받지 않고, 독립적으로 사고하며, 자신을 사랑하고, 통제감과 자기 효능감을 가지고 있다. 그들은 자신이 어떤 사람인지 잘 알고 있고, 기본적으로 자신을 긍정적으로 생각하며, 남에게 의지하지 않고 남들과 뚜렷한 경계선을 긋는다. 또한 자기 회의에 빠지지도 부끄러워하지도 않으며, 행동이 과감하고 집중력이 있다. 그들은 남들과 다른 독특한 개체로서 행동한다.

서양 격언 중에 자존감이 높은 사람들의 마음을 한마디로 표현해 주는 것이 있다.

"미치광이는 '나는 링컨이다'라고 말하고, 정신병자는 '나는 링컨이 되고 싶다'라고 말하며, 정상인은 '나는 누구인가? 나는 링컨이 아니라 나 자신이다'라고 말한다."

하지만 자존감이 낮은 사람들은 남에게 과도하게 의지하고, 남들을 두려워하며, 자신이 어떤 사람인지 알지 못한다. 그들은 도달할 수 없을 만큼 높은 목표만을 쳐다보거나, 스스로 별 볼일 없다고 여긴다. 자신이 가치 있는 사람인지, 장점을 가지고 있는지 확신하지 못하기 때문에 단숨에 세상이 놀랄 만한 성공을 거두어 자신의 가치를 남들에게 증명해 보이려고 한다. 그들은 남에게서 쉽게 영향을 받고, 감정 기복이 심해서 작은 일이라도 성공하면 스스로 완벽하다고 느끼고 실패하면 보잘것없는 사람이라고 여긴다. 자신에 대한 감정이 극단으로 흐르기 쉽다.

인간관계의
강력한 조절 장치

　　　　　　　　　　자존감은 개인과 자아에만 영향을 미칠까? 심리학자 칼 로저스Carl Rogers, 롤로 메이Rollo May는 자존감은 개인적인 차원의 자기 가치이자 평가이며, 타인이 자신을 대하는 태도나 견해와는 무관하다고 주장한다. 그들의 관점에 따르면 자존감이 높은 사람들은 타인의 평가에 흔들리지 않고 자신의 기준에 따라 자기 가치감을 평가한다. 만일 한 사람의 자기 가치감이 타인의 견해에 좌지우지된다면 그것은 조건부 자존감을 지니고 있기 때문이다. 자존감은 몸속 장기처럼 내면 깊숙한 곳에 숨어 있으며, 독립적이고 자주적인 구조를 가지고 있다. 심리 구조로서 필터 역할을 하는 자존감을 통해 우리는 자신의 행위와 사물을 주관적으로 바라볼 수 있다. 우리가 자신을 어떻게 바라볼 것인지, 자신에 대한 타인의 생각을 어떻게 받아들이고 행동할 것인지는 자존감이 결정한다. 또한 자존감은 우리의 경험이 어떤 의의를 가지고 있는지도 해석해 준다. 한마디로 자존감은 선글라스처럼 우리가 사회를 바라보는 시각에 특정한 색채를 덧입혀 준다.

하지만 이런 해석은 너무 개인주의적이다. 자존감이 형성되는 과정을 이해한다면 그것을 단순히 개인적이고 독립적인 시각에서만 분석해서는 안 된다는 사실을 깨달을 수 있을 것이다.

자존감의 주된 기능은 대인 관계를 맺고 타인과 조화를 이루는 데 있다. 자신을 사랑하고 인정하는 마음이 대인 관계에 영향을 받고, 또한 영향을 미친다는 것은 당연한 일이다. 자존감 자체가 바로 대인 관계를 만들어 가는 과정이라 해도 과언이 아니다.

그러므로 자존감은 개인의 내면에만 있는 것이 아니라, 타인과의 상호 작용과 밀접한 관계가 있다. 이런 관점은 자존감이 개인의 행위에 어떤 영향을 끼치느냐보다 현실 생활에서 어떤 역할을 하는지에 관심을 둔다. 자존감을 정의하거나 이해할 때도 그 기능에 주목한다.

대인 관계의 이론에 따르면, 개인 내면의 자아 경험 구조는 타인과의 상호 작용과 관련이 있다. 인간의 내면 구조와 대인 관계는 동전의 양면과 같아서 자기 개념 self-concept 은 마음속 타인의 이미지와 떼려야 뗄 수 없는 관계에 있다. 이처럼 자아는 타인과의 관계 속에서만 존재할 수 있다. 내면 구조는 독립적이지만, 반드시 대인 관계에서 자양분을 얻어야 한다. 마찬가지로 대인 관계 역시 내면 구조가 이끌어 주어야 한다. 대인 관계와 따로 떼어 놓은 자아는 추상 명사에 지나지 않으며, 자아가 주도하지 않는 대인 관계는 맹목적이다. 사회 척도 이론social scale theory에서도 자존감이 대인 관계를 이어 주는 역할을 한다고 주장한다. 자존감 자체만으로는 의미가 없다. 자존감이란 한 사람이 과거, 현재, 미래의 대인 관계를 얼마나 가치 있게 여기는지를 보여 주는 척도일 뿐이다.[*] 자동차의 연료 게이지처럼 자존감은 그 자체로는 의미가 없으며, 중요한 것은 그 기능이다. 자존감은 타인에게 받아들여지거나 거부당한 상황, 과거의 유사한 경험과 기억에 의해 형성된다.

진화의 관점에서 보면 대인 관계는 인간에게 가장 중요하며, 기본적으로 필요한 것이다. 인간은 혼자서는 생존할 수 없다. 혼자서는 고독하고, 행복감을 얻을 수 있는 중요한 원천을 잃을 뿐만 아니라, 아예 생존조차 할 수 없다. 함께 힘을 합쳐 자연의 위협에 대응해야 하므로 인간에게는 협력과 신뢰가 필수적이다. 협력해야만 자연을 정복할 수 있고 서로 믿어야만 적과 싸워서 이길 수 있다. 인류의 생존을 위해 반드시 필요한 것 중 하나가 바로 무리 안에서 자신의 위치를 확실히 정하고, 남들이 자신을 받아들이는지 혹은 좋아하는지 확실히 아는 것이다.

요컨대 한 사람이 이 세상에서 생존하기 위해 반드시 해야 하는 가

---

[*] Danu B. Anthony, "Personality and Social Psychology", *Social Acceptance and Self-Esteem Turning the Socialmeter to Interpersonal Value*, 제92권, 2007.

장 기본적인 일은 바로 남들이 자신을 어떻게 생각하는지 아는 것이다. 남들이 자신을 긍정적으로 생각하는지 부정적으로 생각하는지, 받아들이는지 배척하는지 알아야 한다. 이 점을 확실히 알지 못하고 무리에서 배척당하거나 조롱당할까봐 걱정하고, 남들이 자신의 선의를 거절할까봐 두려워한다면, 항상 초조하고 불안할 수밖에 없다.

그러므로 자존감은 대인 관계를 조절하는 역할을 한다고 볼 수 있다. 자존감이 높다는 것은 남들이 자신을 받아들이고 자신에게 호의적이며 자신과 기꺼이 협력하려 한다는 확신을 가지고 있다는 뜻이다. 자신이 남들에게 사랑받을 만한 사람이고, 그들에게 쉽게 받아들여질 수 있다고 믿는 것이다. 과거에도 그랬고, 현재도 그러하며, 미래에도 그럴 것이라고 여긴다.

하지만 자존감이 낮은 사람들은 자신이 동료로서 얼마나 가치를 가지고 있는지 의심하고, 타인에게 받아들여지기 힘들다고 믿는다. 남들이 자신을 위협하고 무시하며 앞으로도 그럴 것이라고 생각한다.

쉽게 말해서 소속 집단에 대해 애착감을 가지고 있다면, 자신이 남들에게 호감을 주고 받아들여질 수 있다고 느낀다면, 주변 사람들이 자신에게 적대감을 갖지 않고 모두 믿고 협력할 수 있다고 느낀다면, 그는 건강한 자존감을 가진 사람이다. 반면 남들이 자신을 좋아하거나 신뢰하지 않으며 반감을 가지고 있다고 느낀다면 그는 건강하지 못한 자존감을 가진 사람이다.

자존감은 형성 과정에서부터 대인 관계와 밀접한 관련이 있다. 유년기에 부모와 안정적인 애착 관계를 형성하고 부모가 아이에게 무조건적인 사랑과 충분한 안정감을 준다면, 아이는 타인에 대해 비교적 안정된 신뢰감을 가지고 대인 관계를 주도적으로 이끌어 나갈 수 있다. 이런 아이는 친화력과 응집력을 가지고 있고, 어떤 상황이든 남들이 자신을 좋아한다고 자신한다.

반대로 유년기에 부모가 자신의 성격이나 그 밖의 원인으로 아이를 소홀히 대하거나 심하게 나무라면 그 아이는 타인을 의심하고 두려워하며 협력할 수 없는 경쟁 상대로 여기게 된다. 타인에 대한 이런 두려움과 의심이 행동 방식으로 굳어지면 자존감이 낮은 인격을 갖게 되는 것이다. 이런 사람들은 타인을 방어하고 자아를 보호하는데 주력하기 때문에 대인 관계를 원만하게 맺지 못한다. 그들은 타인에게 과도하게 의존하거나 너무 의심한다. 또한 남들의 자신을 좋아한다는 확신을 갖지 못하기 때문에 독립적으로 사고하기가 어렵다.

사회 척도 이론에서는 자존감이 왜 주관적이고 감정적인지, 그리고 왜 자존감 때문에 교만해지거나 수줍음을 타는지 설명해 준다. 이 이론은 자신만 사랑하고 자아만을 인정하며 남을 믿지 못하는 사람들이 건강한 자존감을 갖지 못하는 이유를 명확하게 해석해 준다. 그들은 남들이 자신을 조롱하고 놀린다고 생각하기 때문에 항상 불안해한다. 이런 불안감을 품고 있으면 자존감이 대인관계를 적절하게 조절할 수 없다.

자존감은 형성될 때부터 대인 관계에서 영향을 받지만, 일단 형성된 뒤에는 반대로 대인 관계에 영향을 미친다. 심리학자들의 연구에 따르면, 자존감이 대인 관계에 영향을 미치는 것은 타인의 반응을 미리 예상하고 그에 따라 자신의 행동을 결정하기 때문이다. '남이 나를 받아들일까?'라는 질문에 대해 스스로 내린 답이 그가 타인을 대하는 태도와 행동을 좌우한다. 이는 대인 관계에서 곧 일어날 상황을 어떻게 예상하는지 보여 주는 잣대다. 현재의 대인 관계가 가지고 있는 가치를 어떻게 평가하느냐에 따라 자존감이 달라지고, 상호 관계에 대한 이런 평가와 예측이 자신의 행동과 감정, 가치를 결정하게 된다.

예를 들어 면접을 앞두고 있을 때, 자존감이 높은 사람들은 면접관도 내 부모처럼 호의를 가지도 대하고 쓸데없는 트집은 잡지 않을 것이라고 믿는다. 면접관은 해당 업무에 적합한 직원을 고르는 데만 집중할 테니 자신이 가지고 있는 가치를 보여 주기만 하면 된다고 생각한다. 그러므로 그들은 불안감 없이 면접에 임할 수 있다. 긴장을 할 수는 있지만 불면증이 생길 만큼 과도하게 초조해하지는 않는다.

반면 자존감이 낮은 사람들은 면접관은 모두 대단한 인물이며 자신에게 호감을 가질 리 없다고 생각한다. 자신보다 높은 지위에 있고 아는 것도 많은 그들이 자신을 얕볼까 봐 걱정한다. 자신의 경험과 경력으로는 다른 지원자들을 물리치고 합격할 수 없을 것이라고 예상한다. 그러므로 남들 앞에서 망신을 당하지 않기 위해 자신의 원래 능력보다 훨씬 잘 보여서 면접관에게 좋은 이미지를 주어야 한다고 강박적으로 생각한다. 하지만 그럴수록 점점 더 긴장되어 잠도 제대로 자지 못한다. 이 때문에 오히려 면접에서 제 실력을 발휘하지 못한다.

물론 자존감이 높은 사람들도 면접관이 어떤 태도로 자신을 대할지 전혀 예상하지 못할 수 있다. 하지만 그들은 낯선 사람을 만나는 것이 두렵지 않다. 날마다 낯선 사람을 만나지만 한 번도 두렵거나 위협적인 존재로 느껴 본 적이 없다. 그러므로 면접관이라고 해서 특별히 두려워할 필요가 없는 것이다. 자존감이 낮은 사람들은 이와 정반대다.

자존감에 대한 이런 두 가지 관점은 서로 모순되는 것이 아니라 보완적인 관계에 있다. 우선 모든 사람들과 원만한 관계를 유지하려면 집단과 이익을 공유하면서도 독립적인 관념을 가져야 한다. 독립적으로 사고하고 약속에 책임을 질 줄 알아야만 타인과 평등한 관계에서 교류할 수 있다. 그렇지 않으면 자아를 포기하고 상실하게 된다. 또한 독립적이고 자주적일수록 남을 믿고, 남도 자신처럼 독립적이고 비슷한 욕구를 가진 사람이라고 생각한다.

그뿐만 아니라 그런 사람일수록 사교적이고 남과 원만하게 소통한다. 타인과의 소통에 대한 욕구가 이미 충족되었기 때문에 대인 관계는 안정적이고, 대인 관계로 인해 곤란을 겪지 않는다. 대인 관계가 긍정적일수록 더 마음껏 잠재력을 발휘하고 자아실현을 이룰 수 있다. 이처럼 안정되고 건강한 자존감이 형성되려면 개인의 자주성과 원만한 대인 관계가 모두 충족되어야 하며, 둘 중 하나라도 부족해서는 안 된다.

안정감, 사랑, 자존감

　　　　　　　　　자존감은 기분 좋은 감정으로, 두 가지 중요한 역할을 한다.

첫째, 좌절하고 실패했을 때 심각한 정서적 반응이나 과도한 자책감을 느끼지 않도록 함으로써 우울증의 위험을 줄여 준다.

둘째, 남들과 함께 있을 때 유쾌함을 느끼게 한다. 건강한 자존감을 가진 사람들은 충격이나 실패를 잘 참아 낸다. 실패했을 때 보이는 반응도 자존감이 낮은 사람보다 훨씬 양호하다는 연구 결과가 많다. 인간 사회도 동물 세계와 마찬가지로 등급이 존재한다. 특히 현대 사회에서는 빈부와 권력의 격차가 점점 커져 사회적 지위가 낮은 사람들은 지위가 높은 사람들 앞에서 열등감을 느끼거나 우울해지기 쉽다. 학생이 교사 앞에서, 부하 직원이 상사 앞에서, 아르바이트생이 고용주 앞에서, 일반 사람이 유명 스타 앞에서 그러하다.

이런 감정은 낮은 자존감으로 인해 표출되며, 자존감이 낮은 사람들은 무의식중에 타인과 자신의 사회적 지위를 비교하면서 불안감과 우울함에 사로잡힌다. 객관적으로 볼 때 사회적 지위가 높더라도 상상 속에서 자신보다 더 우월한 사람과 자신을 비교하면서 부러움, 질투, 원망 등 괴로운 감정에 빠진다. 하지만 건강한 자존감을 가진 사람들은 사회적 지위 차이에서 오는 우울함을 상대적으로 적게 느낀다. 비록 가난해도 건강한 자존감을 가지고 있다면 고위층 인사와 함께 있어도 상대를 두려워하거나 자신의 처지를 부끄러워하지 않고 자연스럽게 대화를 나눌 수 있다. 그들은 자신이 가치 있는 사람이고 인간은 모두 평등하다고 생각하기 때문에 다른 차이에 그다지 개의치 않는다.

안정감, 세상에 대한 신뢰

건강한 자존감을 가진 사람들이 낯선 사람이나 타인의 평가 앞에서 자신 있게 행동할 수 있는 것은 안정감을 가지고 있기 때문이다. 타인에 대한 그들의 신뢰는 '용기'라는 다른 말로 표현할 수 있다. 그들은 자존감이 낮은 사람들에 비해 훨씬 더 용감하게 남을 신뢰하고 그에게 적극적으로 다가간다. 이것은 남을 두려워하거나 경계하는 마음이 없기 때문에 가능한 일이다.

하지만 안정감과 자존감을 혼동해서는 안 된다. 안정감은 세상에 대한 신뢰감과 행동 방식이다. 안정감은 세상에 대한 신뢰감과 행동 방식이다. 안정감이 높은 사람들은 낯선 세계를 용감하게 탐색하고, 새로운 사물을 과감하게 받아들이며, 세상에 대해 개방적인 태도를 가지고 있다. 이런 안정감은 남을 대하는 태도에도 영향을 미친다. 안정감을 가진 사람들은 낯선 사람을 두려워하지 않고 개방적인 태도로 대하며, 남을 잘 믿는다.

안정감은 자존감에 비해 매우 광범위한 개념이다. 그것은 단지 대인관계를 조절하는 특수한 심리 구조에 머무는 것이 아니라, 한 개인이 세상을 대하는 전반적인 태도를 뜻한다. 가령 대자연 속으로 걸어 들어갈 때, 두려워서 뒷걸음질을 칠지 용감하게 탐험할지, 맹수가 나타났을 때 맞서 싸울지 도망칠지를 결정하는 것이 바로 안정감이다.

안정감은 자존감에 큰 영향을 미친다. 안정감이 높은 사람들은 자신과 타인을 쉽게 신뢰한다. 그들은 타인과 함께 있을 때 자연스럽고 유쾌하게 행동하기 때문에 건강한 자존감이 형성된다. 예를 들어 세 사람이 함께 일을 하는데 그중 두 사람이 특히 친하게 지낸다고 치자. 그때 나머지 한 사람이 그 상황을 긍정적으로 받아들인다면, 즉 그들이 사이좋게 지내는 것은 모두 좋은 사람들이라는 뜻이므로 자신에게도 더 좋은 일이라고 생각한다면, 그는 자존감이 높은 사람이다. 반대로 자존감이 낮은 사람은 동일한 상황에서 그 두 사람이 자신을 따돌리고 험담할 거라 믿으며, 그들이 서로 친한 이유는 자신이 부족한 사람이기 때문이라고 여긴다.

사랑, 사적이고 강렬한 감정

자존감과 관련된 또 한 가지 개념이 바로 사랑이다. 사랑도 대인 관계에 관련되고 자존감과 비슷한 역할을 하지만, 큰 차이가 있다.

첫째, 사랑은 친밀도를 나타낸다. 즉 남을 대하는 태도가 긍정적인지 부정적인지에 대한 것이다. 또한 사랑은 타인에 대한 애착으로, 감성적이고 맹목적이며 강렬하다. 반면 자존감은 감성적이기보다 사람 간의 거리감이나 신뢰의 정도를 의미하며, 사랑만큼 강렬하지 않다.

둘째, 사랑은 타인에게 느끼는 감정으로, 남들과 교제하면서 자연스럽게 형성되며, 객관적으로 존재하고, 장기적인 상호 교류의 결과다. 반면 어린 시절 부모와의 관계에서 형성된 자존감은 대인 관계를 조절하고 남을 대하는 태도를 결정한다.

셋째, 사랑은 타인에 대한 관심과 배려, 나아가 희생을 유도한다. 일반적으로 사랑은 서로 잘 아는 사이에 생겨나며, 사적이고 은밀한 감정이다. 사랑이 강렬하게 불타오를 때는 자존감의 역할이 상대적으로 약해진다. 사랑이라는 감정은 자존감보다 훨씬 강렬하다.

 그런데 자존감은 특정한 사람에 대한 사랑에 영향을 미친다. 건강한 자존감을 가진 사람들은 타인을 신뢰하기 때문에 배우자가 늦게까지 귀가하지 않거나 전화를 받지 않아도 상대의 외도를 의심하지 않는다. 반면 자존감이 낮은 사람들은 똑같은 상황에서도 의심하고 억측한다. 또한 전자는 자신과 타인을 신뢰하기 때문에 비교적 쉽게 연인을 찾지만, 후자는 남을 의심하고 교제를 두려워하기 때문에 연애를 시작하기가 쉽지 않다.

 요컨대 안정감은 가장 광범위한 개념으로 자연과 인간에 대한 개인의 신뢰를 의미하고, 자존감은 그보다 좁은 개념으로 타인에 대한 신뢰를 의미한다. 사랑은 세 가지 중 범위가 가장 좁은 개념으로 특정한 사람에 대한 신뢰를 의미한다.

03

자존감의 씨앗이
뿌리내리게 하라

무조건적 애정에서
출발하는 자존감

자존감은 자신이 가치 있고 사랑받을 만한 존재라고 느끼는 것이다. 자존감에는 부모와의 관계에서 형성된 애착감이 반영되어 있다. 애착감은 무조건적인 호감과 존중받고 있다는 느낌이다. 여기에는 특정한 조건이나 이유가 필요하지 않으며, 그저 자신의 존재만으로도 충분하다. "자존감 높은 사람은 무슨 일이 생기든 자신은 존중받을 수 있다"[*]라고 생각한다. 하지만 현실에서는 언제 어디서나 남에게 존중과 신뢰를 얻기란 불가능하며, 사실은 다툼과 갈등이 더 많다.

그렇다면 남들에게 무조건적으로 인정받고 무슨 일이 있어도 자신은 가치 있는 사람이라고 믿게 만드는 그 신비한 힘은 무엇일까?

---

[*] Jonathon D. Brown, 앞의 책.

여기에는 두 개의 '나'가 존재하는데, 하나는 '주체로서의 나'다. 이 나는 '나는 가치 있다. 남들도 나를 가치 있는 사람으로 생각하고 받아들일것이다'라는 확신을 가지고 있다. 다른 하나는 '객채로서의 나'다. 이 나는 '나의 존재 자체가 가치를 가지고 있으며, 그 가치는 내가 가치 있는 일을 함으로써 얻는 것이 아니다'라고 생각한다. 자아는 이 두 개의 나로 구성된다. 하나는 판단을 내리는 주체이고, 다른 하나는 판단을 받는 대상이다. 이런 자기 평가의 과정은 인간만이 가지고 있는 능력이며, 인류가 사용하는 기호와 언어의 교류와 관계가 있다.

그러니까 자존감은 태어날 때부터 가지고 있는 심리 구조가 아니라, 후천적으로 습득하는 경험이다. 하지만 그렇다고 해서 선천적인 기질이 자존감의 형성에 아무런 영향을 미치지 않는 것은 아니다.

갓 태어난 아기에게는 자존감이라는 것이 없다. 단지 동기와 욕구로만 이루어진 중성의 심리만 가지고 있다. 이 심리가 충족되느냐에 따라 기본적인 정서와 인격이 발전하게 된다. 아기는 무엇보다도 성장의 동기를 가지고 있다. 이 동기로 인해 생리적 욕구와 안정감을 충족시켜 줄 자원을 찾게 된다. 쉽게 말하면 아기는 성장을 위해 자발적으로 부모와 소통하기를 요구하고, 부모에게 보호를 받으려 한다. 진화학자들은 아기가 태어나면서 터트리는 첫 울음은 부모의 관심과 보살핌을 구하기 위한 것이며, 하등 동물은 이렇게 울음을 통해 부모의 관심을 얻을 능력이 없다고 말한다. 인간이 자신의 활동 범위를 넓혀 새로운 능력을 배우고 타인과 소통하려는 것은 모두 성장이라는 동기 때문이다.

또 하나의 동기는 바로 자기 보호다. 인간이 행복을 추구하고 기본 욕구를 만족시키는 과정에는 위험, 불확실성, 실망 등이 따라오기 마련이다. 예를 들면 먹잇감을 얻기 위해 사냥을 하지만, 그 과정에서 다른 동물에게 죽임을 당할 수도 있다. 아니면 먹잇감을 얻지 못한 채 체력만 소모할 수 있다. 어른이 아기에게 필요한 것을 충족시켜 주는 과정에서 아기는 자기 가치에 대한 최초의 느낌을 가지게 된다.

자존감은 씨앗과 같아서 자양분이 충분한 환경에서는 저절로 싹을 틔우고 자라게 된다. 감자는 어두운 창고에 있어도 문틈으로 새어 들어오는 한 줄기 햇빛을 본능적으로 찾아 악착같이 광합성을 한다. 철분이 부족한 돼지는 본능적으로 사람이 주는 먹이 중 시금치를 골라 먹는다. 사람도 마찬가지다. 건강하고 지속적인 성장 환경 속에 있다면 스스로 활력과 잠재력을 키워 나간다. 그는 자신의 특징과 장점이 무엇인지 알고 그 장점을 계발하는 한편, 타인과 교류할 때는 적절한 행동과 태도를 터득한다. 또한 자신의 능력을 이용해 인생의 가치와 목적을 발견한다. 자신이 바라는 것이 무엇인지 확실히 알고 자아실현을 위해 용감하게 나아간다.

사랑과 안정감이 충만한 환경에서 적당한 지도와 구속을 받으며 자란 아이는 거의 대부분 낙관적이고, 자신감이 넘치며, 자존감이 높은 인격체로 자란다. 그들은 남에게 어떻게 관심을 쏟아야 하고, 어려움이나 실패를 어떻게 넘어서야 하는지 안다. 자신의 인생을 사랑하고 그것에 가치를 부여하여 제 의견을 용감하게 내놓지만, 타인의 의견도 존중한다. 또한 그들은 안정감이 충만하고, 권위를 두려워하지 않는다. 물론 고민하고 초조해할 때도 있지만, 이는 문제를 효과적이고 빠르게 해결해 심리적 고통에서 벗어나기 위해서다.

아이는 사랑이 충만한 긍정적인 환경에서 자라야 하고, 부모는 아이에게 무조건적인 사랑을 베풀어야 한다. 무조건적인 사랑이란 부모가 자신의 취향이나 감정에 따라 자녀를 양육하는 것이 아니라, 모든 행동 기준을 아이에게 두고 아이의 욕구를 충분히 만족시켜 주는 것을 뜻한다.

무조건적 사랑에서는 신뢰가 가장 중요하다. 신뢰의 감정은 상대가 아마도 그럴 것이라는 막연한 짐작이 아닌 애착감에서 느낄 수 있다. 그것은 남에게 다가가고 싶다는 적극적인 감정이자, 보호와 지지를 얻을 것이라는 믿음이다. 부모는 아이의 욕구를 만족시켜 주면서 아이가 어떤 상황에서든 부모를 의지하고 믿을 수 있다는 확신을 갖게 해야 한다. 이것이 바로 '함께 있다'는 느낌이다.

자존감이 높은 사람들은 남을 잘 믿고 자신이 거절당할 수 있다는 생각을 거의 하지 않으며, 어려운 일이 닥쳤을 때 자신을 도와줄 수 있는 사람을 제일 먼저 떠올린다. 그들은 자신이 혼자가 아니며 자신을 도와줄 수 있는 사람이 항상 곁에 있다고 생각한다. 타인에 대한 신뢰와 애착은 세상에 대한 믿음으로 이어져 초조함과 불안감을 줄여 준다.

안정감은 환경을 정복하는 과정이 아니라, 어릴 적 부모가 보여 주는 양육 태도에서 얻어진다. 부모와의 애착 관계가 세상에 대한 신뢰를 낳는 것이다. 본질적으로 인간에게는 세상을 정복할 능력도, 인식할 수 있는 근거도 없다. 자신을 사랑해 주는 부모에게 의지하고 애착을 느끼다 보면 그 감정과 환상은 세상으로도 향한다. 즉 우리가 함께 있기만 하면 나는 무한한 능력을 가질 수 있고, 죽음도 두렵지 않으며, 세상의 종말도 무섭지 않다고 생각하게 된다. 아기는 부모를 향한 신뢰감을 기억하고 긍정적인 마음으로 이 세상을 바라보게 된다. 애착감은 자주성의 원천이며, 유대감과 신뢰는 영아기 때부터 길러지는 본원적 감정이다.

부모의 보살핌을 받지 못하고 자라는 아이들은 기본적인 생리 욕구가 충족된다 해도 사망률이 높게 나타난다. 유명한 정신분석학자인 에릭 에릭슨Erik Erikson에 따르면, 애착감은 젖먹이 단계에서 형성되며, 약 한 살 때 완전히 고착되어 평생 변하지 않는다. 애착감은 스스로 세계를 탐색할 수 있는 용기를 부여하며, 낯선 세상에 적응할 수 있게 하는 에너지의 원천이 된다.

그러므로 이 단계에서 부모가 자신의 성격적 결함으로 인해 아이에게 소홀히 하거나 짜증을 내면 아이는 그 경험을 기억하고 대인 관계에 대해 안 좋은 감정을 가지게 된다. 결국 아이는 모든 타인을(처음에는 부모이지만) 믿지 못하기 때문에 위협적이고 두려운 존재로 인식하는 것이다. 때로는 분노와 슬픔을 통해, 때로는 일의 성과를 통해 타인의 관심을 끌려고도 한다. 이러한 과정에서 제대로 충족되지 못한 욕구는 초조함과 불안함으로 이어지고, 그로 인해 '나는 보잘 것 없는 사람이야', '나는 남보다 못한 사람이야' 하는 자괴감에 빠진다.

안정 애착과 불안정 애착 유형

　　　　　　자주성은 타인에 대한 신뢰에서 나온다. 부모가 충만한 사랑을 베풀고, 아이의 실수를 엄하게 꾸짖는 것이 아니라 너그럽게 대하며, 적절한 지도와 격려, 구속을 통해 이끌어 주고 성장을 믿어 준다면 아이는 자주성을 가진 사람으로 자란다. 그런 아이는 자신이 스스로를 통제할 능력이 있다고 믿고, 실패가 수치나 잘못이 아니라고 생각한다. 스스로 자신의 주인이자 통제자가 된다면 자주성을 가지고 옳은 행동을 하도록 자신을 이끌 수 있다. 자주성은 타인의 명령이 아니라 자신의 느낌에 따라 행동하는 정서적 반응이며, 자유와 자아를 지켜 나가는 용기를 의미한다.

　심리학자 존 볼비John Bowlby에 따르면 부모와 안정 애착 관계가 형성되면 아이는 충분한 안정감을 느끼고 부모 없이 혼자서도 바깥세상을 탐색할 수 있으며, 이런 애착감을 바탕으로 통제감이 길러진다. 볼

비의 제자인 메리 에인스워스 Mary Ainsworth 의 '낯선 상황 실험'은 이 같은 사실을 증명한다. 아이와 엄마가 장난감이 가득 차 있는 방에서 놀다가 몇 분뒤 엄마는 아이만 남겨 두고 조용히 밖으로 나간다. 그다음 낯선 사람과 단 둘이 있을 때 아이에게 나타나는 정서와 행동 반응을 기록했는데, 실험 결과 아이들의 반응은 크게 세 가지로 나뉘었다.

첫째는 안정 애착형이다. 약 70퍼센트를 차지하는 이 유형의 아이들은 엄마와 함께 있을 때와 혼자 있을 때의 반응이 크게 다르지 않았다. 엄마가 밖으로 나가면 스트레스를 받기는 했지만 여전히 장난감을 가지고 놀면서 환경을 탐색했고, 엄마가 돌아오면 친밀감을 표시하며 함께 놀고 싶어 했다.

둘째는 불안정-저항 애착형이다. 약 15퍼센트에 해당하는 이 유형의 아이들은 엄마가 밖으로 나가면 큰소리로 울고 불안해하며 환경을 탐색하지 못한다. 엄마가 돌아온 뒤에야 안정을 되찾았지만, 여전히 엄마에게서 떨어지지 않으려고 했다.

셋째는 불안정-회피 애착형이다. 이 아이들은 엄마가 밖으로 나가도 크게 신경 쓰지 않았고, 엄마가 돌아온 뒤에도 그리 기뻐하지도 소통하지도 않았다. 이들은 안정감이나 애착감을 찾지 않고 혼자 놀면서 누구와도 접촉하지 않았다. 약 15퍼센트의 아이들이 이 유형에 속했다.

여러 가지 애착의 유형도 자존감과 관계가 있다. 불안정-회피 애착형 아동은 통제감이 형성되어 있어서 환경을 탐색하려고는 하지만 애착감이 없다. 불안정-저항 애착형 아동은 애착감은 있지만 통제감이 없어 혼자서 환경을 탐색할 수 없다. 애착감과 통제감이 모두 형성되어 있어서 자존감이 높은 것은 안정 애착형 아동뿐이다. 이 이론이 점점 발전하면서 안정 애착형 아동들이 취학 전 단계와 청소년기에 평균보다 높은 자존감을 보인다는 사실이 밝혀졌다.

안정 애착은 성장의 원동력이 되고 대인 관계를 원만하게 한다. 가장 건강한 애착 유형으로, 개인의 유대감과 안정감을 길러 주어 더 자신있게 타인의 지지를 구하고 위험에 대응하도록 유도한다. 위험이 닥쳤을 때 애착 대상을 신뢰하지 못해 안정감을 얻지 못하는 사람은 타인과의 상호 작용보다는 직접적인 감정 표현으로 문제를 해결하려 한다. 하지만 이런 방법은 대부분 사태 해결에 별 효과가 없다.

볼비의 애착 이론에 따르면 애착 유형에 따라 몇 가지 작동 모델이 나타나며, 이 모델을 통해 자아와 타인의 심리적 특징이 드러난다. 그림 3-1은 자아와 타인에 대한 태도에서 애착의 작동 모델을 해석한 것이다. 자아와 타인을 대하는 태도가 모두 긍정적일 때는 안정형의 정서가 나타난다. 반면 자신에 대해서는 긍정적이지만 타인에 대해서는 부정적이면 무관심함으로 표현되고, 자신과 타인에 대해 모두 부정적이면 회피심리가 나타난다. 또한 타인에 대해서는 긍정적이지만 자신에 대해서는 부정적이면 버림받을지도 모른다는 불안감을 느낀다. 그림 3-2는 애착의 행동과 정서를 더 자세하게 설명한 것이다.

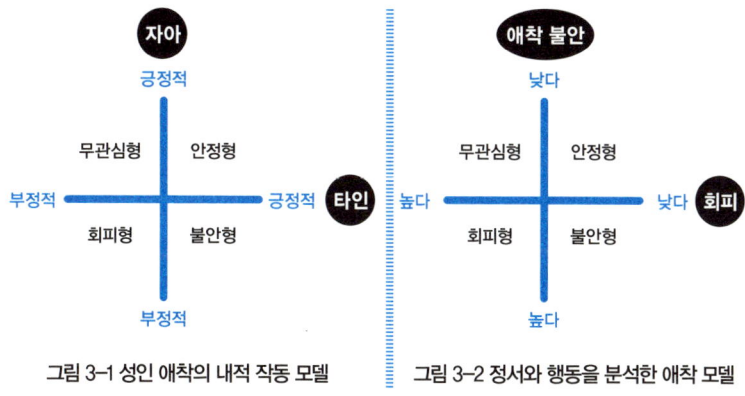

그림 3-1 성인 애착의 내적 작동 모델   그림 3-2 정서와 행동을 분석한 애착 모델

애착의 작동 모델은 대인 관계를 두 가지 관점에서 분석한다. 하나는 행동적인 측면에서 회피와 애착을 통해 사람 간의 거리를 분석하는 것이다. 회피형 대인 관계를 보여 주는 사람은 타인의 선의를 믿지 못하고 독립적인 행동으로 타인과 거리를 유지하려 한다. 반대로 타인을 회피하지 않는 사람은 상대를 믿고 의지하며 원만한 관계를 유지하고, 상대와의 차이를 없애 동질감을 느끼려 한다.

애착 불안이란 대인 관계에서 느끼는 불안감을 뜻한다. 상대가 필요하지만 그가 자신을 도와주거나 지지해 주지 않을까 봐 걱정한다면 불안감을 느끼게 된다.

마리오 미쿨린서Mario Mikullincer를 비롯한 몇몇 심리학자들은 사람이 타인과 교류하면서 위험을 느끼거나 상대가 자신을 긍정적으로 생각하는지 확신할 수 없으면 애착 시스템을 가동하여 미리 물어보게 된다고 주장했다. 즉 상대가 협조적이고 믿을 수 있는지, 아니면 위험하고 적대적인지를 애착 시스템을 통해 예상해 보는 것이다. 여기서 나온 답이 긍정적이면 안정 애착의 특징이 발휘되어 긴장과 불안이 줄어들게 된다. 반대로 그 답이 부정적이면 불안정 애착의 반응을 보이면서 더욱 긴장하고 불안감을 느낀다. 애착 불안을 느끼면 사람은 상대가 자신을 사랑하는지 끊임없이 확인하고 집착하게 된다.

타인에게 애착하려는 것은 인간의 생물적 본성이다. 그리하여 인간은 애착 상대를 얻고자 하는 강렬한 욕망을 가지게 되는데, 애착 시스템이 과도하게 활성화되면 위험 신호에 너무 민감해지고, 애착 상대를 찾을 수 없을지도 모른다는 불안감에 사로잡힌다.

불안정-회피 애착의 특징은 애착 시스템이 작동하지 않는다는 것이다. 타인과의 소통에서 오는 친밀감으로도 고통이 해소되지 않는다면 애착을 회피하게 된다. 이렇게 되면 안정 애착의 자극을 원하지 않고 현실의 위험을 혼자 감당하려는 성향이 나타난다. 이런 사람들은 애착과 관련된 생각, 감정, 단서를 거부하거나 억압하면서 스스로 자아 독립적인 태도를 강화하여 타인에 대한 의존을 줄인다. 이것은 자신의 약점이나 실수를 인정하지 않음으로써 스스로 보호하려는 행동이다.

모든 불안정-저항 애착은 자신의 가치와 타인의 선의를 의심하게 만든다. 그리하여 특수한 감정이나 대인 관계의 문제를 유발하며, 자존감 장애를 만들어 낸다.

애착 상대에게서 자신의 욕구가 충족될 수 있다고 판단하는 경우에는 안정 애착의 두 가지 심리적 특징이 나타난다. 하나는 서술적 지식declarative knowledge이고, 다른 하나는 절차적 지식procedural knowledge이다. 전자는 자아 지도나 자아 대화를 의미하며, 언어의 형식으로 표현된다. 후자는 행위의 형식으로 실행된다.

서술적 지식은 '만약……라면,……'이라는 형식으로 표현된다. 예를 들어 위험이 닥치거나 불안감을 느낀다면 타인의 도움을 받을 수 있다고 생각하는 것이다. 불안감을 느끼다가도 애착 대상이 자기 곁에 있으면 그 감정은 사라지고 마음이 편해져 차분해질 수 있다. 이 모델은 사람의 부정적인 정서를 줄여 주는 역할을 한다.

안정 애착의 특징에는 서술적 지식의 세 가지 신념이 포함되며, 이들 신념은 정서적 안정감을 유지하고 자존감을 조절하는 데 중요한 역할을 한다.

첫째, 살면서 부딪히는 어려운 문제를 관리할 수 있다는 믿음이다. 예를 들어 안정 애착 유형은 긴장감을 잘 관리하면 낙관적이고 희망적인 상태를 유지할 수 있다고 생각한다. 이런 신념은 세심하고 욕구를 적절히 충족시켜 주는 애착 대상과의 긍정적인 상호 작용을 통해 얻은 결과다. 그럼으로써 스스로 긴장을 관리할 수 있고, 외부 환경의 어려움을 극복할 수 있으며, 위험한 사건도 어느 정도 통제할 수 있다고 믿게 된다. 그 이유는 '우리가 함께 있다'는 애착감을 가지고 있기 때문이다. 성인 애착에 대한 연구 결과, 안정 애착과 낙관적이고 희망적인 신념은 서로 관계가 있음이 밝혀졌다. 안정 애착을 가진 사람들은 어려운 일이 닥쳤을 때 불안정-저항 또는 회피 애착을 가진 사람들보다 상황을 더 낙관적이고 자신 있게 받아들이는 경향이 있다.

둘째, 타인의 생각과 특징에 대한 긍정적인 신념이다. 안정 애착을 가진 사람들은 애착 대상과의 상호 작용을 통해 자신을 기꺼이 신속하게, 선의를 가지고 도우려 한다는 신념을 갖게 된다. 연구에 따르면 어떤 유형의 애착을 가졌느냐에 따라 인간의 본성을 바라보는 관점도 달라진다. 안정 애착이 형성된 사람들은 어려운 일이 닥쳤을 때 자아가 아니라 문제가 중심이 된 해결 방법을 사용한다. 이들은 타인과의 관계에서 충돌이 생겼을 때도 자신과 상대의 관점을 통합하고 공개적인 토론을 통해 충돌을 해결하려 한다.

셋째, 자신의 가치와 능력, 통제력에 대한 신념이다. 안정 애착을 가진 사람들은 애착 대상과 소통하는 과정에서 지지를 얻고 애착 행위를 통해 어려움을 극복한 경험이 있기 때문에 자신을 주도적이고 능력 있는 존재로 인식하게 된다. 연구 결과 안정 애착을 가진 사람들은 자존감이 높고, 자신을 유능하고 괜찮은 사람으로 생각하며, 긍정적인 단어를 사용해 스스로 평가하는 경향이 있음이 밝혀졌다.

안정 애착의 특징에는 감정 조절과 긴장에 효과적으로 대응하는 절차적 지식도 포함된다. 이것은 스트레스에 저항할 수 있는 좋은 방법이다. 안정 애착을 가진 사람들은 위험이 찾아왔을 때 적극적이고 효과적인 방식으로 대응할 수 있다. 즉 적극적으로 도움을 청함으로써 문제를 관리하고, 감정의 균형을 유지함으로써 위험을 극복하는 것이다. 그들은 애착 대상과의 안정적인 교류가 불안감을 줄일 수 있으며 타인에게 도움을 청하면 문제 해결 능력이 향상된다는 사실을 알고 있다. 성인 애착 연구에서도 이 같은 사실이 증명되었다. 피실험자들이 불안을 느낄 수 있는 환경을 연출하고 반응을 연구한 결과, 안정 애착을 가진 사람들은 불안정-저항 애착을 가진 사람들보다 타인과의 친밀한 관계를 더 강하게 추구함으로써 지지를 얻어 냈다.

요컨대 안정 애착을 가진 사람들은 불안감을 떨쳐 내고 개인의 성장과 시야 확장, 능력 향상에 집중할 수 있으므로 자아를 실현하고 자주성을 기를 수 있다.

자신을 부풀리는 과대평가

　　　　　　　　　안정 애착은 자기 과대평가를 줄여 준다. 겉으로는 자존감이 높은 것 같지만 실제로는 낮은 사람들이 있다. 이런 성향을 가진 사람들은 자아를 쉽게 부정하지는 않지만 타인에 대해 공격적이고 비우호적이며, 특히 타인의 비판에 대해 격렬하게 반응한다. 그런 현상을 자기 과대평가라고 부른다.

　자신을 과대평가하는 것은 왜곡된 자기 평가를 통해 자아 이미지를 좋게 유지하기 위함이다. 이런 동기가 작용해 자기 능력을 실제보다 높이 평가하고 자아와 관련된 부정적인 정보를 망각하려고 한다. 이런 성향이 있는 사람들은 긍정적인 결과는 자신에게서, 부정적인 결과는 외부에서 그 원인을 찾는다. 자아 이미지를 적극적으로 왜곡하는 것은 정서적 안정과 심리적 건강을 유지하려는 수단이지만, 자신을 속이고 자기 중심적인 행동을 유발하며 심하면 폭력성으로 발전하기도 한다.

성인 애착에 관한 연구에 따르면 안정 애착을 가진 사람들은 안정적인 자기 가치감을 유지하며, 자기 방어를 위해 자신을 과대평가하지 않는다. 미쿨린서 같은 심리학자들은 안정 애착을 가진 사람들이 위험에 처했을 때 자신의 좋은 자아 특성과 좋지 않은 자아 특성을 함께 떠올리지만, 안정 애착이 부족한 사람들은 그 두 가지 중 하나를 더 많이 떠올린다고 말한다. 따라서 안정 애착을 가진 사람들은 자아를 왜곡하지 않고 정확하게 인식하면서 위험에 더 안정적으로 대응할 수 있다.

애착 이론은 건강한 심리를 가진 사람들이 자아를 왜곡하거나 기만하지 않는 이유를 설명해 준다. 안정 애착을 가진 사람들은 자신이 사랑과 인정을 받고 있다고 생각하기 때문에 자기 가치감을 느낀다. 다시 말해 그들은 위험을 느낄 때도 자기 가치감을 유지하며 평안함과 안정감을 느낄 수 있다. 그들은 위험함 상황에서도 기분이 가라앉지 않기 때문에 방어적으로 자존감을 부풀릴 필요가 없다.

애착 대상과의 상호 작용은 자신을 보호하는 가장 중요한 방식이자 안정적인 자기 가치감의 원천이다. 안정 애착이 작용하면 자신을 과대평가할 필요가 없다. 방어적인 자기 과대평가로 자신을 보호하는 것은 안정 애착의 경험이 뒷받침되지 못하기 때문이다. 그런 사람은 자신이 정말로 가치 있는 존재인지에 대한 회의와 의구심에서 헤어나오지 못한다.

미쿨린서에 따르면, 안정 애착을 가진 사람들은 긴장된 상황에서도 안정적인 자아 특징을 보임으로써 자기 가치와 정서의 균형을 이룰 수 있다. 그들은 애착 대상과 상호 작용을 하는 과정에서 자신을 어떻게 바라보고 평가해야 하는지 터득했기 때문이다. 따라서 위험이 닥쳤을 때 위로의 효과가 나타나며 불필요한 방어적 자기 과대평가를 줄일 수 있다.

미쿨린서가 실시한 한 가지 실험도 이를 뒷받침한다. 그는 피실험자들에게 안정적인 애착 대상의 특징, 자신과 그 대상 사이의 관계에 대해 서술하게 했다. 그 다음 피실험자들을 위험하거나 중성적인 환경에 처하게 한 뒤, 그들이 사전에 서술한 여러 특징에 따라 현재의 정서와 인지 상태를 평가했다. 그러자 안정 애착을 가진 사람들은 애착과 관련된 자아 특징을 떠올리며 위험한 상황에 대응하거나, 안정적인 애착 대상과 관계된 자아 특징을 현재의 자아로 삼았다. 하지만 안정 애착을 가지지 못한 사람들에게서는 애착 대상과 그 관계에 대한 기억과 연상이 나타나지 않았다.

또한 안정 애착은 사람을 위로하는 역할을 한다. 때문에 위험한 상황에서도 긍정적인 감정을 가지게 되고, 임무와 관련된 불안감도 줄어든다. 심리학자들은 안정 애착의 특징, 예를 들어 자신을 받아들이고 좋아해 주는 타인을 상상하거나 다른 비슷한 특징을 떠올릴 경우 자기 과대평가의 성향을 줄일 수 있다고 말한다. 그뿐만 아니라 실패를 자신의 능력 부족이나 단점으로 돌리는 경향도 줄어든다고 말한다. 스스로 정서적 위로를 받는 이런 특징은 애착 대상을 모방하면서 길러진 것이기도 하다. 그러므로 안정 애착을 가진 사람들은 방어적으로 자신을 과대평가할 필요가 없다.

미쿨린서의 연구 결과에 따르면 안정 애착을 가진 사람들은 상황의 변화와 상관없이 자기 평가가 크게 다르지 않다. 반면 불안정 애착을 가진 사람들은 위험 상황에 처했을 때 방어적으로 자신을 과대평가한다. 그들은 좌절했을 때 거절당하거나 사랑받지 못했다는 느낌을 보상받기 위해 일부러 자신을 긍정적으로 평가한다.

또한 불안정-회피 애착을 가진 사람들은 긍정적인 결과의 원인은 안정적이고 보편적이며 통제 가능한 요소에서 찾으려 하고, 부정적인 결과의 원인은 외부적이고 불안정하며 특수하고 통제 불가능한 요소로 돌리려는 경향이 있다. 안정 애착을 가진 사람들은 타인의 반응에 귀를 기울이고 그 반응에 따라 자신의 행동을 수정하지만, 불안정-저항 애착을 가진 사람들은 타인의 반응을 들으려 하지 않고, 자신에 대해 알지 못하는 사람을 좋아하며, 타인의 반응에 굉장히 냉담하게 대응한다.

투사의 영향을 덜 받는 효과

인지 편향cognitive bias 으로 인해 사람들은 실제 상황을 정확하게 판단하지 못하고 자기중심적인 성향을 보인다. 안정 애착은 이런 인지 편향을 줄여 주는 효과도 있다.

같아지고 싶은 마음과 달라지고 싶은 마음

사회심리학자들은 두 가지 동기가 사람들의 현실 인지에 영향을 미친다는 사실을 발견했다. 하나는 남들과 같아지고 싶은 욕구이고, 다른 하나는 남들과 달라지고 싶은 욕구다. 사람들은 자신이 남들과 다를 때 자신의 사회적 행동이 타당하지 않다고 판단하고 감정과 신념을 수정한다. 이는 자신의 신념과 행위를 타인과 공유하고 집단으로부터 지지를 얻으려는 행위다. 또한 사람에게는 남들과 다른 생각과 행동으로 특별해 보이고 싶은 욕구도 있다.

이 두 가지 동기가 사회 인지에 영향을 미쳐 잘못된 편향을 가지게 한다. 즉 남들과 같아지고 싶은 욕구 때문에 신념이나 행위에 대한 자신과 타인의 유사성을 과대평가하고, 반대로 남들과 달라지고 싶은 욕구 때문에 그 유사성을 과소평가 하는 것이다. 전자의 경우 자신의 행동과 신념에 대해 안정감은 느끼겠지만, 집단에 대한 잘못된 애착감을 가질 수 있다. 후자의 경우 자신을 남보다 더 긍정적으로 평가하게 되는데, 이것은 자기 과대평가의 일종이다.

이 두 가지 편견을 정확하게 해석해 주는 것이 바로 안정 애착 이론이다. 안정 애착을 가진 사람은 굳이 자신이 남들과 비슷하다는 사실을 과장해서 드러낼 필요가 없다. 그들은 설령 자신의 신념과 행동이 틀렸다고 해도 심한 불안감을 느끼지 않기 때문이다. 그들은 이미 애착 대상에게서 지지를 받고 있으므로 자신이 잘못하거나 약점을 드러내더라도 남에게 비난받고 거절당할까봐 전전긍긍하지 않는다.

또 한편으로 그들은 자신이 이미 남다르다고 생각한다. 타인과의 친밀한 관계 속에서 그들은 스스로 특별하다는 확신을 얻었기 때문이다. 심리학자들의 실험에 따르면 인간관계에서 갈등이 발생했을 때 안정 애착을 가진 사람들은 자신과 타인의 유사점과 차이점을 훨씬 정확하게 인지하는 특징이 있다.

미쿨린서는 안정 애착을 가진 사람들은 타인을 인식할 때 투사 projection의 영향을 상대적으로 덜 받는다는 사실을 밝혀냈다. 투사는 인지 편향을 일으키는 중요한 요인이다. 그러므로 안정 애착을 가진 사람들은 불안정 애착을 가진 사람들에 비해 자신의 생각을 남에게 투사하는 경향이 약하게 나타난다. 불안정-회피 애착을 가진 사람들은 자신이 원하지 않는 특징을 남에게 투사해 상대적으로 자신의 가치를 높이려 하고, 불안정-저항 애착을 가진 사람들은 자신의 특징을 남에게 투사함으로써 자신이 남과 비슷하다고 믿는다.

사회심리학자들은 또 다른 방어적 편견을 발견했는데, 바로 사람들이 자신이 속한 사회적 집단을 타인이 속한 그것보다 더 높이 평가한다는 점이다. 애착 이론에 따르면 이런 편견은 불안정-저항 애착을 가진 사람들에게서 더 많이 나타난다. 안정 애착을 가진 사람들은 항상 높고 안정된 자존감을 유지하기 때문에 굳이 타인의 이미지를 훼손시켜 자신을 방어할 필요가 없기 때문이다.

또한 미쿨린서 등의 심리학자들은 안정 애착이 강해지면 다른 집단에 대한 적대감이 줄어든다는 사실을 발견했다. 그들은 피실험자들에게 실패를 유발하고 그것으로 인해 자신이 속한 집단이 다른 집단으로부터 비난을 받게 했다. 그다음 컴퓨터 모니터를 통해, 사랑, 친근감 등의 단어나 안정적인 애착 대상의 사진을 보여 주었다. 이렇게 안정 애착을 강화하자 피실험자들이 느끼는, 다른 집단에 대한 두려움이 뚜렷하게 감소하는 효과가 나타났다.

개인의 지식 구조에 대한 방어

사회심리학자들의 연구 결과에 따르면 사람들은 기존의 지식 구조를 지키려는 경향이 강하다. 설령 그 지식이 틀렸고 잘못된 행동을 유발한다 해도 마찬가지다. 이것은 자신의 신념이 잘못되었다거나 자신이 어리석다는 사실을 부인함으로써 자존감을 보호하려는 방어적 성향이다.

특히 불안정 애착을 가진 사람들에게서 이런 성향이 두드러지게 나타난다. 안정 애착을 가진 사람들은 비교적 개방적이어서 자신의 지식이 틀렸음을 증명하는 뚜렷한 증거가 있다면 주저하지 않고 그것을 수정한다. 또한 그들은 긴장에 대처하는 능력이 뛰어나기 때문에 일시적인 혼란을 겪더라도 새로운 지식을 받아들인다. 자신이 어떤 의견이나 결정, 행동을 바꾸더라도 사람들이 여전히 자신을 좋아할 것이라고 믿기 때문이다. 반면 불안정 애착을 가진 사람들은 새로운 관점을 받아들이는 것은 위험한 일이라고 생각한다. 위험에 대처하는 능력이 부족하기 때문에 불명확함과 혼란을 두려워하며 자신을 아예 가두어 버리는 것이다.

미쿨린서의 연구에 따르면 안정 애착을 가진 사람들은 불안정 애착을 가진 사람들에 비해 개방적이고 모호함을 용인하지 못하는 성향이 강하다. 또한 초두 효과 primacy effect* 를 이용한 실험에서는 불안정 애착을 가진 사람들에게서 새로 사귄 사람의 첫인상이 쉽게 바뀌지 않는다는 사실이 밝혀졌다.

또한 미쿨린서는 스테레오타입 효과sterotypes effect와 관련하여 어떤 작가가 속한 인종이나 민족이 그의 특정한 글에 대한 사람들의 평가에 영향을 미치는지 연구했다. 그 결과 불안정 애착을 가진 사람들은 작가의 인종이나 민족에 따라 그의 글을 달리 평가한다는 사실을 밝혀냈다. 즉 작가의 인종에 대해 우호적인 편견을 가지고 있을수록 그의 글도 높이 평가하는 경향이 강했다. 반대로 안정 애착을 가진 사람들은 상대적으로 작가의 인종에 영향을 덜 받았다. 이는 그들이 독립적인 사고를 통해 판단한다는 사실을 알려준다.

---

* 초두 효과란, '타인을 처음 만났을 때 받는 첫인상이 머릿속에서 주도적인 위치를 차지하게 되는 현상'을 의미한다. 미국의 심리학자 에이브러햄 루친스Abraham S. Luchins가 처음 제시했다. – 옮긴이.

죽음에 대한 방어적 태도

공포 관리 이론terror management theory에 따르면 사람에게는 자신의 관점과 자존감, 지식 구조의 안정성을 지키고 제 가치관을 수호하려는 경향이 있는데, 이것은 죽음에 대한 불안감에 대처하는 한 방법이기도 하다. 피실험자들에게 죽음에 대한 두려움을 상기시키면 자신의 세계관은 지키고 그것과 다른 세계관은 배척하는 성향이 더욱 강하게 나타났다.

자신의 세계관을 지키려는 것은 보편적으로 존재하는 위협에 대한 방어적인 반응이기는 하다. 하지만 불안정 애착을 가진 사람들에게서는 이런 방어가 훨씬 더 강하게 나타났다. 미쿨린서는 피실험자들에게 죽음에 대한 공포를 상기시켜 준 뒤에 자신과 가치관이 다른 사람을 평가하고 처벌하게 했다. 그러자 불안정 애착을 가진 사람들이 자신과 가치관이 다른 사람을 더 엄격하게 평가하고 처벌하는 경향이 있는 것으로 나타났다. 그 뒤에 진행된 실험에서도 죽음에 대한 두려움을 상기시키는 경우 불안정 애착을 가진 사람들은 자신의 가치관을 지키기 위해 목숨도 내놓을 수 있다고 대답했다.

나중에 미쿨린서는 안정 애착을 가진 사람들만을 대상으로 죽음의 공포에 어떻게 반응하는지 연구했다. 그 결과 그들은 죽음이라는 해결할 수 없는 문제에 대응하는 대신, 창의적이고 성장을 위한 일에 주력하는 것으로 나타났다. 그들은 자녀의 성장이나 일의 성과에서 얻는 위안으로 죽음에 대한 두려움을 상쇄할 수 있다고 생각하기 때문이다. 또한 그들은 죽음에 대한 두려움 앞에서 자신보다도 타인에게 더 관심을 가졌다. 피실험자들에게 배우자의 죽음을 상상하게 하자 그들은 상대를 위해 자신을 희생할 수 있다고 대답했다. 반면 안정 애착을 가진 사람들은 배우자를 위해 자신의 이익을 포기하거나 생명을 바치려고 하지 않았다.

 안정 애착을 가진 사람들은 죽음의 위협 앞에서도 안정 애착의 성향을 유지하며 타인과의 유대감을 강화하려고 했다. 그들은 죽음을 타인을 위해 희생하고 자신이 성장할 수 있는 기회로 여기기 때문이다. 개인은 세상의 일부로서 남들에게 사랑받고 인정받고 가치를 지닌 존재이므로 타인과 세계에 대해 강한 유대감과 배려심을 가져야 한다고 그들은 생각한다. 이 같은 연구 결과는 안정 애착이 과도한 자존감이나 극단적인 자기애, 다른 집단을 폄훼함으로써 자존감을 수호하려는 방어 성향을 약화시킬 수 있음을 보여 준다.

개인의 성장과
인격의 완성

안정 애착은 개인의 성장과 인격의 완성을 촉진한다.

첫째, 안정 애착은 자주성을 기르고 개인적인 재능을 실현시킴으로써 인생을 더 풍부하게 만들어 준다. 볼비는 불안정 애착이 다른 행위 시스템의 작동을 억제한다고 주장했다. 안정적인 보호와 지지를 받지 못한 사람들은 애착에 대한 욕구에 집착하기 때문에 쉽게 긴장할 뿐만 아니라, 애착과 관련되지 않은 활동에는 주의력을 쏟지 않으려고 한다. 그들은 안정 애착이 회복되어야만 다른 활동에 주의력을 쏟는다. 그러므로 안정 애착을 가져야만 모험적이고 자주적인 활동에 몰입할 수 있다. 안정 애착은 로저스가 말한 '충분히 기능을 발휘할 수 있는 인간'의 기반이기도 하다.

자주성은 주도성의 바탕이 된다. 예를 들어 아이는 자주성을 보장

받는다고 느낄 때 비로소 아무 걱정 없이 주도적으로 놀이를 할 수 있다. 놀이에 몰입해야만 아이는 상상력과 창의력을 발휘하고 환경과 조화를 이룰 수 있다. 이때 부모는 아이의 행동을 사사건건 지적하거나 평가하지 않고 멀찌감치 떨어져 따뜻한 눈길로 바라보는 것이 좋다. 그럴 때 아이는 내면 깊은 곳에서 주도성이 우러나와 타인을 위협적인 존재로 인식하지 않고 자신의 목표에 집중하며, 새로운 모든 사물을 적극적으로 체험하게 된다.

이렇게 자란 아이는 자아를 부정하고 의심하는 부정적인 에너지에 영향받지 않고, 적극적으로 새로운 문제를 해결하며, 모든 한계와 어려움을 재미있는 도전으로 인식하게 된다. 아이는 일단 도전해 본 뒤 어려움을 해결할 수 있다면 끈기를 가지고 지속해 나가고, 해결할 수 없다면 포기한다. 노력과 포기를 모두 자연스럽게 하기 때문에 불안함과 초조함도 최소화된다.

안정 애착은 인격의 발전에 긍정적이고 깊은 영향을 미친다. 우선 욕구가 충족됨으로써 안정적이고 긍정적인 정서를 가질 수 있다. 이 세상은 안전하고 예측과 통제가 가능한 곳이며, 남들도 호의적이고, 자신도 가치 있는 사람이라면, 자신의 개인적인 욕구도 부끄러운 것이 아니라 자연스러운 것이라고 생각하게 된다. 사춘기에 이성에 대해 성적 욕망을 느끼는 것도 수치스러운 일이 아니고, 반장이 되어 반 친구들을 위해 일하고 싶다는 것도 부끄러운 생각이 아니다. 또한 돈을 벌어 부모의 경제적 부담을 줄여 주는 것도 전혀 창피한 일이 아니고,

유명한 과학자가 되어 진리를 탐구하고 싶다는 것도 숨겨야 할 욕망이 아니다.

자신이 하고 싶은 일을 하는 것이 바로 자신의 권리다. 하지만 자존감이 낮은 사람들은 권리를 진정으로 체험하거나 느끼지 못하고 그저 추상적인 용어로만 여긴다. 그들은 스스로 자신의 주인이 되지 못한다. 자주성이 없고 기본적인 권리조차 포기하기 때문이다. 이것은 자존감이 낮은 사람들의 전형적인 특징이다. 자주성이 손상을 입으면 자신이 당연히 가지고 있는 권리를 체험하지 못하고 책임도 짊어지지 못한다.

권리와 책임은 동전의 양면과 같아서 두 가지를 함께 체험해야 한다. 현실 세계에서 권리는 곧 책임이며, 부작용이 없는 선택도 없고 책임이 없는 권리도 없다. 그러므로 '주도적으로' 권리를 추구한다면 그에 따르는 책임과 의무를 감당할 준비가 되어야 한다. 권리가 가져다주는 명예와 우월감만을 누리려고 해서는 안 되며, 책임과 의무도 함께 수행해야 한다.

현실치료 reality therapy* 의 창시자 윌리엄 글래서 William Glasser 의 말을 빌리면 타인의 욕구 충족을 방해하지 않는 방식으로 자신의 욕구를 만족시킬 때 비로소 권리와 책임이 온전히 결합된다. 이 정의에는

---

*   인간의 모든 행동은 자신이 선택한 결과이기 때문에 피상담자가 건전한 가치관에 따라 스스로 문제를 해결하도록 하는 기법. 개인은 자신의 선택에 스스로 책임을 질 수 있어야 한다고 강조한다.
    - 옮긴이.

두 가지가 포함되어 있다. 하나는 개인적인 욕구를 만족시킬 권리다. 이것은 의심의 여지가 없이 당연한 것이며, 모든 이들에게 동일하게 적용되는 사람됨의 기본적인 요건이다. 자신을 희생하여 남을 이롭게 해서도 안 되고, 타인에게 잘 보이기 위해, 혹은 그 밖의 다른 이유로 자신의 욕구를 억눌러서도 안 된다. 누구에게나 '아니오'라고 말할 권리가 있다. 하지만 이렇게 간단하고 기본적인 요건이 자존감이 낮은 사람들에게는 전혀 적용되지 않는다. 낮은 자존감은 사람의 심리적 건강을 해친다. 한마디로 그것은 인성의 함정이자 노예화다.

다른 하나는 책임과 의무다. 글래서의 말에는 매우 심오한 뜻이 담겨 있다. 책임과 의무는 그리 신성하지 않을 수도 있고, 인간은 자신을 희생하여 남을 이롭게 하지 않을 수도 있다. 책임이란 너무 복잡한 것이어서 저마다 정의와 해석이 다르지만, 모든 사람이 지켜야 할 마지노선은 있다. 즉 타인의 욕구 충족에 방해가 되어서는 안 되고, 타인을 희생시켜 자신의 이익을 추구해서도 안 된다는 것이다. 이것은 도덕의 마지노선이다. 이것이 지켜져야만 개인의 욕구는 한껏 충족될 수 있고, 어느 누구도 해치지 않기 때문에 그 욕구 충족은 긍정적이다. 또한 타인의 이익도 함께 생각하기 때문에 자신을 진심으로 인정하고 좋아하지만 나르시시즘은 아니다. 자신의 행복을 추구하되 타인을 해치지 않고 그의 행복까지 함께 고려함으로써 모두 행복할 수 있으며, 오히려 타인이 행복할수록 자신도 더 행복해진다. 이런 자기 긍정self-affirmation보다 더 진실하고 충만한 것이 있을까? 양심에 위배되는 일을 하지 않고 남의 이익을 해치지도 않기에 이렇게 자기 긍정을 확인할 수 있는 것이다.

안정 애착을 가진 사람들에게 이런 자기 긍정은 설교나 이론이 아닌 경험을 통해 얻거나 타고나는 것이다. 자기 긍정은 안전한 환경에서 자연스럽게 형성되는 것으로써, 일부러 배우거나 억지로 찾는다고 해서 가질 수 없다. 자존감이 낮은 사람들은 이런 자기 긍정이 불가능하다. 그들이 배운 생활 방식은 불안과 의심뿐이며, 마음속에는 욕구 충족에 대한 갈등이 존재하기 때문이다. 그들은 비록 "너 자신이 되어라"라는 격언에 감동받지만, 그것은 실제로 경험하고 느끼는 수준에는 다다르지 못한다. 이런 원칙은 반드시 생활 속에서 깨달아야 하며, 공허한 구호로는 어떤 문제도 해결할 수 없다.

둘째, 안정 애착은 개방적인 마음을 갖게 한다. 안정 애착을 가진 사람들은 마음이 열려 있고 자신의 감정에 귀를 기울일 수 있다. 그들은 감정과 생각을 솔직히 표현하고, 자아에 대한 풍부한 정보를 가지고 있으며, 자신의 긍정적인 감정과 부정적인 감정을 모두 받아들인다. 연구에 따르면 안정 애착을 가진 아이들은 더 개방적이고 유연한 경험을 가지고 있으며, 자신의 감정을 표현하고, 감정의 기능과 장점을 이해할 수 있다. 그들은 감정 신호를 직접적이고 개방적으로 교류함으로써 부모에게서 효과적인 도움을 받는다. 또한 탐색하고 표현하는 것이 안전할 뿐만 아니라 성장에 도움이 된다고 생각하며, 애착 대상과의 긍정적인 상호 작용을 통해 길러진 정서 이해 능력을 가지고 있다.

인격은 세상에 전방위적인 영향을 미친다. 인격이 안정적으로 형성되면 세상에 대해 기본적인 신뢰감을 가질 수 있고, 어려움이나 좌절을 당하더라도 크게 불안하지 않을 수 있다. 좌절이 열 배로 커지더라도 괴로움과 불안감은 한 배밖에 커지지 않는다. 안정적인 인격을 가진 사람들은 세상을 긍정적인 곳이라 생각한다. 그들의 내면에는 안정감이 묵직하게 자리 잡고 있기 때문에 위기 앞에서도 불안하지 않을 수 있다.

셋째, 안정 애착을 가진 사람들은 몰입 체험을 통해 인지의 자발성과 유연성, 주도성을 기르게 된다. 다시 말해 그들은 변화를 받아들일 수 있고, 경험을 억제하지 않고 조직하는 능력을 가지고 있으며, 긍정적인 정서를 유지하며 현재의 경험을 자세히 음미할 수 있다. 미쿨린서는 긍정적인 정서를 유도한 뒤에 생겨나는 인지 확장 효과가 안정 애착이 높은 사람들에게만 나타난다는 사실을 발견했다. 그들은 긍정적인 정서를 유도했을 때 사고가 더 유연해지고 창의적인 일에서 남다른 능력을 발휘했다. 반면 불안정-회피 애착을 가진 사람들은 긍정적인 정서 유도의 영향을 받지 않았다. 또한 불안정-저항 애착을 가진 사람들에게는 긍정적인 정서 유도가 오히려 창의성을 해치고 인지의 유연성을 줄어들게 하는 것으로 나타났다. 안정 애착을 가진 사람들은 개방적인 태도를 가지고 있는 데다가 긍정적인 정서를 긍정적인 인지 과정과 연계하기 때문에 인지 전략이 더 넓어져 남다른 연상을 해낸다. 그러나 불안정-회피 애착을 가진 사람들은 상대적으로 안전한 감정 신호를 회피하고, 불안정-저항 애착을 가진 사람들은 이런 신호를 안전한 것이 아니라 귀찮은 것으로 여긴다.

넷째, 안정 애착은 회복 탄력성과도 관계가 있다. 회복 탄력성이란 좌절에서 회복하는 능력을 의미한다. 상처나 스트레스를 받았을 때, 그것에 어떻게 대응하고 적응하는지도 안정 애착과 관련이 깊다. 미쿨린서는 불안정-회피 애착을 가진 사람들에 비해 안정 애착을 가진 사람들이 자신의 고통에 접근하는 능력이 강하고, 과거를 회상할 때도 부정적인 감정을 거부하지 않는다는 사실을 발견했다. 또한 그들은 중요한 타인에게 자신의 생각과 감정을 더 개방적으로 표현하는 경향이 있다.

다섯째, 안정 애착을 가진 사람들이 가지고 있는 또 하나의 특징은 자신의 감정과 생각과 느낌을 신뢰한다는 점이다. 그들은 통제할 수 없는 외부의 힘에 따라서가 아니라, 자신이 느끼는 옳고 그름의 감정에 따라 결정을 내린다. 이들은 선택의 자유와 그것에 따르는 책임감을 함께 인식한다. 그러면서 경험을 스스로 선택하고, 높은 현실감과 책임감과 결단력을 발휘하여 자신의 의의와 가치를 발견한다.

미쿨린서는 안정 애착이 높은 사람들은 개인적인 의의와 통합성을 가지고 있지만, 안정 애착이 낮은 사람들에게도 안정 애착을 작동시키면, 즉 사랑과 관련된 그림이나 단어를 보여 주거나 들려주면 의의와 통합성을 불러일으킬 수 있음을 발견했다.

안정 애착은 높은 자존감과 자신감을 형성시켜 자발적이고 자주적으로 행동하게 하며, 모순과 충돌을 줄여 준다. 자신의 감정을 진심으로 받아들이고 좋아한다면 욕구 충족이 억압되지 않는다. 안정 애착을 가진 사람들은 욕구가 언제 충족되고 언제 그럴 필요가 없는지를 알기 때문에 욕구 충족 여부와 상관없이 행복감을 느낄 수 있다. 자신의 감정과 생각과 느낌을 신뢰하는 것은 내면 깊숙한 곳에서 우러나오는 진심과 일상적인 행위에서 나오는 정확한 선택이지, 자아를 억지로 조절하고 변화시킨 결과가 아니다. 그들은 자신을 어떻게 신뢰해야 하는지 배울 필요가 없다. 자책감과 치욕감을 잘 느끼지 않는 그들은 대부분 정확한 원칙에 따라 행동함으로써 잘못을 거의 저지르지 않기 때문이다.

안전하고 사랑이 충만한 환경에서 성장한 사람들은 생활에 대한 직감적인 지혜와 판단력을 가지고 있기 때문에 감정에 충실하면서 현재를 살 수 있다. 그들은 물속에서 헤엄치는 물고기처럼 생존의 본능에 따라 일상생활에서 일어나는 일과 충돌을 여유 있게 처리한다. 이러한 감정은 타고난 천성처럼 그를 따라다니며, 타인과 관계를 맺고 사소한 일을 처리할 때 행동의 방향을 좌우한다. 이러한 경험은 인간의 기본적인 적응 능력으로서, 빈부나 귀천에 따른 차이가 없다. 히스테리성 인격을 가진 사람들은 불안하고 억압된 상황에서 이런 본능을 상실해 버린다.

이런 직감적인 능력은 사회적 성공 여부나 지위, 역할 등과 관련이 없다. 가정주부도 물건을 살 때는 과학자만큼 지혜로울 수 있고, 까막눈이라도 대인 관계의 문제를 해결할 때는 어떤 최고경영자보다 유연할 수 있으며, 어린아이라도 때로는 일상생활에서 일어난 문제를 부모보다 더 쉽게 해결할 수도 있다.

영국 영화「더 퀸The Queen」을 보면 토니 블레어 총리가 취임한 지 얼마 되지 않았을 때 다이애나 비의 사망이라는 중대한 사건이 발생한다. 그런데 다이애나 비와 왕실 사이에는 갈등이 있었고, 이 때문에 왕실 사람들은 그녀의 죽음에 냉담한 반응을 보인다. 심지어 그들은 전국적으로 애도의 물결이 일고 있는데도 모두 휴가를 떠난다. 이러한 처신은 대중을 자극했고, 특히 왕실 제도에 불만을 가지고 있던 이들로 하여금 더욱 분노하게 했다. 그러자 블레어 총리는 왕실의 고충을 설명하면서 대중과 언론의 마음을 달랬다. 그리고 여왕에게는 사사로운 원한을 넘어 대중과 현실을 생각해 왕실이 조기를 게양하고 성명을 발표하는 식으로 장례의 격을 높이라고 설득했다.

블레어 총리의 이런 중재로 말미암아 대중의 분노는 가라앉았다. 그는 현대적인 관점에서 전통을 개혁하기를 기대하는 한편, 전통을 이해하고 존중함으로써 직감과 본능을 통해 왕실과 대중 사이의 갈등을 해결했다. 이는 우선 그가 자기 안에서 전통과 현대에 대한 모순된 감정을 해결했기 때문이다. 이런 지혜는 그의 체험에서 나온 것이기에 아무나 따라 할 수 없다. 블레어 총리는 머리가 아닌 인격으로 왕실과 대중, 전통과 현대의 충돌을 해결하면서 국민 화합을 이루었다.

여섯째, 안정 애착을 가진 사람들은 목표와 계획을 세워 놓고 뚜렷한 동기를 가지고 생활한다. 그들은 학교에서 어떤 것을 배우면 자신의 흥미를 결합해서 습득하고, 학습을 기회로 생각하는 경향이 강하다. 미쿨린서는 안정 애착을 작동시키면 학생들이 '능력 발휘의 한 과정'으로 여긴다는 사실을 발견했다.

일곱째, 안정 애착을 가진 사람들은 타인을 기꺼이 도와준다. 그들은 애착 대상의 감정에 더 민감하고, 불쾌한 일이 발생했을 때 상대를 더 효과적으로 지지할 수 있다. 미쿨린서는 안정 애착을 가진 사람들이 상대적으로 동정심이 더 강하고, 타인의 욕구에 더 관심을 쏟는다는 사실을 발견했다. 안정 애착을 작동시키면 이타적인 동정심이 강해져 인류 전체의 행복에 대한 관심도 높아진다. 최근의 연구 결과에 따르면 안정 애착이 높은 사람일수록 자주성, 이타성, 타인에 대한 관심(감사하는 마음, 관용심 등)도 높게 나타났다.

대인 관계라는 측면에서 볼 때 자주성과 주도성을 향상시키면 사랑과 애착의 방식으로 타인과 교제할 수 있다. 우선 타인은 선량하고 믿을 수 있는 존재이기 때문에 그들을 너무 의심하거나 방어할 필요가 없다는 것을 알게 된다. 원칙을 고수하기만 하면 불안해할 필요가 없다. 상대에게 밉보일까 봐 두려워하지 말고 그를 신뢰하고 솔직하게 '예'나 '아니오'라고 말해도 된다. 두려움이나 불안감, 사적인 이익 때문에 과도한 자괴감을 느끼거나, 너무 오만하게 굴어서는 안 된다. 모든 사람은 평등하기 때문에 상대에게 도움을 구한다는 사실에 자괴감을 느낄 필요가 없다. 내가 그렇듯 상대도 나의 요청을 기꺼이 받아들일 수 있다. 도움을 구하는 것과 주는 것 모두 자연스러운 일이며, 자존감이나 신분과는 아무런 관계가 없다.

진화론의 시각에서 본
자존감

> 사람은 이름이 나는 것을 두려워하고, 돼지는 살찌는 것을 두려워한다.
> → 중국 격언
>
> 머리를 내민 새가 총에 맞는다.
> → 중국 격언

월급을 받는 것은 똑같이 좋은 일인데도 어째서 건강한 자존감을 가진 사람들은 더없이 행복해하는 반면, 자존감이 낮은 사람들은 원망하고 한탄할까? 대학에 합격하는 것은 좋은 일이 분명한데도 어째서 전자의 사람들은 기쁜 마음을 숨기지 않고 드러내는 반면, 후자의 사람들은 기쁨보다는 꿈에 그리던 대학에 진학하지 못한 것을 크게 아쉬워할까? 똑같이 상사에게 질책을 당하고도 어째서 전자의 사람들은 잠시 우울해하고 잊어버리는데, 후자의 사람들은 절망하고 자책할까? 한마디로 자존감이 낮은 사람들은 왜 매사에 부정적으로 생각하고 행동할까?

어릴 적 부모와의 애착 관계도 중요한 원인이겠지만, 타고난 기질도 무시할 수 없다. 이 문제를 가장 간단하고 직관적으로 해석해 주는 이론이 바로 진화론이다. 인간의 본성도 진화의 산물이다. 오랜 세월에 걸쳐 진화해 오면서 인류의 환경 적응 방식은 유전자에 영향을 미쳤다. 진화론의 관점에서 보면 인류의 조상은 사회적 지위에 따라 환경에 적응하는 방식이 크게 달랐다. 낮은 자존감도 사회적 지위에 적응하기 위한 방식이었을 수 있다. 자신을 내세우지 않고 신중하고 조심스럽게 처신함으로써 생존해야 했던 것이다. 다시 말해 자존감이 낮은 사람들이 남들 앞에서 기가 죽은 듯 행동하는 것은 진화를 통해 습득한 생존 전략인 셈이다.

유전자는 어떤 사람에게는 도전해도 된다고 알려 주고, 어떤 사람에게는 도전하면 안 된다고 알려 준다. 우리는 직감을 통해 이러한 유전자의 명령을 행동으로 옮긴다. 로버트 라이트Robert Wrigth는 『도덕적 동물The Moral Animal』이라는 책에서 다음과 같이 말했다.

"다른 모든 동물들에게 두들겨 맞고 차이는 가장 하등한 동물들은 오랫동안 강자의 존재를 느끼게 되는데, 이를 낮은 자존감이라고 할 수 있다. 낮은 자존감은 사회적 지위에 순응하는 일종의 화해 방식이다."

 자존감이 낮은 사람들이 스스로 몸을 낮추고 낮은 지위를 받아들이는 것은 유전자를 지키기 위한 본능적인 행동이다. 그렇게 하면 다른 이들에게 위협적인 존재로 비치지 않아 그만큼 공격당할 가능성이 줄어들기 때문이다.

 이 밖에도 그들이 어떤 잘못이나 실패를 한 뒤 자책하고 부끄러워하는 것도 환경에 적응하기 위한 것이고, 그 일에서 교훈을 찾는 것도 똑같은 실수를 하지 않기 위한 것이다. 실패 뒤 의기소침하고 우울해하는 것은 에너지를 비축하기 위한 방법이다. 그렇지 않고 평소와 다름없이 행동한다면 정작 기회가 왔을 때 에너지가 부족해 능력을 제대로 발휘하지 못할 수 있다. 임상 경험을 살펴보면 우울증 환자들이 완쾌한 뒤 한동안은 예전보다 훨씬 활력이 넘치는 경우를 흔히 볼 수 있다. 또한 실패 뒤 포기하거나 절망하는 것은 거꾸로 새로운 선택을 하는 기회가 될 수 있다. 보통 싸움에서 매번 패하는 동물이 패할 것을 알면서도 계속 덤비다 보면 결국에는 큰 손실을 입게 된다.

 개에게 전기 충격을 가하는 실험이 있다. 사방이 막힌 울타리 안에 개를 가두고 개가 거기에서 벗어나려고 할 때마다 전기 충격을 가하자 크게 두 가지 반응이 나타났다. 하나는 아무리 애를 써도 벗어날 수 없음을 알고 환경에 순응하는 무기력형이고, 다른 하나는 포기하지 않고 끊임없이 저항하는 분노형이다. 실험 결과 후자의 개들은 결국 심장병이나 위궤양으로 사망했고, 전자의 개들이 더 오래 생존했다.

인류학자 존 하팅John Hartung은 자기기만self-deception을 통해 자존감을 떨어뜨릴 가능성이 있다고 주장하면서 이를 하행성 기만self-deceiving down이라고 불렀다. 이를테면 능력 있는 여자들이 남자들의 자신감을 살려 주기 위해 일부러 순종적으로 행동하거나, 남자들보다 능력이 떨어지는 척하는 것이다.

세로토닌은 신경 전달 물질의 일종으로, 기억력을 높이고 도파민을 합성해 기분을 좋게 만든다. 연구 결과 버빗원숭이 무리에서 수컷 우두머리는 다른 원숭이들에 비해 세로토닌 수치가 높게 나타났다. 대학교의 학생회장도 다른 학생들에 비해 세로토닌 수치가 높았다. 심리학자들의 연구에 따르면 사회적 지위가 높은 사람일수록 더 행복하다. 사장이 이사보다, 이사가 부장보다 행복하다는 것이다. 낙관성과 자기 효능감 역시 지위가 높을수록 더 높게 나타났다. 이것은 선천적인 유전자만으로는 해석할 수 없는 현상이며, 사회적 지위가 상승하면 세로토닌 수치도 높아진다고 보아야 할 것이다.

누구든 성공하거나 사회적 지위가 올라가면 세로토닌 수치가 높아진다. 그렇다면 사람의 자존감 수준(세로토닌 수치)도 선천적인 기질이나 성장기의 환경이 함께 작용할 경우 안정적인 특징을 가지게 된다는 가설을 세울 수 있을까? 만약 그렇다면 사회적 지위가 동등한 사람들도 자존감은 각기 다른 이유를 설명할 수 있을 것이다. 어떤 이들은 아무리 높은 지위에 올라도 겸손하고 거만을 떨지 않지만, 또 어떤 이들은 자신의 지위보다 더 높은 자기감을 갖기도 한다.

최근 긍정심리학 분야에서 인간의 본질성과 자아실현, 동정심, 낙관적인 자존감, 자아 발전 등에 대한 연구가 시작되기는 했지만, 모든 개념을 아우를 수 있는 이론적 기초는 아직 부족하다. 이 때문에 많은 연구자들이 자존감, 낙천성, 동정심, 감사, 관용 등 중요한 현상을 탐구하고 있지만, 인간의 심리에 관한 보편적이고 해석 가능한 진리와 애착 관계의 근원을 찾아내지는 못했다. 그러므로 한두 가지 이론에만 치우치면 편견에 빠질 가능성이 있다.

볼비의 애착 이론은 풍부한 견해와 가설을 담은 것으로 평가받는다. 이 이론을 통해 안정 애착을 가진 사람과 불안정 애착을 가진 사람의 차이를 분석하고 두려움, 이기심, 편견, 방어 등 인간 사회에 나타나는 사회 심리 현상을 해석할 수 있다. 애착의 부정적인 특징을 통해 공포, 편견, 자기애 등을 읽어 낼 수 있고, 반대로 애착의 긍정적인 특징을 자극해 인간의 미덕과 성장을 실현할 수 있다.

04

체면을 위해
고통을 감수할 것인가?

자존감에 따라
좌절에 대처하는 법

> 자기가 원해서 노름판에 끼었다면 패배도 깔끔하게 인정하라.
> → 중국 격언
>
> 체면에 목숨 걸다가 생고생한다.
> → 중국 격언

　　　　　　스스로 가치 있는 존재라고 생각할 뿐만 아니라 남들도 그렇게 바라보아 줄 때, 사람들은 행복감과 뿌듯함을 느낀다. 이런 감정은 누구에게나 필요하며, 자존감이 낮은 사람도 예외가 아니다. 어쩌면 자기 긍정, 자아 확신, 자기애 등은 자존감이 높은 사람보다도 낮은 사람에게 더 필요하다. 자존감이 낮은 사람이라도 자기 긍정과 자기애에 대한 욕구가 없는 것이 아니다. 다만 여러 가지 원인으로 인해 다른 욕구와 충돌함으로써 충족되지 못한 것이다. 그렇다면 이들의 내면세계에서는 어떤 혼란과 충돌이 벌어지고 있는 것일까? 무엇이 그들로 하여금 자기 긍정이라는 인간의 가장 기본적인 욕구를 충족하지 못하도록 하는 것일까?

자존감이 낮은 사람들은 체면을 특히 중요하게 여기는 경향이 있다. 체면이란 무엇인가? 열심히 노력해서 성과를 거두어 남들에게 좋은 인상을 남기고 호감을 얻는 것을 체면이라고 한다면 그것은 긍정적인 개념이다. B는 퇴직한 대기업 임원이다. 올해 여든 살인 그는 살 날이 얼마 남지 않았다는 생각에 자기 인생의 마지막 이벤트를 열고 싶어 했다. 그는 팔순 생일을 앞두고 자식들에게 100석 규모의 대형 연회장을 예약해달라고 한 다음 친척과 친구들을 불러 생일잔치를 열었다. 선물이나 축의금도 받지 않고 밴드까지 불러 실컷 먹고 마시며 놀았다. 그는 남들 앞에서 체면을 세웠을 뿐만 아니라, 원하는 바를 이루어 뿌듯함을 느꼈다. 그는 자존감이 낮은 사람이 아니라 유쾌하게 즐길 줄 아는 사람이다.

남들 앞에서 체면을 세우고 싶은 것은 인지상정이다. 그것은 자신의 가치와 존재감을 높이려는 행동이다. 남의 이익이나 욕구와 충돌하지 않으면서 대인 관계에 도움이 된다면 체면을 세우는 것도 좋은 일이다. 체면을 중요하게 여기는지 그렇지 않은지가 자존감이 높은지 낮은지를 판단하는 기준은 아니다. 그 행동이 자존감을 효과적으로 충족시켰는지의 여부가 바로 자존감을 측정하는 진정한 기준이다.

자존감이 낮은 사람들의 치명적인 문제점은 그들의 모든 행위와 사고와 감정이 어떻게 하면 체면을 잃지 않을 수 있는지, 어떻게 하면 남들이 자신을 얕보지 못하게 할 것인지에만 초점이 맞추어져 있다는 사실이다. 그들은 어떻게 하면 남들에게 좋은 인상을 주거나 체면을 세울 수 있는지에는 관심이 없고 오로지 남들이 자신을 어떻게 보는지만 중요하게 생각한다. 또한 그들은 보수적인 투자자처럼 주식을 매입해도 기뻐하지 않는다. 그들이 주식에 투자하는 목적은 돈을 벌기 위함이 아니라 잃지 않기 위함이기 때문이다.

포커나 마작 같은 게임을 몹시 싫어하는 사람들이 있다. 그것은 게임이 재미없어서가 아니라, 돈을 잃을까 봐 걱정하는 마음이 너무 크기 때문이다. 그들은 게임을 할 때 전쟁터에 나간 병사처럼 심하게 긴장한다. 카드를 쥔 손에서는 땀이 나고 심장 박동도 빨라진다. 체면에 목숨을 걸다가 생고생하는 격이다. 또한 좋은 패를 손에 쥐면 기쁨을 감추지 못하는 반면, 패가 나쁘면 얼굴에 수심이 짙게 드리운다. 결정적인 순간에 신중하면서도 과감해야 하지만, 우유부단하게 망설이다가 결국 지고 만다. 그들은 중요한 패를 내놓고도 자신의 판단을 확신하지 못하고 상대의 패가 자기보다 좋지 않다는 것을 안 뒤에야 한시름을 내려놓는다. 그러므로 즐거워야 할 카드 게임이 그에게는 초조하고 고통스러운 일인 것이다.

반대로 이런 사람들도 있다. 천성적인 낙관주의자에 포커페이스로 패가 좋든 나쁘든 감정을 드러내지 않는다. 그들은 돈을 따든 잃든 크게 개의치 않고 게임이 주는 즐거움에만 집중한다. 예전에는 이런 차이가 개개인의 취향이나 기질에서 연유한다고 생각했지만, 자존감에 대해 알고난 뒤에는 그렇지 않다는 것을 깨달았다. 감정이 얼굴에 잘 드러나지 않는 성향도 자존감에서 기인한 것이다.

심리학 용어로 표현한다면 감정이 얼굴에 잘 드러나는 사람들은 자아 이미지가 항상 위협받고 있다고 생각한다. 누구나 자신이 남들에게 어떤 이미지로 비치는지 알고 싶어 한다. 자아 이미지가 타격을 입을 가능성이 없는 상황도 있고, 가능성이 있는 상황도 있다. 혼자 공부하거나 운동할 때는 전자에 해당하고, 경기에 참가하거나 연설을 할 때는 후자에 속한다. 살다 보면 남들 앞에서 연설하거나 경쟁해야 할 때가 있다. 공부에서든 일에서든 사람이 있는 곳이라면 어디든 비교와 경쟁이 존재한다. 그런데 자아 이미지가 위협받거나 타격을 입은 상황에서도 여전히 높은 자존감을 유지하는 사람들이 있다.

어째서 어떤 사람은 얼굴에 감정을 드러내지 않고 실패를 감당하는 능력이 뛰어난 반면, 어떤 사람은 그 반대일까? 자존감 이론에 따르면 자존감이 높은 사람들은 선천적으로든 후천적으로든 자신을 긍정적으로 평가하기 때문에 강한 자기 통합self-integration을 형성한다.

두 형제가 있다. 한 명은 어릴 적부터 열심히 돈을 모아 젊은 나이에 제법 많은 재산을 보유하게 되었다. 그는 언제나 자신감이 넘치고, 과감하게 투자하며, 주가가 등락을 거듭해도 언제나 차분함을 유지하며 리스크를 감당하는 능력이 뛰어나다. 반면 다른 한 명은 소심하고 자본금도 부족하여 살얼음판을 걷듯이 주식 투자를 한다. 그는 얼마 되지 않는 돈을 날릴까 봐 주가가 조금만 동요해도 불안에 떨고 모든 신경을 돈을 잃지 않는 데만 집중한다.

사람마다 자아의 성향이 다르다. 선천적으로 다르기도 하지만 후천적으로 어떻게 계발하느냐에 따라 또한 크게 달라진다. 아울러 자아 이미지를 지킬 수 있는 능력도 달라진다. 긍정적인 자아는 긍정적인 에너지를 저장해 놓는 창고와 같다. 그리하여 개인의 전체적인 자기 통합과 자기 긍정을 형성한다.

덩샤오핑鄧小平은 자존감이 높은 사람이었다. 문화대혁명 이후 그가 처음 등장한 정치 무대는 저우라이언周恩來 총리가 주재한 시아투크 캄보디아 국왕 환영 만찬회였다. 만찬장인 인민대회당에서 저우라이언 총리가 신비의 베일에 쌓인 귀빈으로 덩샤오핑을 소개했을 때 모두 어리둥절했다. 그때까지 덩샤오핑은 친자본주의파이자 수정주의자로 유명했기 때문이다. 당시 그곳에 있던 사람들은 모두 아연실색하며 그를 쳐다보았다. 하지만 그는 당당한 시선으로 태연하게 객석을 둘러보았다. 그는 강렬한 자주성과 자신감은 그의 내면에 감추어진 자아에서 나온 것이었다. 그는 자신이 어떤 사람인지 누구보다 잘 알고 있었다. 그의 행동에는 자신감이 넘쳤다.

이런 자아는 안정적인 자기 긍정과 자기 통합을 형성하고, 사람들이 외부의 위협에 대응할 수 있도록 돕는다. 평온하게 지낼 때는 자아의 실제 상태와 자존감이 큰 차이가 나지 않는다. 햇살이 투명하고 따사로운 봄기운이 완연한 날 아침, 지난 밤 충분한 휴식을 취한 사람들은 대부분 상쾌한 기분으로 출근을 한다. 하지만 자아 이미지를 위협하는 사건이 발생하면 사람들의 자존감에 큰 차이가 나타난다. 예를 들어 자기 연봉은 그대로인데 동료의 연봉이 올랐다는 소식을 들으면 낮은 자존감이 곧장 발현되는 것이다. 요컨대 자존감은 평소에는 발현되지 않다가 자아 이미지를 위협받기 시작하면 작동한다.

자아 이미지를 위협하는 요인으로는 일의 실패나 순조롭지 않은 진행, 남들의 부정적인 평가 등 여러 가지가 있다. 중국 격언 중 "인생사의 십중팔구는 마음대로 되지 않는다"라는 것이 있다. 살다 보면 모든 것이 순조로운 날이 그리 많지 않다. 그러므로 긍정적이고 통합된 자아는 매우 중요하다.

긍정적인 자아는 자아 이미지를 지키고, 부정적인 경험을 다시금 해석하게 하며, 자기감과 자기 긍정을 높여 충격이나 좌절에도 큰 타격을 받지 않게 도와준다. 예를 들어 자존감이 높은 사람들은 시험에 낙방해도 자아를 송두리째 부정하지는 않는다. 그들은 여전히 자신을 가치 있는 사람이라고 생각하며 자신의 다른 장점을 떠올린다. 하지만 긍정적인 자아를 가지지 못한 사람들은 자기 개념이 부족하기 때문에 자신의 능력에 대해 회의적인 태도를 보인다. 그들은 자아 이미지를 해칠 수 있는 일과 맞닥뜨리면 혼란스러워하고 부정적인 생각을 먼저 한다. 가령 자존감이 낮은 사람들은 시험에 모든 기대를 걸었다가 낙제점을 받으면 통제력을 잃고 자책과 비관으로 절망한다. 또한 시험의 공정성이나 합리성을 의심하기도 한다. 반면 자존감이 높은 사람들은 낙제의 의미를 곡해하지도, 과도하게 부정적인 반응을 보이지도 않는다. 그저 실수이고, 더 열심히 공부하는 것만이 자신이 할 수 있는 일이라 생각한다.

  자존감이 낮은 사람들은 자기 통합을 유지하는 것을 매우 힘들어 한다. 그들의 자아 관념 속에는 긍정적인 생각이 너무 적어서 자기 통합을 유지하기 어렵다. 위협이나 실패에 부딪혔을 때 그들은 자기 긍정감을 회복시키지 못하고 부인, 왜곡, 억압 등의 방식으로 대응한다. 그리하여 자아 전체가 무너지고 우울하고 절망적인 반응을 보이게 된다. 예를 들어 A와 B 두 대학생이 동시에 기숙사 룸메이트로 C를 선택했다고 치자. 평소 B를 함께 지내니 껄끄러운 타입이라고 생각한 C는 A를 선택했다. 건강한 자존감을 가진 사람은 자기 긍정을 통해 위협에 대응한다. '어쨌든 나는 좋은 학생이야. 그가 나를 좋아하지 않아도 상관없어. 내게는 다른 친구들도 많으니까 말이야. 게다가 2년 뒤면 졸업이잖아. 졸업하고나면 다 지나가는 거야'하고 자신에게 말한다. 반면 자존감이 낮은 사람은 자기 긍정을 통해 이런 불쾌감을 처리하지 못한다. 그는 아마 자신에게 이렇게 말할 것이다. '나는 운도 지지리 없지. 사람을 잘못 골랐어. 내가 아무리 노력해도 그는 나를 좋아하지 않을 거야. 날마다 그와 얼굴 맞대고 지내야 하다니 골치 아프게 됐어.'

대인 관계에서 좌절했을 때 가장 효과적인 대응 방법은 자기 긍정으로 돌아가는 것이다.

"나는 항상 사람들에게 공격당하지만 절대로 패배하지 않는다."

중국의 인기 여배우인 류샤오칭劉曉慶의 유명한 말이다. 자존감이 높은 사람들의 내면세계와 낙관적인 태도를 엿볼 수 있다.

자기반성이
오히려 독이 될 때

자존감이 높든 낮든 좌절하거나 큰 충격을 받으면 괴로워하기 마련이다. 처음에는 그 일에 거의 모든 주의력을 빼앗긴다. 그리하여 외부 자원과 내면의 성격적 자원을 모두 동원하여 위협에 대처한다. 그렇게 되면 자존감이 높든 낮든 본능적으로 위협을 왜곡함으로써 자신을 긍정하려고 한다. 예를 들면 '이것은 거짓이야. 왜 하필 나야? 난 싫다고!'라며 거부하는 것이다. 위협적인 사건 자체에 주의력을 몽땅 빼앗겨 버려 자아를 반성할 겨를이 없다. 처음 자극을 받을 때는 모든 이들이 비이성적인 반응을 보이며 정서적인 혼란을 겪는다. 휴대전화를 잃어버리면 대부분 당황하면서 그것을 찾듯이 말이다. 로빈슨 크루소처럼 강인한 사람도 무인도로 떠내려갔을 때 처음에는 절망감과 회의에 빠져 스스로 죽을 생각까지 했다.

하지만 시간이 흐르고 환경이 변하면 사람들은 위협적인 사건 자체보다 자아에 대해 생각하면서 내면으로 돌아가거나, 그 사건이 자신에게 던져 주는 의미를 돌이켜보게 된다. 이때 자기 긍정과 자기 통합이 적극적인 역할을 발휘하게 되는데, 성격 차이에 따라 긍정적인 에너지의 역할이 달라지기도 한다. 외부로 쏠린 관심이 내면세계로 되돌아와야만 자기 긍정이 자아 가공의 시스템 안에서 비로소 제 기능을 하게 된다.

자존감이 높은 사람들은 자기 긍정과 자신감이 충만하기 때문에 자신에게 관심을 돌리는 것이 긍정 에너지를 통합하는 데 도움이 된다. 긍정적인 자아에 주의력을 쏟으면 자아 이미지도 회복된다. 그렇게 되면 위협적인 사건은 더 이상 중요하지 않게 되고, 문제 해결 여부도 그리 절박해지지 않는다. 그들은 한동안 의기소침해 있기는 하겠지만, 그렇다고 완전히 무너지지는 않는다. 반면 자존감이 낮은 사람들은 긍정적인 에너지를 가지지 못했기 때문에 위협을 부인하거나 왜곡함으로써 자신을 보호하려고 한다.

이 가설을 검증하기 위하여 심리학자 스티븐 스펜서Steven J. Spencer는 한 가지 실험을 했다.* 그는 대학생들에게 가격이 비슷한 음악 CD 중에서 하나를 고르게 했다. 처음에는 CD를 가격에 따라 10등급으로 나눈 뒤 5등급과 6등급 중에서 고르게 했다. 그리고 10분 뒤에는 CD의 등급을 다시 매기게 했다. 실험자는 피실험자들이 가격이 비슷

---

*   Michael H. Kernis, 앞의 책.

한 물건 중에서 하나를 선택해야 하는 상황에 처하면 자아 판단 능력이 줄어들 것이라는 가설을 세웠다. 자존감이 낮은 사람들은 CD를 고른 뒤에도 자신의 선택을 확신하지 못했다. 그 때문에 두 번째 실험에서는 자신의 선택을 합리적으로 방어하기 위하여 선택한 CD의 가격은 높이는 반면 선택하지 않은 CD의 가격은 낮추었다. 그런데 그것이 꼭 그들의 진심은 아닐 수도 있다. 단지 후회가 두려워 그런 식으로 자신의 두려움을 감추려 한 것일 수도 있다.

하지만 이 실험의 관건은 실험 조건을 통제하는 데 있었다. 첫째 실험에서는 자존감이 높은 피실험자들과 낮은 피실험자들 모두 CD를 선택하고 나서 10분 뒤 CD의 등급을 다시 매기게 했다. 그러자 모든 피실험자들이 자신의 선택을 합리화하는 경향을 보였다. 즉 자신이 고른 것은 높이 평가한 반면 고르지 않은 것은 낮게 평가한 것이었다.

둘째 실험에서는 피실험자들은 실험실로 데리고 간 뒤 먼저 자존감을 테스트했다. 그렇게 함으로써 피실험자들이 자아에 주의력을 집중하고 자신의 긍정적인 면을 상기하도록 했다. 이렇게 자존감을 유도한 뒤에 CD를 다시 평가하게 하자 자존감이 높은 이들은 자신이 고른 것을 높이 평가하는 경향이 현저히 줄어들었다. 자신이 고른 것에 대해 자신감이 높아지고, 자신의 선택을 객관적으로 대하게 된 것이다. 반면 자존감이 낮은 이들에게서는 이런 결과가 나타나지 않았다.

이 실험은 좌절을 경험했을 때 자존감이 높은 사람들은 자아에 집중해야만 긍정적인 에너지를 이용하여 자신감을 회복할 수 있음을 보여준다. 그러므로 그런 이들은 좌절한 후에 반성하는 것이 문제 해결에 도움이 된다는 사실을 알 수 있다. 하지만 자존감이 낮은 사람들은 반성과 자아 분석으로는 이런 효과를 낼 수 없었다. 심하면 그런 반성은 오히려 부정적인 반추를 유도함으로써 정신을 피폐하게 만들기도 했다.

왜 남과 비교해서 우월감을 얻으려 할까?

중국에 "자꾸 위만 쳐다보면 화병이 난다"라는 말이 있다. 자꾸 자신보다 뛰어난 사람과 비교하면 괴롭기만 하다는 뜻이다. 또한 "위와 비교하면 조금 떨어지고, 아래와 비교하면 조금 낫다"라는 말도 있다. 자기보다 아래인 사람과 비교하면 만족감을 느낄 수 있다는 뜻이다. 그래서 사회에서 '인생의 멘토'라 불리는 사람들은 일이 잘 풀리지 않을 때는 "만족하는 법을 배워라. 세상에는 나보다 못한 사람이 얼마든지 있다"라고 조언한다.

그런데 이것은 일시적인 효과만 있을 뿐 장기적으로 행복한 인생을 살 수 있는 방법은 아니다. 자기보다 못한 사람과 비교한다고 해서 언제나 행복감을 느낄 수 있는 것은 아니다. 행복감을 얻고 싶다면 자기 안에서 긍정적인 에너지를 찾아내 좋아하는 일에 쏟아부어야 한다. 자기보다 못한 사람과 비교하는 단순한 방법으로는 자존감을 높일 수 없다.

 자기보다 나은 사람만 쳐다보면 괴로워지는 것은 현재 생활에 몰입하거나 만족하지 못하기 때문이다. 이 가설은 이미 심리학자들을 통해 증명되었다. 그러나 심리학자들은 한 가지 의문을 제기했다. "그렇다면 행복한 사람은 항상 자신보다 못한 사람하고만 비교할까? 그렇게 함으로써 그들은 행복감을 얻을까?" 그런데 연구 결과는 뜻밖이었다. 행복한 사람들에게 이 질문을 던지면 그들은 매우 낯선 질문이라는 반응을 보인 것이었다. 누가 묻지 않았다면 그런 문제는 생각조차 하지 않았을 것이라는 듯이 말이다. 그들은 일상생활에서 자신을 남들과 비교할 필요를 느끼지 못한다. 여러 활동을 하면서 바쁘게 살고 있기 때문에 주변 사람들과 비교할 시간이 없다는 것이었다. 이런 비교도 역시 긍정적인 자아와 관련된 문제다. 긍정적인 자아를 가진 사람들은 타인과 자신을 비교함으로써 행복감을 얻을 필요가 없다. 자존감이 낮은 사람들만이 그러한 비교를 통해 우월감을 느끼려 한다.

 사람들은 일을 할 때 보통 두 가지 동기에 의해 지배당한다. 하나는 '숙달 동기'이고, 또 하나는 '이미지 보호 동기'다. 숙달 동기는 특정한 일을 잘 해내겠다는 동기다. 훌륭한 작품을 창작하거나, 아름다운 경험을 사람들과 공유하거나, 새로운 기술이나 제품을 개발하는 일 등이 이것에 속한다. 이런 경우 사람들은 문제 해결이나 지식 습득을 목표로 하고 자아 이미지는 크게 고려하지 않는다. 심리학자들의 연구에 따르면 이런 동기에 지배받을 때 사람들은 자존감이 높든 낮든 간에 자기보다 우수한 이와 비교하려는 경향이 있다고 한다. 우수한 이들은 성공의 지렛대가 되어 주고 유용한 정보를 제공한다. 그러므로 그들은 본받는 것이 문제 해결에 더 도움이 되기 때문이다.

한편 이미지 보호 동기는 자아를 표현해 남들에게 호감을 얻고 싶다는 동기다. 이 동기에 지배받을 때 사람들은 일의 성공 여부와 자신에 대한 남들의 평가에 더 관심을 보인다. 특히 일이 실패할 경우 남들이 자신을 어떻게 생각하는지에 연연한다.

이런 동기에 지배를 받을 때 자존감이 높은 사람과 낮은 사람의 행동 방식에는 큰 차이가 나타난다. 스펜서는 그 차이를 알아보기 위한 한 가지 실험을 실시했다. 피실험자들에게 누군가를 인터뷰하도록 하고, 그때 상대방에게 최대한 좋은 인상을 줄 것을 요구했다. 그리고 인터뷰에 앞서 참고용으로 예전에 다른 사람들이 한 인터뷰 내용을 들려주었다. 우선 앞의 두 단락을 들려주고는 전체 녹음을 들을지 말지를 결정하도록 했다. 그 녹음 중에는 잘한 것도 있고 못한 것도 있었다. 처음에는 자존감이 높든 낮든 모두 잘하는 사람의 인터뷰를 선택해서 전체를 들었다. 그렇게 해야 더 많은 정보를 얻고 인터뷰 기법을 배울 수 있기 때문이다. 다시 말해 자아 이미지보다는 임무 완수에 중점을 두었기 때문에 자기보다 나은 사람을 목표로 삼은 것이었다.

그다음에는 실험 조건을 바꾸었다. 피실험자들에게 먼저 자존감 테스트를 실시하여 자아 이미지에 관한 문제를 상기시켰다. 테스트에서 던진 질문은 "자신을 긍정적으로 생각합니까? 자신이 어떤 사람이라고 생각합니까?"였다. 사전에 이런 테스트를 하자 실험 결과에 변화가 생겼다. 자존감이 높은 사람들은 여전히 자신보다 나은 사람의 인터뷰를 선택한 반면, 자존감이 낮은 사람들은 자신보다 못한 사람의 인터뷰를 선택했다. 후자는 자아 이미지에 관심을 가지면 자신감을 잃고 만다. 그래서 자신보다 못한 사람과 비교함으로써 자신의 이미지를 보호하려고 했다. 그들은 긴장과 불안감을 느끼면 현실을 똑바로 직시하지 못하고 실패를 두려워했으며, 자신보다 못한 사람의 인터뷰를 들으며 스스로 위로하고 안정감을 찾으려고 했다.

이 실험 결과를 통해 똑같이 좌절과 실패를 겪더라도 자존감이 높은 사람들은 반성과 자아 분석을 통해 회복 탄력성을 되찾고 자신에게는 긍정적인 에너지를 이끌어 내지만, 자존감이 낮은 사람들에게는 그런 자아 분석이 아무 효과가 없다는 사실을 알 수 있다.

우울감을 지속시킨 프로이트의 정신분석

나는 오랫동안 정신분석학을 신봉하며 반성이 없는 삶은 가치가 없다고 여겨 왔다. 그래서 어려움이나 좌절을 겪을 때마다 자아를 분석했다. 나의 경험과 성격 가운데 어떤 요인이 현재의 어려움을 초래했는지, 혹은 성장기 부모와의 애착 관계에 어떤 문제가 있었는지 등을 깊이 생각했다. 마찬가지로 대인 관계에서 문제가 생길 때도 자아를 분석함으로써 사안을 명확하게 바라보고 해결 방법을 찾으려고 했다.

하지만 그런 방법은 문제 해결에 도움이 되지 않을 뿐만 아니라, 오히려 우울감을 더 지속시켰다. 나를 좌절시킨 사건이 지나간 뒤에도 나는 자기반성이라는 부정적인 반추 속에서 심리적인 고통을 받았다. 이것은 지그문트 프로이트Sigmund Freud의 탓이다. 자존감이 낮은 사람들은 자아 분석을 통해 긍정적인 에너지를 얻을 수 없다. 그들이 얻을 수 있는 것이라고는 자신의 부족한 점에 대한 확인과 자괴감일 뿐이다. 실수나 실패는 자신이 그리 우월하지 않음을 증명하는 것이기 때문이다. 이것은 정신분석학이 해결해야 하는 문제다.

그뿐만이 아니다. 자존감이 낮은 사람들은 이런 자기반성과 정신분석에 중독될 수도 있다. 그들은 자신의 심리적 고통을 이해하기 위하여 하루 종일 정신분석이나 그 밖의 다른 심리 치료 이론을 공부하고 자아 분석에 매달리곤 한다. 하지만 그럴수록 부정적인 생각은 커지고 자아를 더 깊이 분석하는 악순환에 빠지게 된다. 더 심각한 것은 이런 분석으로 유발된 자기 과소평가가 자존감이 낮은 사람들의 성향과도 잘 들어맞다는 점이다. 그리하여 그들은 고통을 곱씹으며 자학적 만족감을 느낀다. 급기야 부정적인 자아 반추는 습관으로까지 굳어진다. 결국 그들은 정신 분석을 할수록 돈을 낭비하고 부정적인 마음을 갖게 됨으로써 정작 자신에게 있는 긍정적인 에너지는 간과하게 된다.

　스펜서는 다음과 같은 실험을 통해 이 문제를 설명했다. 그는 대학생인 피실험자들을 두 그룹으로 나누어 매우 어려운 지능 테스트를 실시했다. 그전에 한 그룹에게는 테스트 후 곧장 점수를 알려 주겠다고 했고, 다른 한 그룹에게는 익명으로 테스트를 진행하고 그 결과는 연구에만 사용할 것이라고 했다. 테스트가 끝난 뒤 피실험자들에게 자신의 점수를 예상해 보라고 했다. 스펜서는 점수를 즉시 알려 주는 경우에는 사람들의 자기 평가를 자극하고 자아 이미지를 위협하는 반면, 익명으로 하는 경우에는 그런 효과가 나타나지 않을 것이라는 가설을 세웠다.

　우선 첫째 그룹의 피실험자들을 다시 자존감이 높은 이들과 낮은 이들로 분류하여 통계를 내어 보았다. 그 결과 전자의 사람들은 자아 이미지에 대한 위협에 저항할 수 있는 긍정적인 에너지를 가지고 있어서 자신의 점수를 높게 예상했지만, 후자의 사람들은 그런 자기 긍정이 부족하기 때문에 자신의 점수를 낮게 예상하고 자아 이미지를 보호하기 위해 노력했다.

　한편 익명으로 진행한 다른 한 그룹의 경우에는 자아 이미지가 위협받을 가능성이 없었으므로 자존감이 높든 낮든 모두 자신의 점수를 높게 예상했다. 자존감이 낮은 사람들은 자아 이미지에 매우 민감하고, 자기 평가와 관련된 문제에서는 현실을 객관적이고 솔직하게 인식하지 못한다. 그리하여 그들은 체면을 잃지 않기 위해 자기 보호 전략을 동원했다. 하지만 체면이란 언제나 자기 보호 노력으로 얻을 수 있는 것이 아니다. 체면을 잃지 않을까 과도하게 연연하면 오히려 일 자체에 집중하지 못하게 되고, 결국 체면을 잃을 가능성은 더 커지고 만다.

자아 이미지와 관련된 문제에 부딪혔을 때, 자존감이 높은 사람들은 자기 통합 상태에서 긍정적인 에너지를 끌어내 위협에 대처한다. 반면 자존감이 낮은 사람들은 긍정적인 에너지가 부족한 탓에 위협을 회피하거나 합리화하여 자아 이미지를 보호하려고 한다. 하지만 후자의 그런 행동에는 대가가 따른다. 현실적인 위협에 효과적으로 대처하지 못하고, 자신의 존엄성을 보호하지 못하며, 그 대신 문제를 회피하고 욕구를 억압하여 심신의 건강을 해치기 때문에 원래 가진 능력을 제대로 발휘할 수 없다. 그렇게 되면 체면을 지킬 수 없고, 그럴수록 결국 자신에 대한 불만이 커지는 악순환에 빠진다.

나도, 타인도, 세상도
평가하지 마라

위 실험 결과를 종합해 보면 낮은 자존감에서 비롯된 심리 문제를 극복하기 위해서는 자아 속으로 깊이 파고들기보다는 외부로 시선을 돌려야 한다는 사실을 알 수 있다.

자아를 잊어라

자아를 잊고 외부 사물에 주의를 집중하여 그것의 아름다움을 느끼는 것은 낮은 자존감을 극복하는 한 가지 방법이다. 미국의 심리학자 에이브러햄 매슬로Abraham Harold Maslow는 외부 사물에 대한 호기심이 왕성하고, 대자연에 대한 경외감을 품고 있으며, 절정 경험peak experiences* 을 자주 하고, 자연과 사회의 아름다움을 인식하는 사람들 중에 자아실현을 이룬 이들이 많다는 사실을 발견했다.

반대로 자존감이 낮은 사람들은 자아 속으로 깊이 파고드는 성향을 보였다. 그들은 낮은 자존감 때문에 사소한 일도 너무 크게 받아들였다. 가령 회사에서 여성의 날을 맞이하여 모범 부서를 뽑을 때 그들은 결과 발표를 앞두고 밤잠을 이루지 못한다. 혹은 신년회에서 선보일 장기 자랑 때문에 2~3일 전부터 초조해한다. 이런 사람들은 실수, 잘못, 원하지 않은 결과 등을 대수롭지 않게 넘기는 노력이 필요하다. '망신 한 번 당하면 어때', '장기 자랑쯤 못하면 어때. 사람들에게 웃음을 선사하는 것도 나쁘지는 않잖아' 하고 스스로 암시를 주는 것이다.

또한 자아를 평가하지 않는 것이 좋다. 좋은 평가라도 마찬가지다. 자아를 있는 그대로 인정하는 이들은 굳이 그것을 평가하려 하지 않는다. 타인과 세상에 대해서도 마찬가지다. 그들은 오로지 일에 집중할 뿐 자아를 중심에 두지 않는다. 그들의 관심사는 자기 앞에 놓인 일을 어떻게 잘해 낼 것인지에만 있을 뿐, 자아와 세계의 관계를 평가하려 들지 않는다. 세상에 적응하지 못하는 사람만이 자아와 세상을 평가하려 하고, '인생의 의의는 무엇인가.' '인간은 무엇을 위해 사는가' 같은 문제를 놓고 고뇌에 빠진다.

---

* 특정 경험의 순간에 강렬한 행복감이나 환희에 빠지는 체험. – 옮긴이.

자기 자신과 타인, 세상을 인정하는 최고의 경지는 바로 '침묵', 즉 아무 말 없이 대하는 것이다. 침묵은 행동에 집중하고 있음을 의미한다. 묵묵히 일에 매진한다면 긴 말이 필요하지 않다. 논쟁과 평가는 그가 방황하고 망설이고 갈등하고 있음을 의미한다.

인지 행동 치료*를 창안한 심리학자 앨버트 엘리스Albert Ellis는 심리 건강에 대한 격언을 많이 남겼다. 그중에는 자아 평가를 거부하고 자아가 아닌 사물을 중심에 두어야 한다는 주장이 적지 않다.

"나는 생각, 감정, 행위에서 늘 어리석은 모습을 보여 주지만, 그렇다고 해서 내가 어리석고 쓸모없고 무능한 사람이 되는 일은 결코 없을 것이다. 또한 내가 일하는 대로 그런 사람이 되지도 않을 것이다. 비록 예전에는 그런 생각을 가지고 있었지만 말이다.

나는 내 자아와 존재, 본질, 성격에 대한 평가를 거부하며, 행위와 일의 결과에 대해서만 평가할 것이다. 두 손을 가슴에 모으고 평안하기를 기도한다.

나는 또한 내 생활을 평가할 것이다. 그 기준은 나와 내가 속한 무리가 목표를 실현하고 우리의 이익을 지키는 데 도움이 될 수 있는지에 있다. 나는 내가 살고 있는 세상 전체나 생활에 대해 좋다거나 나

---

* 사고방식이나 신념, 행위를 변화시킴으로써 잘못된 인지를 수정하고 나쁜 정서와 행동을 고칠 수 있는 심리 치료 방법이다. 엘리스의 합리적 정서 행동 치료Rational Emotive Behavior Therapy: REBT가 그 대표적인 방법이다.

쁘다고 평가하지 않을 것이다. 이 세상 전체가 나쁜 것이 아니다. 나쁜 것은 이 세상의 일부일 뿐이다.

나는 몇 가지 단점과 좋지 않은 성향을 가지고 있지만 장점도 많이 가지고 있다. 그렇다고 내가 우수하다고 말할 수는 없다. 지금 나는 장점 속에서 즐거움을 찾고 내 지혜를 이용하여 더 큰 잠재력을 발휘해야 한다!"

체면을 지키려면 실력 향상을 꾀해야 한다. 그런데 사람들은 여기에서 딜레마에 부딪힌다. 가령 말하기 대회에 참가한다고 치자. 그것은 한편으로 실력 향상에 도움이 된다. 남들 앞에서 겁 내지 않고 유창하게 말하는 연습을 할 수 있고, 이는 자신의 성장에 큰 도움이 된다. 하지만 다른 한편으로는 실패가 두렵고 남들에게 비웃음을 당할까 봐 걱정도 된다. 그러나 일의 결과는 그저 일시적이지만 실력 향상은 장기적인 이익이 되며, 때로는 평생 쓸 수 있는 자원이 되기도 한다. 실력 향상을 목표로 삼고 자아 성장이라는 긴 안목에서 바라본다면 일시적인 실패는 그리 중요하지 않다. 체면이 깎이고 남들에게 웃음거리가 된다고 해도 자신의 성장에는 분명히 도움이 된다. 이익은 절대적인 것이지만 체면은 상대적인 것이다. 그러므로 결과가 아니라 과정을 중요하게 생각하는 법을 배워야 한다. 결과는 종종 사람의 힘으로 통제할 수 없는 것이기 때문이다.

인생이란 멋지고 다채로운 여정이다. 성공이 중요할까, 아니면 참여가 중요할까? 어떤 이들은 과정과 결과가 똑같이 중요하다고 말한다. 심리적으로 건강하고 정서가 안정된 사람에게는 그중 무엇이 중요한지는 큰 문제가 아니다. 정한 목표를 향해 차근차근 다가가고 있는 그들에게 그런 질문은 무의미하다. 반면 성공에 과도하게 연연하고 실패를 두려워하는 이들은 과정보다는 결과에만 집중한다.

그렇다면 어떤 생각을 가지고 바라보아야 정서 안정과 문제 해결에 도움이 될까? 어떻게 해야 심리적인 행복감을 얻을 수 있을까? 나는 이것에 대한 답도 역시 결과를 강조하지 않는 것이라고 생각한다. 특히 자기중심적 태도로 결과를 강조하는 것은 반드시 피해야 한다.

결과는 확실히 매력적이며, 그것에 이르려면 단계마다 구체적인 목표도 있어야 한다. 하지만 이 결과를 어떻게 이해해야 할까? 사물 자체의 의의를 중요하게 여긴다면 결과에 중점을 두어야 한다. 과학자들도 실험의 결과를 중요하게 생각하지 않는가. 결과를 완전히 무시하는 것은 현실적으로 불가능하다. 그러나 정서적인 문제를 겪고 있는 사람이라면 이야기가 달라진다. 그들은 결과를 가지고 자신을 평가하고 그것이 가져다주는 이득에 과도하게 집착한다. 이것은 자존감이 낮다는 증거다.

인생은 멈추지 않는 강물이고, 시간은 누구에게나 공평하다. 결과와 이익이 전혀 중요하지 않다고 말할 수는 없지만, 결과가 나온 뒤에도 우리는 앞으로 계속 걸어가야 하고, 인생은 하루하루 쌓여 간다. 한 번의 성공으로 인생이 결정될 수는 없다. 시간이 흐르면서 빛이 퇴색하고 새로운 하루가 다시 시작된다. 무슨 일을 하든 결과를 추구하는 것은 자연스럽고 정상적인 과정이다.

하지만 결과가 항상 마음 한가운데를 차지하고 모든 것에 우선해서는 안 된다. 특히 일의 결과를 가지고 자신의 능력을 판단하는 잣대로 삼아서는 안 된다. 인생의 과정을 중요하게 생각하고 풍부하고 창조적인 체험을 추구해야 한다. 용감하게 변화와 혁신에 도전해야 한다. 이것이야 말로 건강한 심리이며, 일의 성패보다 더 중요한 것이다. 엘리스도 이렇게 말했다.

"중요한 일에 대해 열정적인 흥미를 갖고 그 관심을 유지함으로써 나는 인생의 변화와 흐름, 풍부함을 체험할 수 있다. 다시 말해 내가 하는 일 자체에서 즐거움을 얻는 것이다. 어떤 다른 목적 때문도 아니고, 자신이 얼마나 우수한 사람인지 증명하기 위해서도 아니다. 나는 그렇게 얻는 즐거움에 따라 앞으로 나아갈 것이다. 그 즐거움이 다른 면에서 나와 타인에게 도움을 줄 수 있다면 그것은 뜻밖의 수확이 될 것이다.

나는 행복감을 느낄 수 있는 몇 가지 일에 최선을 다하겠지만, 어떤 생각이나 감정이나 행위에 중독되지는 않을 것이다. 내가 헤어날 수 없을 만큼 어떤 일에 빠져든다면 나는 그 상황을 몹시 괴로워하게 될 것이다.

나는 더 이상 예전처럼 불안하지 않도록, 그리고 모든 일에 더 의

연하게 대처할 수 있도록 노력할 것이다. 그렇지 않으면 나는 내 꿈을 실현할 수 없을 것이며, 반대로 더 불안해질 것이다.

비록 내가 어떤 중요한 일에서 뛰어난 능력과 효율을 발휘했다는 사실을 알고 그 점에 기뻐하지만, 그렇다고 내가 유능하거나 우수한 사람이 될 수 있는 것은 아니다. 단언하건대 그런 일은 없다! 나는 어떤 분야에서 실력을 기르기는 하지만, 그것은 그 과정에서 행복감과 더 좋은 결과를 얻기 위한 것이지 내 우수함을 증명하기 위한 것은 아니다."

주의력을 외부로 돌려라

사람의 주의력은 한계가 있어서 자기 외부의 사물이든 자신의 득실이든 한 번에 하나씩만 생각할 수 있다. 특히 자존감이 낮은 사람들은 자신의 주의력을 통제하고 외향적인 능력을 길러야 한다. 자기 평가가 아니라 외부 사물에 주의력을 집중해야 한다.

긍정심리학에서 유명한 실험이 있다. 대학생인 피실험자들에게 A 시험지를 풀게 하고 15분간 쉰 뒤 다시 B 시험지를 나누어 주겠다고 했다. 이 15분의 휴식 기간 동안 피실험자는 자기 자리에 그대로 앉아 있을 수도 있고, 이미 작성한 A 시험지를 다른 건물에 있는 사무실에 제출할 수도 있었다. 시험지를 제출하고 오는 데는 15분이 걸리므로 휴식 시간에 갔다 오면 딱 맞았다. 하지만 대부분은 제 자리에서 휴식을 취했다. 바로 그때 실험자가 시험을 중단시키고는 피실험자들의 행복감을 측정해 보았다. 그러자 시험지를 제출하고 온 몇 명의 행복감이 더 높게 나타났다. 이것은 시험지를 제출하고 오는 동안 그들의 주의력이 분산되어 더 이상 A 시험의 결과에 골몰하지 않았기 때문이다. 반대로 시험지를 제출하지 않은 이들은 A 시험에 대한 생각에서 여전히 벗어나지 못하여 불안감이 컸던 것이다.

자기 관리를 잘하는 이들은 스스로 격려하는 법 외에도 주의력을 다른 데로 돌릴 줄 안다. 유명한 만족 지연 실험[*]에서 만족 지연을 잘 해내고 더 많은 것을 얻은 이는, 마시멜로만 뚫어져라 쳐다보며 스스로 '먹으면 안 돼', '먹고 싶어도 참아야 해' 하면서 되뇌던 아이들이 아니라, 주의력을 다른 데로 돌린 아이들이었다. 마시멜로의 개수를 세어 본 아이도 있고 다른 장난감을 가지고 논 아이도 있었지만, 그들은 공통적으로 마시멜로에서 멀리 떨어져 있었다. 천천히 시간이 흐르고 그들은 마침내 유혹과의 싸움에서 승리했다. 그러므로 평소 요가나 명상을 통해 주의력을 통제하는 법을 연습하고, 자아의 명예가 아니라 객관적인 아름다움을 발견하는 데 관심을 돌리는 것이 좋다.

---

[*] 미국의 심리학자 월터 미셸Walter Mischel이 1966년에 실시한 실험. 네 살짜리 아이들에게 마시멜로가 담겨 있는 접시를 보여 주며 지금 먹으면 한 개를 먹을 수 있지만 선생님이 돌아올 때까지 먹지 않고 기다리면 두 개를 주겠다고 했다. 그러자 선생님을 기다리지 못하고 마시멜로를 먹어 버린 아이도 있고, 잘 참고 기다렸다가 두 개를 먹은 아이도 있었다. — 옮긴이.

긍정적인 에너지를 발굴하라

　　　　　　　　자존감이 낮은 사람들에게는 긍정적인 에너지가 부족하다. 그들은 자아 이미지가 손상을 입었을 때 그것에 대응할 수 있는 긍정적인 에너지가 별로 없다. 과거에 자아를 발휘하고 실현할 수 있는 기회가 없었기 때문에 긍정적인 경험을 쌓지 못한 그들은 대신 체면을 지키는 방어 수단을 배웠다. 그들에게 필요한 것은 새롭게 배우고 지금까지 해 보지 못한 인생 체험을 하는 것이다.

　긍정적인 에너지를 발굴한다는 것은 단순히 자기 긍정을 한다는 뜻이 아니다. 쉽게 말해 자신이 괜찮은 사람이라고 생각하고 장점을 발견하는 것이 아니라, 자기 인생의 가치를 진정으로 인식하고 소중히 여기며, 나아가 그것을 실현해야 한다는 뜻이다.

　아이들에게 자존감을 길러 주는 방법 중 이런 것이 있다. 날마다 거울을 보며 "나는 멋진 사람이야. 성공을 바라면 반드시 이룰 수 있어. 나는 해낼 수 있어"라고 자신에게 말하게 하는 것이다. 학교에서도 친구들끼리 단점은 지적하지 않고 장점만 이야기하게 하고, 교사도 학생들의 단점보다는 장점만을 부각해서 칭찬한다.

　그런데 이런 훈련은 자존감이 낮은 아이들에게는 별로 효과가 없으며, 자존감이 높은 아이들에게는 자기 과대평가나 자기중심적인 성향을 더욱 부추긴다. 대학생들을 두 그룹으로 나누어 한 그룹의 학생들에게 날마다 4분씩 거울을 보며 "나는 대단한 사람이야"라고 말하게 했다. 그러자 일주일 뒤 자존감이 낮은 학생들의 자존감은 더 낮아졌다. 또 다른 그룹의 학생들에게는 심리학자와 소통하면서 자기 행동에 대한 느낌을 써서 제출하게 하고 그것과 관련하여 그에게서 적절한 지도를 받게 했다. 그러자 이 학생들의 자존감은 향상된 결과를 보였다.

날마다 스스로 "나는 대단한 사람이야"라고 말하는데 왜 효과가 없을까? 첫째, 자존감이 낮은 사람들은 그 말을 믿지 않는다. 그들은 입으로만 그렇게 할 뿐 감정적으로 여전히 자신을 받아들이지 못한다. 둘째, 언어에는 연상 작용이 있어서 "나는 대단한 사람이야"라고 말할수록 "나는 대단하지 못해"라는 생각이 저절로 연상된다. 이것을 증명하는 실험이 있다. 한 그룹의 사람들에게 3초간 우유의 냄새와 색깔을 상상하게 한 다음 최대한 우유를 생각하지 말라고 했다. 그러자 그들은 그렇지 않은 이들에 비해 우유를 더 많이 떠올렸다. 사람들은 "나는 멋지다"라고 말할 때 저절로 "나는 그리 멋지지 않다"는 생각을 하며 자신보다 더 나은 사람을 떠올린다. 엘리스는 이 점을 간파했기 때문에 "나는 내가 대단한 사람이라고 말하지 않는다"라고 한 것이었다. 자신을 평가하지 않는 것은 심리 건강을 지킬 수 있는 매우 현명한 방법이다.

중국의 시인 소동파 蘇東坡는 긍정적이고 낙천적인 성격으로 유명했다. 그는 관직이 좌천된 뒤에도 미식가로서의 감각을 발휘하여 동파육, 동파갱 등의 요리를 개발하고 훌륭한 시와 그림을 탄생시켰다. 그는 "푸른색은 쪽에서 나왔지만 쪽빛보다 더 푸르고, 얼음은 물로 만들어지지만 물보다도 더 차다 青取之於藍而青於藍, 氷水爲之而寒於水"라는 순자荀子의 관점에 반박하며 "푸른색과 쪽빛은 차이가 크지 않고, 얼음과 물은 원래 한 가지다. 굳이 둘을 비교해 우열을 가리는 것은 스스로 걱정거리를 만드는 것이다"라고 했다.

긍정적인 에너지를 기르려면 말로만 그쳐서는 안 되며, 실제 행동으로 자신을 소중히 여기고 평가해야 한다. 특히 자신의 목표, 잠재력, 가치, 장점, 이상 등에 집중하고 장점을 발휘하여 꿈을 실현할 수 있도록 노력해야 한다. 이런 실천의 과정은 매우 중요하다. 그것은 새로운 느낌과 경험을 가져다주고, 자기 인생을 바라보는 시야를 넓혀 줄 것이다.

인생에서 가장 중요한 것은 자신의 목표와 이상을 효과적으로 실현하는 일이다. 목표를 실현하지 못할까 봐 걱정하지 말고 그것을 어떻게 실현할지에 집중한다면 더 효율적이고 행복하게 살 수 있을 것이다.

05

낮은 자존감에는
과대평가가 필요하다

자신에 대해
덜 긍정적인 사람들

> 공적 기록부 위에 눕지 말라.*
> → 1960년대 중국 격언
>
> 밤새도록 잠도 못 자고 생각해 봤는데, 내가 그렇게 재주가 뛰어나?
> → 한 콩트의 대사

어째서 자존감이 낮은 사람들은 자아 이미지가 위협받을 때마다 자기 보호라는 전략으로 방어할까? 왜 그들은 자아실현을 통해 자아 이미지를 끌어올리지 못하는 것일까? 왜 그

---

* 과거의 공적에 안주하지 말라는 뜻이다. ― 옮긴이.

들에게는 위협에 대응하여 자아 이미지를 보호할 수 있는 자기 긍정이 부족할까? 근본적인 원인은 그들이 성장 과정에서 긍정적인 생활 방식을 배우지 못했다는 데 있다. 그들의 목표는 욕구를 만족시키고 목표를 실현하여 더 멋진 인생을 사는 것이 아니다. 그들의 생활은 '어떻게 하면 실수를 저지르지 않을까', '어떻게 하면 손실을 줄일 수 있을까'에만 초점이 맞추어져 있다. 자존감이 낮은 사람들이 자포자기하는 것은 아니다. 반대로 그들은 우수해지기 위해 열심히 발버둥을 친다. 다만 자기 평가와 대인 관계에 문제가 있을 뿐이다.

미국의 심리학자 브라운이 대학생들을 대상으로 자신과 타인의 여러 가지 능력과 인격적 특징에 대해 평가하도록 하는 실험을 실시했다.[*] 그는 피실험자들을 두 그룹으로 나누고, 평가 항목도 긍정적인 특징과 부정적인 특징으로 구분했다. 긍정적인 특징에는 '운동을 잘한다, 사람을 끄는 매력이 있다, 친절하다, 창의적이다' 등이 있었고, 부정적인 특징에는 '능력이 떨어진다, 경솔하다, 위선적이다, 남에게 호감을 주지 못한다, 동작이 민첩하지 못하다' 등이 있었다.

피실험자들의 평가 후 두 그룹 간에 어떤 차이가 있는지를 살펴보았다. 그 결과 자신과 관련해서는 자존감이 높은 사람들이 그렇지 않은 이들보다 좀 더 높은 점수를 주었다. 타인과 관련해서는 자존감이 낮은 사람들은 엄격하게 평가하여 낮은 점수를 준 반면, 자존감이 높은

---

[*] Jonathon D. Brown, 앞의 책.

사람들은 높은 점수를 주었다. 자존감이 낮은 사람들은 타인을 깎아내림으로써 자신의 부족함을 보완하려는 경향이 있음을 알 수 있다. 그들은 남이 망신을 당하거나 잘못을 저지르는 것을 보고 좋아했다. 이것은 그들에게 동정심이 부족해서가 아니다. 그렇게 하는 것이 그들에게는 자존심을 높이는 방법인 것이다.

브라운의 연구 결과 자존감이 낮은 사람들이 높은 사람들보다 자신을 낮게 평가하는 것은 아니었다. 물론 자존감이 높은 사람들이 자신에게 준 점수는 평균치보다 훨씬 높았다. 그러나 자존감 테스트를 통해 나온 수치만을 놓고 보면 자존감이 낮은 사람들도 결코 자신에 대해 부정적이지 않았다. 그들이 자신에게 매긴 점수는 모두 평균보다 높았다. 다만 그들은 자존감이 높은 사람인만큼 긍정적이지 않을 뿐이다.

자신에 대한 평가와 타인에 대한 평가를 비교해 보면 이런 경향은 더욱 뚜렷해진다. 자존감이 낮은 학생들은 총 열네 개의 긍정적 항목 중 여덟 개 항목에서 타인보다 자신에게 더 높은 점수를 주었다. 또한 부정적 항목 중에서는 열두 개 항목에서 타인보다 자신을 더 높게 평가했다. 이는 매우 큰 차이다.

자존감이 낮은 학생들은 자신이 남들보다 동정심이 많고, 친절하며, 의리가 있고, 덜 경솔하며, 덜 어리석고, 남을 끌어당기는 매력이 적다고 생각했다. 자존감이 높은 사람들은 자신이 모든 면에서 남들보다 우월하다고 생각했는데, 자존감이 낮은 사람들은 자신이 몇 가지 면에서는 남들보다 낮다고 여기지만 그렇다고 과도하게 높게 평가하지는 않았다. 후자는 그저 전자에 비해 덜 긍정적이며, 테스트의 절대치로 보면 중성으로 약간 더 치우쳤다.

대부분 자존감이 낮거나 자괴감을 가진 사람들은 스스로 가치 없는 존재라고 여길 것이라고 짐작한다. 하지만 사실은 그렇지 않다. 건강한 심리를 가지지 못한 소수만이 그럴 뿐이다. 자존감이 낮은 사람들의 절대 다수는 절망, 자학, 자기 경시 등에 빠지지 않는다. 그들은 그저 덜 긍정적으로 자신을 평가할 뿐이다. 그러므로 그들의 심리 문제는 '너무 부정적인 것'이 아니라 '덜 긍정적인 것'이다. 그들은 자신을 긍정적으로 볼 수는 있지만 과대평가하지 않고 자기애가 부족하다. 대부분의 사람들이 자신에게 유리한 관점에서 일을 해석하는 데 비해 그들에게는 이런 점이 부족하다.

적절하게 자신을
높이 평가하는 것

　　　　　　　　자존감이 낮은 사람들에게는 자기 긍정과 자기 과장이 부족하다. 보통 사람들에게 이런 것은 낙관성, 수용, 몰입 등의 심리적 바탕이 된다. 다중적 가치관이 존재하는 현대 사회에서는 우리가 선택할 수 있는 행위 양식이 나날이 많아지고 있으며, 자기 생각과 신념이 옳다고 굳게 믿어야만 더 효율적으로 행동할 수 있다. 자존감이 낮은 사람들은 귀인attribution, 동기motive, 지각perception, 이 세 가지 방면에서 자기 과장이 부족하다.

　심리학자 브라이언은 '자기 위주 편향self-serving bias'이라는 개념을 제시했다. 사람들은 일의 결과를 자신에게 유리하게 해석하는 경향이 있다는 뜻이다. 편향이란 실제 상황과 관계없이 현실을 왜곡하여 정확하게 인식하지 못하는 것을 뜻한다. 따라서 자기 위주 편향이란 현실의 기준과 관계없이 문제를 자신에게 유리하게 해석하는 경향을 의미한다.

자기 위주 편향

귀인은 '행위 결과에 대한 해석'을 뜻하는 심리학 용어로, 보통 세 가지 기준으로 분류한다.

첫째, 내부 귀인과 외부 귀인이다. 행위 결과를 그 사람의 능력, 인격적 특징, 주관적 노력으로 해석한다면 내부 귀인이고, 날씨, 운, 타인 등 환경적 요인으로 해석한다면 외부 귀인이다. 자존감이 높은 사람들과 낮은 사람들은 귀인에서 차이가 있는데, 이것은 많은 연구로 입증되었다. 자존감이 높은 사람들은 성공하면 내부에서, 실패하면 외부에서 그 원인을 찾는다. 예를 들어 자존감이 높은 운동선수는 승리의 원인을 자신의 우수한 기량과 끈질긴 노력에서 찾고, 만일 패배하면 운이나 날씨 탓으로 돌린다. 자존감이 높은 배우자는 화목한 가정을 꾸리는 비결에는 자신의 공이 크다고 자부하지만, 가족끼리 불화가 있으면 외부 환경이나 타인에게서 원인을 찾는다. 자존감이 높은 사람들의 자기 위주 편향은 자동적이고, 의문의 여지가 없는 진리와도 같다.

이와 달리 자존감이 낮은 사람들은 정반대다. 그들은 성공하면 외부에서, 실패하면 내부에서 원인을 찾는다. 예를 들면 자존감이 낮은 학생은 성적이 좋으면 소가 뒷걸음질 치다 쥐 잡은 격으로 운이 좋았던 것이라고 생각한다. 그러면서 '남은 시험을 망치면 어떡하지?' 하며 불안해한다. 이렇게 자신에게 불리한 귀인은 사람을 불행하게 만든다. 반대로 성적이 좋지 않으면 자기 실력이나 노력이 부족했으므로 당연한 것이라고 여긴다. 노력이든 능력이든 자신이 부족했기 때문에 실패는 당연한 결과라고 여긴다.

둘째, 시간을 기준으로 구분하는 안정 귀인과 불안정 귀인이다. 이는 일의 성패를 일시적으로 보느냐, 영구적으로 보느냐에 대한 것이다. 자존감이 높은 사람들은 역시 자기 위주 편향을 보인다. 성적이 좋으면 드디어 행운의 여신이 자신에게 미소를 짓기 시작했다면서 다음에는 더 좋은 성적을 낼 수 있을 것이라고 확신한다. 성적이 나쁘면 한 번 실수한 것에 불과하며 그런 불운은 두 번 연달아 찾아오지는 않을 것이라고 생각한다.

하지만 자존감이 낮은 사람들은 성적이 좋으면 어쩌다 운이 좋았던 것이고, 그런 운이 계속될 리 없으니 다음에는 더 노력해야 한다고 생각한다. 반대로 성적이 좋지 않으면 다음에도 만회하기는 쉽지 않을 것이라고 여긴다.

셋째, 공간을 기준으로 한 전반적 귀인과 특수적 귀인이다. 자존감이 높은 사람들은 자기중심적인 관점에서 성공의 보편성은 과장하고 실패의 보편성은 과소평가하는 경향이 있다. 예를 들면 자존감이 높은 학생들은 성적이 좋으면 몹시 기뻐하며 자신은 성적뿐만 아니라 운동이나 예술 쪽으로도 재능이 있는 행운아라고 생각한다. 성적이 좋지 않을 때도 그의 일반적인 자기 개념에는 변화가 없다. 수학 성적이 좋지 않으면 도형에 대해서는 약해도 방정식에 대해서는 나쁘지 않다며 다음에는 도형 부분을 더 열심히 공부해야겠다고 생각한다. 또한 모든 과목의 점수가 낮더라도 자신의 외모는 준수하다거나, 운동 신경이 뛰어나다거나, 집안이 좋다거나 하는 식으로 다른 장점을 떠올리기 때문에 쉽게 우울감에 빠지지 않는다.

반면 자존감이 낮은 학생들은 성적이 나쁘면 그것을 보편적인 것으로 받아들인다. 수학 성적이 나쁘면 같은 이과 계열인 물리와 화학 성적도 나쁠 것이라고 생각한다. 모든 과목의 성적이 나쁘면 자신의 못난 외모며, 원만하지 않은 교우 관계며, 좋지 않은 가정 환경 등을 떠올리며 남들이 자신을 더 무시할 것이라고 여긴다.

한마디로 자존감이 높은 사람들은 모든 일을 긍정적으로 생각하고, 고통 속에서도 즐거움을 발견하며, 자기 향상과 보호 전략을 사용한다. 반면 자존감이 낮은 사람들은 행운이 찾아와도 그것을 깨닫지 못하고, 실패하면 스스로 위축되고 만다. 미국의 심리학자 배리 슐렌커Barry Schulenker가 집단 안에서 자존감이 높은 사람들과 낮은 사람들의 귀인 편향을 알아보는 실험을 실시했다.

그는 그들을 집단적인 문제 해결 과정에 참여시켜 성공했을 때와 실패했을 때의 반응을 관찰했다. 그 결과 자존감이 높은 사람들은 문제 해결에 성공했을 때 집단 협력 과정에서 자신의 의견이 다른 구성원들에게 영향을 받지 않았다고 생각했다. 하지만 문제 해결에 실패했을 때는 자신의 의견이 다른 구성원들에게 영향을 받았다고 생각했다. 반대로 자존감이 낮은 사람들은 문제 해결의 성패와 관계없이 자신의 의견이 다른 구성원에게 영향을 받았다고 생각했다. 이렇듯 전자는 성공했을 때는 자기 향상 전략을, 실패했을 때 자기 보호 전략을 사용하는 반면, 후자는 성공과 실패에 대해 모두 중성적인 전략을 사용한다는 사실을 알 수 있다.

자존감이 높은 사람들의 이런 자기 위주 편향은 손바닥으로 하늘을 가리는 부도덕한 행동으로 보일 수도 있다. 성공하면 자기 덕이고 실패하면 남의 탓이라는 것은 뻔뻔스럽지 않은가? 모든 공을 자신이 독점하려는 욕심이 아닌가? 책임 회피와 전가가 아닌가? 전형적인 이기주의가 아닌가? 자존감이 높은 사람에게 자기중심적인 성향이 있는 것은 맞다. 그들은 실패에 대한 자신의 책임을 직시하지 못하고 냉담한 반응을 보이기도 한다. 그에 비해 자존감이 낮은 사람들은 겸허하고 솔직해서 성공해도 교만하지 않고, 실패하면 자신을 낮추고 책임을 겸허하게 받아들인다. 그러므로 주변 사람들에게는 후자가 훨씬 환영받는다.

그런데 이것은 대인 관계나 도덕을 기준으로 한 행위 평가다. 심리 건강이나 행복감을 기준으로 평가한다면 자존감이 높은 사람들의 귀인이 더 이롭고 우울증을 예방하는 효과도 있다. 현실적으로 생각하면 실패는 이미 일어난 일이므로 후회하고 자책해도 소용없으며, 다시 시작하는 편이 더 낫다. 그래야만 부정적인 감정 때문에 고통받지 않을 수 있다. 또한 성공의 원인을 자신의 능력에서 찾을 경우, 자신감과 적극성을 기르는 데도 도움이 된다. 실패의 원인을 자신에게서 찾을 경우, 전반적인 자기 개념은 타격을 입고 우울해질 수 있다. 우울증이 자존감 저하와 밀접한 관련이 있음은 이미 여러 연구를 통해 입증된 사실이다. 우울증 환자들의 귀인 방식은 자존감이 낮은 사람들이 실패했을 때의 그것과 동일하다.

자존감이 낮은 사람들은 자기감이 너무 부정적이고 자신을 수용하지 못한다. 그들은 성공했을 때 자신을 돌이켜봄으로써 긍정적인 감정을 최대화하고, 자기 향상에 유리한 내부 귀인을 해야 한다. 성공의 희열에 도취되고 긍정적인 반추를 함으로써 자부심과 자기애를 적절히 높여야 한다. 이렇게 하면 긍정적인 에너지가 커져 낙관적인 사람이 될 수 있다. 반대로 실패했을 때는 자기반성을 줄이고 적당히 외부 귀인을 해야 한다. 자책만 하지 말고 이미 일어난 실패를 수용하고 툭툭 털어 버리는 것이 자신에게 훨씬 도움이 된다.

한편 자존감이 높은 사람들은 자기감이 너무 긍정적이어서 현실성을 잃어버리는 경우가 많은데, 이들에게는 반대의 방법이 효과적이다. 성공했을 때는 자기 과대망상을 억제하고 남들이 기여한 바를 인정해야 하며, 실패했을 때는 적당히 자신을 돌아보아야 한다. 실패가 자신과 무관하다는 식의 행동은 누구에게도 도움이 되지 않는다.

통제와 착각

자신을 정확하게 인식하는 능력은 심리 건강에 반드시 필요한 조건이다. 성격심리학의 창시자로 불리는 고든 올포트Gordon Allport는 공정하고 객관적인 태도로 자신을 대하는 것이 가장 중요하며, 이런 태도가 자신을 두루 발전시키는 바탕이 된다고 주장했다. 중국에서도 자아에 대한 객관적인 인식의 여부는 심리 건강 상태를 판단하는 공인된 기준이다. 하지만 이 관점에 동의하지 않는 학자들도 있다. 해즐릿은 자기기만에도 장점이 있다고 했다. 인생은 기만의 예술이며, 자아를 있는 그대로 인식하지 못하는 이들이 오히려 더 행복하게 산다는 것이다. 진화론자들도 인간은 타인뿐만 아니라 자신도 속이며 살아간다는 사실에 대체로 동의한다. 인간은 때때로 자신이 연기하는 가상에 굳은 확신을 가지고 있다.

사람들이 자신을 객관적으로 보지 못하고 과대평가하는 경향이 있음을 보여 주는 연구 결과는 아주 많다. 1976년 미국 고등학생 100만 명을 대상으로 한 조사에서는 70퍼센트가 자신의 리더십을 중상 수준으로 평가했다. 또한 사교력에 대해서는 85퍼센트가, 운동 능력에 대해서는 60퍼센트가 스스로 중상 수준이라고 답했다. 하지만 그러한 자기 평가는 실제 능력과는 차이가 있었다. 리더십과 관련해서는 적어도 20퍼센트가, 운동 능력과 관련해서는 10퍼센트가, 사교력과 관련해서는 35퍼센트가 스스로 정확하게 평가하지 못했다.*

  루이손이 우울증을 앓는 이들과 그렇지 않은 이들은 대상으로 실험을 실시했다. 그는 피실험자들을 20분간 단체 토론에 참여시켰다. 그런 뒤 자신의 우호적 태도, 열정, 자신감 등 열일곱 개 항목으로 구성된 평가표를 작성하게 했다. 한편 훈련받은 연구 조교들은 특수 유리를 통해 토론을 벌이고 있는 피실험자들을 관찰하여 동일한 평가표를 작성했다. 그 결과 두 그룹에서 모두 스스로 평가한 것이 타인이 평가한 것보다 높게 나타났다. 특히 우울증이 없는 이들이 더욱 그런 경향을 보였다. 물론 현실과 완전히 괴리될 만큼의 과도한 자기 과대망상은 아니었다. 전반적으로 우울증이 있는 사람들의 자기 평가가 더 정확했다. 반면 우울증이 없는 사람들은 자신의 장점을 과대평가하고, 단점을 정확하게 인식하지 못하는 경향이 있었다.

  우울증이 있는 사람들은 대체로 자신을 낮추는 경향이 있다. 실제로는 일을 잘해 냈다고 생각하지만, 자신을 평가할 때는 타인이 평가하는 것과 거의 비슷하게 한다. 따라서 정확한 자기 평가는 심리 건강의 필수 요건이 아니다. 오히려 자신을 적당히 과대평가 하는 것이 더 도움이 된다는 사실을 알 수 있다.

  그렇다면 자신의 환경 통제 능력은 정확하게 평가할 수 있을까? 젠킨스 등의 심리학자들이 스탠드 통제 실험을 실시한 적이 있다. 어떤

---

*   Jonathon D. Brown, 앞의 책.

상황에서는 피실험자가 스위치를 누르면 스탠드가 켜지지만, 또 어떤 상황에서는 스위치를 눌러도 안 켜지도록 했다. 그런데 스탠드가 켜지든 안 켜지든 피실험자들은 그것에 대한 자신의 통제 능력을 높게 평가했다. 사람들은 사물에 대한 자신의 통제 능력을 과대평가하는 경향이 있는데, 이런 현상을 통해 착각illusion of control이라고 부른다.

우울하거나 자신감이 없는 사람들은 자신의 통제 능력을 과소평가할까? 알로이 등의 심리학자들이 대학생들을 우울증이 있는 이들과 그렇지 않은 이들로 나눈 뒤 스위치를 누를지 안 누를지를 스스로 선택하게 했다. 하지만 스위치를 눌렀을 때 스탠드가 모두 켜지는 것은 아니었다. 그때 스탠드가 켜질 확률은 75퍼센트였다. 한편 스위치를 누르지 않아도 스탠드가 켜질 수 있었는데, 그 확률은 50퍼센트, 25퍼센트, 0퍼센트였다. 그러므로 피실험자들이 스탠드를 켤 확률은 25퍼센트, 50퍼센트, 75퍼센트였다.

이 실험을 통해 피실험자들로 하여금 자신의 스탠드 통제 능력을 평가하게 한 결과, 우울증이 없는 이들은 그것을 과대평가한 반면, 우울증이 있는 이들은 정확하게 평가했다. 우울증이 있는 이들은 실패했을 때 자신을 더 객관적으로 평가했지만, 성공했을 때는 과소평가하는 경향이 있었다. 우울증이 없는 이들은 성공했을 때 큰 자부심을 느끼고 통제 착각에 빠졌으며, 실패했을 때는 통제 능력에 대한 평가는 다소 떨어져도 더 주관적이 되어 자신에 대한 긍정적인 평가를 그대로 유지했다.

그 다음에는 그 두 그룹의 사람들에게 스위치를 40번 누르게 했다. 피실험자의 선택이 올바르면 스탠드가 켜지고 25센트를 받을 수 있지만, 그렇지 않으면 스탠드는 켜지지 않고 25센트를 내놓아야 했다. 이것이 끝난 뒤 피실험자들에게 자신의 스위치 누르기와 스탠드 점등 간의 상관관계를 평가하게 했다. 그런데 스탠드 점등은 무작위였기 때문에 실제로는 스위치를 누르는 것과 아무런 관계가 없었다.

연구 결과 우울증이 있든 없든 모두 통제 착각을 하는 것으로 나타났다. 즉 자신이 스탠드에 대해 통제 능력을 가지고 있다고 생각한 것이다. 흥미로운 점은 우울증을 앓고 있지 않은 피실험자들이 틀린 선택을 했을 때 스탠드에 대한 자신의 통제 능력을 과소평가했다는 사실이다. 심지어 그 평가는 우울증이 있는 사람들의 그것보다도 약간 낮았다. 우울증을 앓고 있지 않은 사람들은 자신의 통제하에서도 켜지지 않는 스탠드가 14퍼센트라고 대답한 반면, 우울증이 있는 사람들은 16퍼센트라고 답했다. 다시 말해 자신에게 불리한 결과가 나왔을 때, 우울증이 있는 사람들은 자신의 통제로 인해 스탠드가 켜지지 않았다며 더 많은 책임을 짊어지려고 했던 것이다.

그런데 피실험자의 선택이 옳았을 때는 매우 극적인 결과가 도출되었다. 즉 우울증이 없는 피실험자들은 자신감이 급등하여 자신의 통제 능력을 높이 평가한 것이다. 그들은 57퍼센트의 스탠드가 자신의 통제에 의해 켜졌다고 생각했다. 반면 우울증이 있는 사람들은 자신이 스위치를 눌러서 켜진 스탠드가 26퍼센트라고 대답했다. 자신에게 유리한 결과가 나왔을 때, 우울증이 없는 이들에게는 매우 강한 긍정적 착각이 나타나 실제보다 자신을 훨씬 높이 평가한다는 것을 알 수 있다.

건강한 심리를 가진 사람들은 천성적으로 실패와 잘못에는 덜 민감한 반면, 성공과 성취에는 민감하다. 그들은 성공에 우선적으로 반응하며, 장밋빛 선글라스를 쓰고 세상을 바라본다. 하지만 우울증이 있거나 자존감이 낮은 사람들은 천성적으로 실패와 손실에 더 민감하며, 검은 선글라스를 쓰고 세상을 바라본다. 위의 실험에서도 심리 건강이 객관적인 자기 평가와는 무관하다는 사실을 알 수 있다. 실패했을 때는 결과를 받아들이고 우울함을 털어 버리기 위해 노력하고, 성공했을 때는 자기에 대해 과대평가하는 것이 심리 건강에 도움이 된다는 사실을 알 수 있다.

지각 편향

> 아들은 내 아들이 좋고, 마누라는 남의 마누라가 좋다.
> → 중국 격언
>
> 먹지 못하는 포도는 시다.
> → 이솝 우화

심리학 연구에 따르면 사람들은 대부분 낙관적 편향optimistic bias을 가지고 있다. 이는 아마도 자기 보호 기제가 작용한 결과일 것이다. 인간은 유일하게 죽음을 의식하는 동물이다. 생명을 가진 모든 것이 반드시 죽는다는 사실은 아주 무서운 현실이다. 그리하여 인류는 진화를 거듭해 오는 동안 자기 보호 기제를 발전시켰는데, 그것이 바로 낙관성이다.

연구 결과에 따르면 낙관은 일종의 기질이다. 그래서 기질적 낙관 또는 본능적 낙관이라고도 부른다. 낙관적인 사람들은 현실을 정확하게 평가하거나 미래의 가능성을 진지하게 분석한 뒤에 판단을 내리는 것이 아니라, 그저 내일은 나쁜 일보다 좋은 일이 더 많을 것이라는 직감에 따라 판단을 내린다.

희망이라는 기질을 부여받은 인간은 예측할 수 없는 미래 앞에서 내일은 오늘보다 더 나을 것이라는 본능적인 믿음을 가지고 있다. 심리학자들의 연구에 따르면 사람들은 타인보다 자신의 미래를 더 긍정적으로 예상하는 경향이 있다. 누구나 자신을 낙관적인 시각으로 바라본다는 것이다. 똑같이 암이 발병한 상황에서 피실험자들에게 자신과 타인이 생존할 수 있는 시간을 예상해 보라고 하면 대부분은 자신의 생존 기간을 더 길게 예상했다. 하지만 그들이 다른 암 환자들보다 더 오래 생존할 것이라고 장담할 수 있는 근거는 하나도 없었다. 부모들 역시 대부분 자기 아이가 남의 집 아이보다 더 총명하고 사랑스러우며, 좋은 일은 자신에게, 나쁜 일은 남에게 발생할 가능성이 더 높다고 여긴다. 교통사고나 건강 등 그 밖의 문제에서도 모두 그렇다. 또한 사람들은 자신과 가까운 친구의 미래는 낙관적으로 예상하지만, 전혀 모르는 타인의 미래에 대해서는 비관적으로 예상하는 경향이 있다.

심리학자들이 우울증이 있는 대학생과 그렇지 않은 대학생, 이렇게 두 그룹으로 나눈 뒤 자신과 타인의 미래에 좋은 일과 나쁜 일이 발생할 가능성을 비교하게 했다. 그러자 후자는 자신의 미래에 좋은 일이 일어날 가능성(5.93점)보다 낮게 예상했다. 이들은 타인의 장점과 행운을 과대평가하면서도 자신의 미래에 대해서는 그보다 부정적으로 예상했다. 반면 건강한 심리를 가진 학생들은 남보다 자신의 미래를 더 긍정적으로 예상했다.

또한 자존감이 낮거나 우울증이 있는 사람들은 자신에 대해서는 비교적 정확하게 평가하는 반면, 타인에 대해서는 긍정적으로 과대평가한다. 무엇이든 남의 것이 좋아 보이는 심리를 가지고 있는 것이다. 그들에게는 아들도 남의 아들이 더 훌륭해 보이고, 마누라도 남의 마누라가 더 예뻐 보인다. 반면 낙관적인 사람들에게는 아들이든 마누라든 자기 것이 더 좋아 보인다. 그들은 자신의 것에 대해서는 과대평가하지만, 남의 미래나 행동에 대해서는 객관적이고 진실하게 평가한다. "아들은 내 아들이 좋고, 마누라는 남의 마누라가 좋다"는 격언도 100퍼센트 옳은 말은 아닌 모양이다.

그뿐만이 아니다. 자존감이 높은 사람들은 자기 조절 능력을 가지고 있어서 불행한 일을 겪은 뒤에도 유연한 사고를 유지하며, 그 일을 다시 해석하고 자신의 해석을 믿는 경향이 있다. 연구 결과에 따르면 자존감이 높은 학생들은 원하는 대학에 진학하지 못하면 1년 뒤 그 대학에 대해 예전보다 낮게 평가한다. 그들은 '그 대학도 별 볼일 없어. 내가 지금 다니는 대학도 나쁘지 않아. 대학에 다닐 수 있다는 것만도 행복한 일이야'라고 생각한다.

하지만 자존감이 낮은 학생들은 정반대다. 그들은 원하는 대학에 진학하지 못하면 1년 뒤 그 대학에 대해 오히려 더 높게 평가한다. 그들은 '내가 그 대학에 떨어진 것은 그만큼 좋은 학교이기 때문이다. 지금 다니는 대학은 그 대학에 비하면 정말 별로야. 학풍에서부터 시설까지 한참 뒤진다니까'라며 불평한다.

동기적 편향

　　　　　　　　　자존감이 낮은 사람들은 모험을 두려워한다. 모험을 선택하면 경제적인 손실을 입을 수 있기 때문이기도 하지만, 실패했을 때와 찾아올 좌절과 우울한 감정이 더 두렵기 때문이다. 리스크는 크지만 큰 수익을 얻을 수 있는 일, 리스크는 적지만 수익이 적은 일 중 하나를 선택하라고 하면 그들은 대부분 후자를 택한다. 재테크를 할 때 이런 일이 자주 발생한다. 펀드에 투자하면 원금 손실이라는 리스크를 감당해야 하지만 현재 수익률이 유지된다면 연 15퍼센트의 수익을 거둘 수 있다. 반대로 정기 적금을 들면 연이율은 3퍼센트밖에 되지 않지만 원금을 잃을 우려는 없다. 이 경우 자존감이 낮은 사람들이 불안해하는 것은 원금 손실이 아니라, 잘못된 결정이 가져다줄 우울한 감정과 자신의 이미지가 위협받는 것이다. 긍정적인 에너지가 적은 그들이 어떤 결정을 내릴 때 제일 먼저 생각하는 건 남들에게 웃음거리가 되면 안 된다는 것이다.

　이 사실을 검증하기 위해 브라이언 등의 심리학자들이 실험을 했다. 그들은 피실험자들에게 수익은 높지만 리스크가 큰 방법, 수익은 낮지만 리스크가 적은 방법을 제시한 뒤, 어느 쪽을 선택하든 그 결과는 공개하지 않겠다고 했다. 피실험자들은 남들이 선택한 결과를 알 수 없으니 남들과 비교할 수도 없고, 자신의 선택이 옳은지 그른지도 알 수 없었다. 실험 결과, 이런 상황에서는 자존감이 낮은 사람들도 모험적인 선택을 하고 결과에 연연하지 않았다. 어떤 선택을 하든 그 성패가 자신의 명예나 자신에 대한 남들의 평가에 영향을 미치지 않았기 때문이다.*

---

*　Michael H. Kernis, 앞의 책.

자존감이 낮은 사람들의 해결책

낮은 자존감을 극복하려면 자괴감을 넘어서는 것만으로는 부족하다. 우선 실패에 대한 두려움과 싸워 이겨야 하고, 실패했을 때의 좌절감에 무너지지 말라고 격려해야 한다. 가장 중요한 것은 자존감이 낮은 사람들이 인생의 목표를 세우고 꿈을 실현하기 위해 자신의 모든 열정과 에너지를 그것에 투자하도록 하는 것이다.

건강한 심리를 갖기 위해서는 자신의 욕구를 효과적으로 만족시킬 수 있어야 한다. 하지만 사람들의 욕구와 동기는 이중적이다. 그래서 한편으로는 생명을 안전하게 보호하고 재산 손실을 피하고 남들의 비난을 줄이는 등 방어적이지만, 또 한편으로는 더 많은 돈을 벌고 이성에게 호감을 주고 남들의 존중을 받고 싶다는 자아실현의 욕구도 가지고 있다. 자존감이 낮은 사람은 보수적이고 방어적인 성향 때문에 인생의 다채로움을 경험하지 못하고 자아실현이 가져다주는 행복을 누리지 못한다. 그러므로 그들에게는 다음과 같은 '상상 연습'을 추천한다.

자신에게 최고의 자아가 무엇인지 생각하라

자기 내면에 있는 기본적인 욕구와 이상을 돌이켜보고 꿈을 실현하기 위해 어떤 노력을 해야 하는지 생각해 본다. 인생을 처음으로 되돌릴 수 있다면 꼭 하고 싶은 것이 무엇인지, 어떤 사람이 되고 싶은지, 그러기 위해서는 자신을 어떻게 변화시켜야 하는지 상상해 본다. 3년 뒤에 다시 지금으로 돌아온다면 제일 바꾸고 싶은 것이 무엇인지, 성공이나 실력이나 대인 관계 등 여러 방면에서 어떻게 개선하고 발전시켜야 하는지 떠올려 보아도 좋다. 이런 연습을 통해 허영심, 남의 평가, 부모님이 원하는 것을 모두 배제하고 진정으로 자신이 원하는 것이 무엇인지 생각해 보는 것이다. 다른 요소를 고려하지 않는다면 어떤 직업을 선택할 것이며 어떤 인생을 살고 싶은지 생각해 낸다면 그것이 바로 자기 인생의 최종 목표가 될 것이다. 또 상상해 보자. 꿈이 실현된다면 나의 인생은 어떻게 바뀔까? 그러기 위해서는 이제 무엇을 해야 할까?

연구 결과에 따르면 자존감이 낮은 사람들은 자아 이미지를 보호하기 위해 목표를 너무 낮게 잡는다. 너무 높은 목표는 실현하기 힘들기 때문에 그저 상상만 하는 편이 낫고, 너무 낮은 목표는 쉽게 실현할 수 있으므로 자아 이미지를 위협받을 부담이 없다. 그들은 목표를 낮게 잡아야 체면을 지킬 수 있다고 생각한다.

하지만 자존감이 높은 사람들은 자신의 현재 수준보다 높으면서도 실현 가능한 목표를 세운다. 우선 목표는 현재 자신의 수준보다 높아야 한다. 그래야 지금까지 한 번도 해 보지 못한 새로운 도전을 할 수 있기 때문이다. 이것은 새로운 경험이자 모험이며, 불확실성과 리스크가 충만한 도전이다. 하지만 열심히 노력하고 용감하게 손을 뻗으면 닿을 수 있는 것이어야 한다. '펄쩍 뛰어오르면 딸 수 있는 포도'여야 하는 것이다. 그들은 바로 이런 목표를 세우기 때문에 자기 효능감과 통제감을 가질 수 있다.

"장군이 되기를 꿈꾸지 않는 병사는 훌륭한 병사가 아니다"라는 나폴레옹의 말은 성공학의 관점에서 본다면 커다란 기만이다. 매실을 쳐다보기만 해도 입에 침이 고여 갈증을 풀 수 있다는 말과 다를게 없다. 건강한 심리를 가지고 자존감이 높은 사람들은 이런 말에 쉽게 속지 않는다. 그들은 아마 이 말을 이렇게 바꿀 것이다.

"중대장이 되기를 꿈꾸지 않는 병사는 훌륭한 병사가 아니며, 작업반장이 되기를 꿈꾸지 않는 노동자는 훌륭한 노동자가 아니다."

일상의 즐거움을 누려라

　　　　　　　　　　인생의 아름다움과 생활 속에서 얻는 체험을 즐겨야 한다. 상상해 보자. 더운 여름날 냉장고 안에 있던 시원한 사이다를 컵에 따른 뒤 기포가 가득한 그것을 한 모금 시원하게 들이켠다. 그때 느껴지는 알싸하면서도 달콤하고 시원한 맛! 그것이 바로 생활 속의 소소한 즐거움이다.

　일상에서 얻을 수 있는 작은 즐거움을 누리고 현재의 아름다움에 집중해야 한다. 그럴 때 사람들은 사물에 대한 평가를 잊고 그 느낌에만 집중하며, 과거와 미래는 잊고 현재에 충실하게 된다. 그러므로 한 가지 일에 집중할 수 있는 사람은 남들보다 더 행복한 인생을 누릴 수 있다.

　초조한 사람은 안정감이 부족하기 때문에 무엇이든 소유하려고 한다. 그는 늘 바쁜 걸음을 재촉하기 때문에 길가의 풍경을 감상하지 못한다. 그들은 여행을 할 때도 풍경을 감상할 줄 모르고 사진 찍기에만 급급하다. 사진 몇 장 찍고 나면 다음 행선지로 빨리 이동할 생각에 조급해한다. 자존감이 낮은 사람들은 여행하면서 이런 생각을 할 것이다.

　"이렇게 아름다운 풍경을 내 눈으로 직접 보다니! 내가 몇 개국이나 여행했지? 아마 15개국일 거야. 오, 아니야. 16개국이야."

　그러면서 그들은 우월감에 도취되고, 집에 돌아가 사람들에게 사진을 보여 주며 으스댈 생각에 기분이 으쓱해진다. 하지만 이런 생각은 현재를 충분히 누리고 인생의 즐거움을 만끽하는 데 큰 걸림돌이 된다.

 맛있는 음식을 먹을 때는 속도를 조금 늦추고 그 맛을 음미해 보자. 아름다운 풍경을 보았다면 잠시 걸음을 멈추고 대자연의 신비와 오묘함을 피부로 느껴 보자. 노을 비낀 호수의 평온함, 달이 나뭇가지에 걸려 있을 때의 고즈넉함, 비릿한 바닷바람이 얼굴을 스치고 지나갈 때의 상쾌함 등 세상에는 누릴 수 있는 것이 굉장히 많다.

아름다운 과거를
추억하라

　　　　　　　　　　자존감이 낮은 사람들은 긍정적인 에너지가 부족하기 때문에 잘못이나 실수를 우선 떠올린다. 그것보다는 의식적으로 좋았던 일을 회상하고 아름다운 상상을 하는 것이 심리 건강에 훨씬 도움이 된다. 날마다 잠들기 전에 과거 성공한 일이나 행복했던 추억을 떠올려 보는 것도 좋다.

　긍정심리학에서도 이와 비슷한 방법을 권한다. 날마다 즐겁거나 행복한 일을 세 가지씩 적는 것이다. 작든 크든 상관없다. 멋진 풍경을 감상한 일, 남을 도와준 일, 정의로운 행동 등 의미 있고 기분 좋아지는 것이라면 무엇이든 좋다. 몇 년 전 나는 저녁에 공원을 산책하다가 구름이 보름달을 감싸고 있는 것을 본 적이 있다. 걸음을 멈추고 소나무 사이로 달을 올려다보고 있자니 모든 근심이 사라지고 마음이 편안해졌다. 그것은 내가 지금까지 본 달 중 가장 아름다웠다. 나는 그

순간의 아름다움을 기억하며 집으로 돌아오자마자 그때 느낀 감동을 일기장에 적어 놓았다.

  좋은 일만 골라 일기를 쓰는 것은 생각보다 훨씬 효과적이다. 그러면 자기도 모르게 생활 속의 긍정적인 일에 집중하기 때문에 행복감이 늘 곁에 머문다.

06

비판을 받거나 거절당할 때
드러나는 자존감

부정적 피드백에 작동되는 낮은 자존감

> 행복한 가정은 모두 엇비슷하고,
> 불행한 가정은 그 이유가 모두 제각각이다.
> → 레프 톨스토이 Lev Nikolaevich Tolstoy, 『안나 카레니나』 중

위 말은 심리학 연구를 통해 이미 사실로 증명되었다. 긍정적인 평가를 받거나 성공적인 결과를 얻었을 때 사람들의 반응은 대체로 비슷하다. 자존감이 높든 낮든 남들에게 좋은 평가를 받으면 기분이 좋아진다. 성공을 바라고 그것이 실현되면 성취감을 느끼는 것은 누구나 마찬가지다. 자존감이 낮은 사람들은 긍정적인 평가를 받으면 불편해하고, 비난을 받으면 오히려 즐거워한다는 연구 결과가 발표된 적이 있지만 이것은 잘못된 주장이다.

앞에서도 말했듯 자존감이 낮은 사람들이 심하게 부정적인 것은 아니니다. 그들도 어떤 일에서는 매우 긍정적인 자기 평가를 내린다. 중요한 것은 그들이 자신의 존재에 대해 중성적이거나 불확실한 평가를 내린다는 사실이다. 몇 번의 자기 평가가 불안정하고 일관성이 없다면 그것은 긍정적인 에너지가 부족하다는 뜻이다. 자존감이 낮은 사람들은 자신이 어떤 사람인지 확신하지 못한다. 그들은 자신의 성취에 대해서는 그리 기뻐하지 않는 반면 실패에는 매우 민감하게 반응한다. 실패하거나 남에게 비판, 거절, 무시를 당할 때, 다시 말해 부정적인 평가를 받을 때 낮은 자존감이 작용하는 것이다.

인간과 동물 간이나 어른과 아이 간에는 자존감이 개입되지 않는다. 하지만 자신과 비슷한 타인과의 관계에서는 자존감의 문제가 불거진다. 자의식을 가진 두 사람이 있으면 그 사이에는 반드시 자존감의 문제가 생기기 마련이다. 자존감은 사람 간의 비교에서 비롯되기 때문이다.

브라운은 자신의 저서 『자기 The Self』에서 이런 예를 들었다. 상사의 지시로 프로젝트 보고서를 작성하게 된 당신은 조사를 마친 뒤 그 프로젝트가 승인될 것이라고 확신했다. 그런데 뜻밖에도 상사가 당신의 제안을 반려했다. 한편 점심시간이 거의 다 되어 주위를 둘러보니 동료 세 명이 모여서 이야기를 나누고 있었다. 그런데 그들은 당신을 부르지 않고 자기들끼리만 밖으로 나가는 것이었다. 이런 경우 당신이라면 어떤 생각이 드는가? 서럽고 실망스러울까? 아니면 분해서 화가 날까? 오후 내내 그 일 때문에 기분이 가라앉아 있을까? 아니면 정신을 집중해서 열심히 일할 수 있을까? 이 문제에 대한 대답을 통해 당신의 자존감 수준을 알 수 있다. 자존감이 낮은 사람들은 이런 일에서 상처를 받고 심한 수치심을 느끼며, 남들이 자신을 좋아하지 않는다고 생각한다. 하지만 자존감이 높은 사람들은 그런 생각을 하지 않는다. 높은 자존감과 낮은 자존감은 충격을 받거나 일에 실패했을 때 수치심과 절망감을 느끼는지의 여부에 따라 구분할 수 있다.

브라운 등은 이 가설을 검증하기 위해 '실패를 유도하는 실험'을 했다. 그들은 대학생 피실험자들에게 지능 검사를 실시하면서도 난이도를 조절하여 절반은 통과시키고 절반은 통과시키지 않았다. 그리고 검사 결과를 공개한 뒤 피실험자들을 자존감이 높은 그룹과 낮은 그룹으로 나누어 감정 점수표를 작성하게 했다.

두 그룹 모두 지능 검사에 통과하지 못했다는 것을 알고 실망했다는 점은 같다. 하지만 자신을 어떻게 인식하고 평가하는지는 두 그룹 사이에 차이가 있었다. 자존감이 낮은 그룹의 사람들은 성공했을 때 긍정적인 자기 평가를 하는 반면, 실패했을 때는 스스로 수치스러워했다. 하지만 자존감이 높은 그룹의 사람들은 실패했다고 해서 자신에 대해 부정적으로 평가하지는 않았다.

또한 대학생들을 자존감이 높은 그룹과 낮은 그룹으로 나누어 난이도가 매우 높은 수학 문제를 풀게 했다. 두 사람씩 한 조가 되어 풀게 했는데, 그중 한 사람에게는 사전에 답을 알려 주어 이기게 하거나 고의로 지게 했다. 이기거나 졌을 때 자존감의 수준에 따라 반응의 차이가 어떻게 나타나는지 알아보기 위한 실험이었다.

피실험자들이 문제를 풀고 나면 실험자는 두 사람의 채점 결과를 알려 주며 비슷한 시험에 또 참여하고 싶은지 질문했다. 이때 자존감이 낮은 사람들은 지든 이기든 또 참가하고 싶지 않다고 했다. 반면 자존감이 높은 사람들은 시험 결과에 관계없이 다시 참가하고 싶다고 했다. 이로써 후자가 상대적으로 결과에 영향을 덜 받는 것을 알 수 있다. 또 자존감이 높은 사람들은 시험에서 이기고 나면 주도성과 호감도가 높아져 쉬는 시간에 어려웠던 문제의 답을 알아보려고 했지만, 자존감이 낮은 사람들은 그런 행동을 하지 않았다.

권위 있는 전문가에게 피실험자들의 능력을 평가받도록 하는 실험도 실시했다. 전문가는 피실험자들에게 그와 타인의 점수를 모두 알려 주며 결과를 비교 분석해 주었다. 그러자 자존감이 낮은 사람들은 자신의 점수가 높으면 매우 기뻐했지만, 다른 피실험자들도 대부분 높은 점수를 받았다는 것을 알면 곧 기분이 가라앉았다.

반면 자존감이 높은 사람들은 다른 피실험자들도 높은 점수를 받았다는 것을 알아도 크게 개의치 않고 여전히 기뻐했다. 자존감의 수준에 따라 그것을 유지하는 방식에 차이가 있다. 자존감이 낮은 사람들은 타인을 과소평가하고 폄훼함으로써, 자존감이 높은 사람들은 자신을 끌어올림으로써 자존감을 얻는다.

자존감이 낮은 사람들은 성공을 통해 '자기 고양self-enhancement'의 힘을 얻을 수 없다. 그들도 물론 성공했을 때 기뻐하지만 자부심을 느끼지는 못한다. 그저 안도의 한숨을 쉬며 "이번에는 체면을 지킬 수 있어서 다행이야"라고 중얼거릴 뿐이다. 심지어 그들은 혼잣말로 "고통스러운 시험이 끝나서 이제야 발 뻗고 잘 수 있어"라고 말하기도 한다. 그들은 성공을 통해 자기 고양을 할 수 없으므로 남을 깎아내림으로써 자존감을 얻을 수 밖에 없다. 그들은 남이 자신보다 못하다는 것을 알아야만 기뻐하고 안정감을 느낀다.

반면 자존감이 높은 사람들에게 성공은 자아를 발견할 수 있는 좋은 기회이자 전환점이다. 성공했을 때 그들은 "이번 성공은 내가 능력있는 사람이라는 증거야. 지금까지 나에 대해 잘못 알고 있었어. 나는 썩 괜찮은 사람이었어. 남들한테 조금도 뒤지지 않아"라고 말한다. 그들은 성공하고 나면 더 큰 성취를 추구하고 도전을 즐긴다. 그러므로 남이 성공했다는 것을 알아도 자신에 대한 호감도가 떨어지지 않고 자신의 목표에만 집중하며 앞으로 더 잘하겠다고 생각한다.

심리학자 바움가르트너 등은 자존감이 높은 사람들은 정신 내적인 힘으로 자기 고양을 한다고 주장했다. 다시 말해 자신과 자신이 세운 목표를 비교함으로써 내부 동기를 자극하여 자아를 초월하고, 나아가 인생의 가치를 실현한다는 것이다. 반면 자존감이 낮은 사람들은 대인 관계 속에서 남들과 비교함으로써 자기 고양을 하고 남을 밟고 올라설 때 비로소 인생의 가치가 실현되었다고 느낀다. 그들은 자신이 가지고 있는 내적 능력을 의심하기 때문에 '타인의 좋은 평가'가 있어야만 자기 고양을 한다. 따라서 그들이 잠재력을 바탕으로 주의력과 동기를 집중할 수 있게 유도하면 타인과 자신을 비교하지 않고 내적인 힘으로 자기 고양을 하는 것으로 나타났다.

 이렇게 동기가 다르면 실패 뒤에 느끼는 부정적인 감정도 질적으로 다르다. 스스로 세운 목표나 이상을 위해 노력하다가 실패했을 때 느끼는 감정은 아쉬움이나 유감이며, 여기에는 동정과 연민도 포함된다. 하지만 남을 이기겠다는 동기로 일하다가 실패했을 때는 자신을 용납하지 못하고 수치심을 느낀다. 자존감이 낮은 사람들은 남들이 자신을 조롱의 눈빛으로 쳐다본다고 느끼지만 그저 자기 감정이 투사된 것일 뿐이다.

독실에 연연하는 것과
그렇지 않은 것의 차이

자존감이 높은 사람들은 자신의 장점과 가치를 확신하기 때문에 결과가 좋지 않아도 자아에 상처를 입지 않는다. 그들은 어떤 일에서 실패하면 그 일만 가지고 생각하며 자기 전체를 부정적으로 바라보지 않는다. 반면 자존감이 낮은 사람들은 자신의 가치를 확신하지 못하기 때문에 실패하면 자아 전체가 상처를 입고 수치심을 느낀다. 그러므로 자존감의 높고 낮음에 따라 실패의 의미도 다르다. 실패는 자존감이 낮은 사람들에게 자신이 쓸모없음을 의미하지만, 자존감이 높은 사람들에게는 그저 특정 분야에서 자신의 능력이 부족하다는 뜻일 뿐이다.

케빈 더튼Kevin Dutton 등의 심리학자들은 이런 관점을 검증하기 위해 한 가지 실험을 실시했다.* 우선 피실험자들을 대상으로 지능 검

---

* Jonathon D. Brown, 앞의 책.

사를 실시해 높거나 낮은 점수를 내도록 유도한 뒤, 다음의 네 가지 항목에 대해 스스로 평가하게 했다.

1) 구체적인 능력: 이 검사에서 자신이 보여준 능력이 높은가, 낮은가?
2) 일반적인 능력: 나는 똑똑한가, 멍청한가?
3) 사교 능력: 나는 남에게 위선적인가, 우호적인가?
4) 자기 가치 평가: 전반적으로 나는 좋은 사람인가, 아닌가?

실험 결과는 흥미로웠다. 구체적인 능력을 묻는 항목에서는 자존감이 높은 사람들과 낮은 사람들 모두 지능 검사에서 낮은 점수를 받은 자신의 능력이 부족하다고 대답했다. 하지만 일반적인 능력을 묻는 항목에서는 차이가 있었다. 지능 검사 결과가 낮게 나왔을 때 자존감이 낮은 사람들은 자신의 일반적인 능력도 의심하면서 스스로 무능한 사람이라고 생각했지만, 자존감이 높은 사람들에게서는 그런 경향이 나타나지 않았다.

사교 능력을 묻는 항목에서도 자존감이 낮은 사람들은 지능 검사 점수가 낮게 나오면 자신의 사교 능력까지 과소평가했다. 그들은 자신이 머리가 나쁠 뿐만 아니라 사람들에게 호감도 주지 못한다고 생각하는 것이다. 반면 자존감이 높은 사람들에게는 이런 경향이 나타나지 않았다. 그들은 오히려 자신의 사교 능력을 과대평가함으로써 낮은 지능 점수를 보완하려고 했고, 자기 가치 평가에서도 비슷한 반응을 보였다. 지능 검사에서 낮은 점수가 나오자 자존감이 낮은 사람들은 자신이 좋은 사람이 아니라고 생각했지만, 자존감이 높은 사람들에게서는 이런 반응이 나타나지 않았다.

브라운에 따르면 자존감이 낮은 사람들은 실패에서 큰 영향을 받아 우울해하거나 체면이 깎였다고 생각하지만, 자존감이 높은 사람들은 실패할지라도 자신을 모두 부정하거나 체면이 실추되었다고 생각하지 않는다.

자존감이 낮은 사람들의 문제는 스스로 쓸모없다고 생각하는 것이 아니라 실패했을 때 자신을 수용하고 정확하게 평가하지 못한다는 것이다. 그들이 자신을 수용하고 기분 좋은 감정을 유지하려면 일정한 조건이 충족되어야 한다. 그들은 성공했을 때 기분이 좋다가도 실패하면 금세 우울해하며 정서적으로 불안해진다. 자존감이 낮은 사람들의 감정은 가장 최근에 일어난 일의 결과에 큰 영향을 받으며 작은 득실에도 크게 연연한다. 반면 자존감이 높은 사람들의 자기 평가는 최근에 어떤 일이 발생했다고 해서 그것에 따라 변하지 않는다.

실패는 성공의 어머니가 아니다

심리학자들의 연구 결과에 따르면 과거의 일에 영향을 받지 않을 때는, 다시 말해 어떤 일을 태어나서 처음으로 하는 경우에는 자존감의 차이가 별 영향을 미치지 않는다. 낯선 일을 할 때는 누구나 집중하고 몰입하게 되는 것이다.

또한 과거 그 일에서 성공한 경험이 있을 때도 자존감의 차이가 일에 대한 몰입도를 방해하지 않는다. 자존감이 높든 낮든 성공한 경험이 자신감을 부추기는 역할을 하기 때문이다. 하지만 그 일에서 실패한 경험이 있다면 자존감이 낮은 사람들에게는 큰 영향을 미치는 반면, 자존감이 높은 사람들에게는 그다지 부정적인 영향을 주지 않는다.

과거 어떤 일에서 실패한 경험이 있을 때 자존감이 낮은 사람들은 자신의 능력을 의심하면서 쉽게 포기한다. 그들에게 실패는 성공이 아닌 실패의 어머니인 것이다. 물론 여러 번 실패했음에도 포기하지 않는 것은 심신 건강에 그리 도움이 되지 않는다. 작은 어려움과 실패 앞에서는 계속 시도하는 것이 더 현명하다는 사실을 대부분 알고 있을 것이다. 다만 자존감이 낮은 사람들은 그 사실을 모르는 척 포기해 버린다.

대학에 다닐 때 같은 과에 똑똑하기로 유명한 선배가 있었다. 그는 성적이 매우 우수했을 뿐 아니라, 교수님들과도 원만한 관계를 유지했다. 나 역시 그를 우상으로 여겼고, 사람들은 그가 훗날 촉망받는 학자가 될것임을 의심하지 않았다. 그는 원래 졸업 성적이 우수하여 무시험 전형으로 대학원에 입학할 수 있었다. 그런데 얼마 뒤 학교 정책이 바뀌어서 대학원에 진학하려면 외국어를 비롯한 입학시험을 치러야 했다. 외국어 성적이 좋지 않던 그 선배는 하는 수 없이 대학원 입학시험을 준비했지만, 뜻밖에도 과도한 부담감에 시달리다가 시험을 일주일 앞두고 스스로 포기하고 말았다.

자세한 내막은 모르지만 우리는 모두 그가 시험을 치르기만 했다면 십중팔구 합격했을 것이라고 생각했다. 게다가 그해 대학원 입학시험에서는 외국어 영역의 커트라인이 매우 낮았다. 두뇌가 명석하고 철학적 사고가 뛰어난 그가 자기 실력을 믿지 못해 어리석은 결정을 내린 원인은 아마도 '낮은 자존감' 때문이었을 것이다.

자존감이 낮은 사람들이 실패한 뒤에 쉽게 포기하는 것은 자기반성에 너무 치우치기 때문이다. 실패한 일보다도 자신에게 집중하기 때문에 객관성을 잃고 주관적인 선택을 하게 되는 것이다. 그들은 큰 실패를 했을 때 자기 분화differentiation of self와 비슷한 감정에 빠진다. 바깥세상으로 눈을 돌리지 못하고 외부의 자극에 폐쇄적인 경향을 보인다. 남들과 대화할 때도 상대는 박장대소하는데 혼자서 무표정하게 아무 반응도 보이지 않는다. 또 심한 치욕감과 절망감을 느끼기도 하고, 머릿속에서는 외부 세계와 관련된 정보를 처리하는 속도가 현저하게 느려진다. 반대로 자신에 대한 비판과 질책은 과도하게 활발해져 외부 세계에 대한 흥미를 잃어버린다. 이런 반응은 자기도 모르는 사이에 나타난다. 운이 좋으면 시간이 흐르면서 자책감이 저절로 사라진다.

자존감이 낮은 사람들은 실패하면 자기 보호 성향을 나타낸다. 그들은 어떤 일에 실패하고 나면 체면을 지키기 위해 이득은 아주 적더라도 성공 가능성이 높은 선택을 한다. 손실을 만회해야 한다는 생각이 크기 때문에 모험하기보다는 더 보수적이고 신중하게 행동한다. 또한 명랑하고 과감한 성격은 온데간데없이 사라지고 우유부단해지며, 낮은 목표에 만족하면서 현상에 안주해 버린다. 이렇게 되면 자기 능력에 훨씬 못 미치는 쉬운 일을 선택하기 때문에 잠재력을 발휘할 수 없다.

우드 등의 심리학자들이 한 가지 실험을 실시했다.[*] 피실험자들은 자존감이 높은 그룹과 낮은 그룹으로 나누어 직업 능력을 검사하고

---

[*] Jonathon D. Brown, 앞의 책.

그들에게 자신과 남들의 검사 결과를 모두 알려 주었다. 그러자 자존감이 낮은 사람들은 높은 점수를 받으면 남들과 적극적으로 비교했지만, 낮은 점수를 받았을 때는 그런 비교를 의식적으로 피했다. 우리 주변에서도 자존감이 낮은 사람들이 자신의 시험 성적을 알려고 하지 않는 경우를 흔히 볼 수 있다. 그들은 어떤 사람이 그에게 그의 성적이 좋다고 알려주기 전에는 자신의 성적을 알아보려고 하지 않는다.

실패는 왜 그토록 두려운 일인가?

그렇다면 자존감이 낮은 사람들은 어째서 과거의 성패에 쉽게 영향을 받을까? 어째서 실패하고 나면 스스로 무능하다고 여기며 수치심을 느낄까? 그들의 내면세계에는 어떤 문제가 있는 것일까?

가장 큰 원인은 선천적인 유전이나 성장기의 환경으로 인해 형성된 성격적 특징에서 찾을 수 있다. 그들은 어떻게 하면 남들보다 뒤지지 않을 수 있을지, 실수하지 않을 수 있을지, 손실을 입지 않을 수 있는지를 제일 먼저 생각한다. 그들이 인생에서 가장 주력하는 것은 남들에게 박수갈채를 받으며 멋지게 사는 것이 아니라, 체면을 깎이지 않고 무시당하지 않는 것이다. 그들이 가장 원하는 것은 안정감이다. 그들은 초식 동물처럼 어떻게 하면 다른 육식 동물에게 잡아먹히지 않을지에 온 신경이 쏠려 있다. 초식 동물의 목표는 누구보다 빨리 달려 최고 기록을 내는 것이 아니라, 무리에서 뒤처지지 않는 것이다. 무리에서 뒤처지면 호랑이나 사자에게 잡아먹히기 때문이다.

이렇게 뒤처지는 것을 두려워하고 경쟁에 과도하게 연연하는 것은 진화의 산물이다. 진화학자들은 잘못을 저지른 뒤 심하게 자책하는 것은 동물계의 약자들이 가지고 있는 자기 보호 본능이라고 주장한다. 동물에게 자기 보호는 무엇보다 중요하다. 원숭이 무리의 우두머리는 배불리 먹은 뒤에도 남은 바나나를 다른 원숭이들이 먹지 못하게 하지만, 다른 원숭이가 엉덩이를 쳐들고 "당신에게 복종합니다. 제 등에 올라타세요. 당신이 저의 우두머리입니다"라는 표시를 하면 바나나를 '하사'한다. 이것은 일종의 생존 전략이다.

인간도 다 같이 힘을 합쳐야만 대자연의 위협에서 자신을 보호할 수 있었다. 그러므로 무리 안에서 잘못을 저질러 배척당한다면 생존 자체가 위협받을 수 있었다. 무리에서 쫓겨나는 것은 인간에게 곧 사형 판결을 의미했다. 하지만 자발적으로 잘못을 시인하고 무릎 꿇고 자책한다면 무리에서 쫓겨나는 일을 피할 수 있다. 자책은 실패에서 교훈을 얻어 장차 실수를 줄이기 위한 방법이기도 하다.

한편 약자를 자처하는 것은 일종의 생존 전략이다. 예를 들어 평소에 소심하고 겁이 많아 놀림을 받던 아이가 어느 날 화가 나서 동네 아이들을 몇 대 때리고는 집으로 줄행랑을 쳤다. 그런데 아이는 마치 자신이 가해자가 아니라 피해자인 것처럼 집에 들어서자마자 엉엉 울음을 터뜨린다. 그러면 부모는 아이를 꾸중하지 않고 오히려 감싸고 두

둔한다. 이것은 약자인 척 자신을 보호하려는 전략으로, 역시 진화를 통해 자연스럽게 형성된 것이다. 그런 의미에서 보면 낮은 자존감에도 순기능이 있다.

자존감이 낮은 사람들은 통제감과 용기가 부족하다. 약자인 척하는 본능은 잠재의식 속에 존재하며 체험을 통해 저절로 생겨난 것이다. 이런 본능은 인생의 가치에 대해 뚜렷한 주관을 세우지 못하는 성향으로 나타난다. 그들은 '나는 그다지 우수하지 않아. 천부적인 재능도 돋보이지도 않아. 그저 평범한 사람이니까 조심하지 않으면 안 돼'라고 생각한다. 이런 생각은 구체적인 능력이나 성품 관계가 없음에도 자존감이 낮은 사람들은 스스로 '자괴감'이라는 타고난 감정에 사로잡혀 실패와 잘못에 민감하게 반응한다.

보통의 아이들은 우유를 쏟거나 유치원 벽에 구멍을 내는 등 잘못을 저질렀을 때, 어른에게 꾸중을 들을까봐 겁을 내지만 스스로 형편없는 아이라고 생각하지는 않는다. 그들은 잘못을 저질러도 금세 다른 일에 정신을 빼앗겨 그 일을 잊어버린다. 하지만 자존감이 낮거나 히스테리 성향을 가진 아이들은 심하게 불안해하고 심지어 나쁜 아이라고 자책한다. 그런 아이들은 사소한 실수에도 세상이 끝난 것 같은 큰 압박감을 느낀다. 그리하여 신경을 다른 데로 돌리지 못하고 어른에게 꾸중을 들을 생각에 하루 종일 불안해한다.

한 심리 상담사의 어릴 적 이야기다. 어느 날 유치원 낮잠 시간에 침대에 누워 있었지만 눈만 말똥말똥 뜨고 있었다고 한다. 그러다가 너무 심심해서 작은 막대기로 벽을 파기 시작했는데, 한참을 파다 보니 벽에 작은 구멍이 뚫리고 나중에는 주먹 절반이 들어갈 만큼 커져 버렸다. 선생님이 그것을 보고 부모님께 전화를 걸었고, 어린 그는 아빠에게 꾸중을 들을 생각에 하늘이 무너지는 것만 같았다고 한다. 그런데 심하게 꾸짖을 것 같던 아빠는 그를 나무라는 대신 사람을 불러다가 구멍난 벽을 고쳐 주었다. 하지만 어른이 된 뒤에도 그는 잘못이나 실패를 했을 때 과민하게 반응했다. 그것이 좋지 않다는 것은 그도 알고 있었지만 심란한 마음을 떨칠 수 없었다.

심리학자들은 치욕감이 인지나 추리 과정을 거쳐 나오는 것이 아니라고 강조한다. 아이가 실수로 우유를 쏟으면 '나는 몸의 협응 능력이 떨어지고 남들보다 소근육 운동이 약해. 협응 능력이 떨어지지 않는 아이들은 이런 실수를 하지 않아. 그러니까 나는 그들보다 뒤떨어지는 아이야'라고 생각하지 않는다는 것이다. 마찬가지로 위의 심리 상담사도 '다른 아이들은 다 자는데 나만 잠을 자지 못했어. 남들은 기물을 파손하지 않는데 나만 말을 듣지 않고 나쁜 짓을 저질렀어'라고 생각하고 걱정한 것이 아니었다. 그저 잘못을 저지른 뒤 자기도 모르게 스스로 나쁜 아이라는 생각이 든 것이다.

물론 양육 환경도 매우 중요하다. 폴란드계 중국 언론인인 이스라엘 엡스타인Israel Epstein은 이렇게 말했다.

"자존감이 높은 사람들은 부모를 사랑한다. 부모가 아이의 성과를 자랑스러워하고 실패에 대해서는 너그럽게 용인하기 때문에 이렇게 자란 아이들은 나중에 인생을 낙천적으로 살게 되고 외부의 스트레스를 잘 견뎌 낸다. 그들도 어떤 경험 때문에 실망하고 의기소침하기는 하지만 실패의 그림자에서 빠르게 벗어난다. 반대로 자존감이 낮은 사람들의 부모는 대부분 아이의 실패에 엄하고 성공에는 그저 잠시 기뻐할 뿐이다. 그렇게 자란 아이들은 좌절과 거절에 과도하게 예민하며 그것을 수용하는 능력이 떨어진다. 그들은 실패의 그림자에서 빠져나오지 못하고 인생을 비관적으로 바라보는 경향이 있다."[*]

이런 자괴감은 일단 형성되고 나면 굴절 렌즈와 같은 기능을 한다. 자괴감을 가진 사람들은 어떤 문제든 색안경을 쓰고 바라보고 자신에 대해서도 있는 그대로 받아들이지 못한다. 자존감이 낮은 사람들은 자기의 외모, 지능, 재능, 호감도 등이 남보다 떨어지지 않는데도 그 사실을 믿지 못한다. 특히 실패나 잘못을 했을 때 자신을 과소평가하고 남들보다 못하다고 생각한다. 하지만 실제로 그들은 자존감이 높은 사람과 마찬가지로 장점과 단점을 모두 가지고 있다.

이 밖에도 자존감이 낮은 사람들도 일상생활에서는 자신을 긍정적으로 평가한다는 사실이 여러 연구를 통해 입증되었다. 실패하지 않

---

[*] Jonathon D. Brown, 앞의 책.

는 한 그들은 자신이 똑똑하고 남들에게 호감을 준다고 생각하며, 아무 일도 없이 괜스레 자책하거나 고민에 빠지지는 않는다. 하지만 어떤 일에 실패하거나 좌절하면 마음가짐이 180도 달라져 자신감이 끝없이 추락한다. 반면 자존감이 높은 사람들에게는 이렇게 극단적인 감정 기복이 나타나지 않으며, 감정 변화가 완만해서 잠시 우울해졌다가도 곧 회복한다.

  자신감이 없는 자아는 실패에 과도하게 민감하다. 그 때문에 손익이나 체면이 걸린 일에서는 긴장하고 초조해하며, 일의 결과에 지나치게 신경을 쓴다. 그들은 명예나 이익과 관계된 일이 닥치면 긴장하고 자신감을 잃어버린다. 하지만 자존감이 높은 사람이든 낮은 사람이든 명예와 이익에 대한 가치 판단은 거의 비슷하다. 그들 모두 명예와 이익을 추구하고 일의 결과를 중요하게 생각한다. 다만 자존감이 낮은 사람들은 통제감과 자신감이 부족하고 일의 성패에 너무 민감하게 반응하기 때문에 자존감이 높은 사람들에 비해 감정 에너지와 집중력을 더 많이 소모한다. 그들은 생각도 걱정도 많고 득실에 일희일비하지만, 실제로 명예와 이익을 얻기 위한 행동은 큰 효과를 거두지 못한다.

  우리 마음속 깊은 곳에는 자신이 누구인지에 대한 주관적인 판단이 깔려 있다. 다시 말해 자신을 자주성과 활력을 가진 사람이라고 생각하는 감정을 나는 '생존의 용기와 창의력'이라고 부른다. 이런 오래된 자기 긍정은 개개인마다 차이가 크고, 이런 차이는 거의 태어날 때부터 시작되며, 그것은 곧 인성의 기본적인 차이이기도 하다.

자기 긍정과 스스로 주인이라는 생각이 있어야만 행복을 느낄 수 있고, 좌절감을 방어할 수 있다. 그렇지 않으면 스스로 주인이 되지 못하고 자신을 통제할 권리를 타인에게 넘겨주게 된다. 즉 명예, 돈, 권력, 심지어 자신도 분명히 말할 수 없는 힘에게 말이다. 그렇게 되면 진정한 주체성과 자주성을 상실하고, 환경이 변화하거나 위험해지면 방어할 힘을 잃어버리면서 초조함과 불안감에 휩싸인다. 자아를 진정으로 사랑하고 스스로 자신의 주인이 된다는 것은 우리가 상상하는 것만큼 자연스러운 일이 아니다. 그러기 위해서는 대단한 용기가 필요하다. 스스로 자신의 주인이 된다는 것은 자유와 책임을 의미하기 때문이다.

07
두 가지 동기의
충돌

자기 고양과
자기 일관성 동기

> 당신이 만약 일부러 자신의 진정한 능력 이하로 살려고 한다면, 경고하건대 당신의 여생은 매우 불행할 것이다.
> → 매슬로

'낮은 자존감'이라는 말은 일반적으로 자신의 가치를 실제와는 달리 심하게 과소평가하는 사람들을 표현할 때 쓴다. 그들은 자신이 가치있고 능력있고 사랑스러운 사람이라는 것을 믿지 않는다. 심리 치료와 상담 이론 분야에서 알프레트 아들러^{Alfred Adler}가 이미 오래전에 이 현상에 주목했다. 그는 이런 사람들을 열등감을 가진 이들이라고 불렀다. 그런데 자존감이 낮은 사람들은 누구보다 훨씬 강하게 성공을 갈망한다. 다만 그들은 동기와 욕구를 표현하고 실현하는 데 큰 모순을 나타낸다. 한편으로는 자기 긍정을 하지 못하고 심지어 자기 회의에 빠진 듯 행동하지만, 다른 한편으로는 내면 깊은 곳에 힘에 대한 동경과 성공에 대한 강력한 욕구가 숨어 있다. 그들은 자존감이 높은 사람들보다 성패에 훨씬 민감하고 일의 결과에 연연한다. 겉으로 보이는 열등감과 내면의 강력한 욕구가 선명한 대조를 이루며, 심하면 충돌하기도 한다. 반면 자존감이 높은 사람들은 겉과 속이 같다. 겉으로도 즐겁고 유쾌해 보일 뿐 아니라, 속으로도 성공에 대한 욕구가 충만하다.

자존감에 대한 초기 연구에서는 자존감이 낮은 사람들이 자신을 부정적으로 생각한다고 단순하게 결론 내렸다. 심지어 그들은 자학성을 가지고 있다고 주장하는 이들도 있었다. 즉 그들은 남에게 칭찬보다 비난 받기를 더 좋아한다는 것이다. 이런 주장에도 전혀 일리가 없는 것은 아니다. 자존감이 낮은 사람들은 비난을 받으면 수용적이고 겸허한 태도를 보인다. 비난을 받으면 마음이 언짢기는 하지만 그렇다고 자신을 변호하지는 않는다. 마치 비난이 자신에게 이득이 된다는 듯 말이다. 자존감이 높은 사람들에 비해 그들은 오만함보다 겸손함이 사람을 더 성장시킨다는 신념을 가지고 있는 것처럼 보인다. 반면 자존감이 높은 사람들은 남의 비판에 대해 본능적으로 저항하고 자신을 변호하려고 한다.

그런데 이런 결론은 인간의 본능에 관한 상식이나 경험에는 부합하지 않는다. 비판을 받으면 기분이 좋아지고 칭찬을 받으면 불쾌해하는 사람이 어디에 있겠는가? 특별히 자학 성향을 가진 사람이 아니라면 말이다. 일부 사회심리학자들은 인지 부조화cognitive dissonance 이론으로 이 현상을 해석하기도 한다. 자존감이 낮은 사람들은 자신을 가치 없는 존재라고 믿기 때문에 자기 평가에 부합하는 타인의 비난은 진실이라 생각하는 반면, 자기 평가에 부합하지 않는 칭찬은 거짓말이라고 생각한다는 것이다. 이런 해석은 타당하게 들릴 수도 있지만 인간의 감정과 동기라는 측면에서 볼 때는 설명할 수 없는 부분이 많다. 어쨌든 인간의 내면에는 발전과 성장을 동경하는 마음이 깔려 있다. 누구나 성공하고 싶어하고, 자신이 남들보다 강하기를 바라며, 칭찬을 들으면 기뻐하고 비판을 들으면 불쾌해한다.

이런 모순의 비밀은 자존감에 관한 최근의 연구에서 비로소 풀렸다. 사람에게는 두 가지 서로 다른 동기 체계가 있으며, 이 두 가지가 인간의 행동과 감정에 영향을 미친다는 것이다. 하나는 '자기 고양 동기'이며 다른 하나는 '자기 일관성 동기'다. 사람은 자신의 이미지를 보호하고 실력을 향상시키며 일에서 성공하고 남에게 호감을 사고 싶다는 열망을 가지고 있기 때문에 자기 고양 동기에 따라 행동하고 사고한다. 성공하거나 욕구가 충족된 뒤에 만족감을 느끼는 것은 인간의 두뇌가 진화하면서 생겨난 자연스러운 현상이다. 그렇지 않으면 사람들은 성공은 추구하지 않을 것이다.

자기 고양 동기는 인간의 기본적인 본능이다. 자존감이 높든 낮든 누구나 자기 고양을 추구한다. 일의 결과가 좋고 남에게 인정받고 욕구나 목표가 실현되었을 때 만족감을 느끼고, 그렇지 않을 때 기분이 가라앉는 것은 지극히 자연스러운 반응이다. 자기 고양은 인간의 보편적인가치관이다. 성공, 향상, 진보가 있어야만 사람들은 비로소 자신을 가치 있고 소중한 존재로 생각한다.

하지만 한편으로 인간은 이성적인 동물이다. 성장 과정에서 타인의 평가와 자기 평가로 인해 자기 일관성 동기가 생겨난다. 사람은 현재의 자기 개념을 유지하려는 동기를 가지고 있다는 것이다. 우리는 자기 일관성 동기에 따라 살면서 마주치는 여러 사건을 예측하고 통제함으로써 자연에 적응한다. 자기 개념과 자기 평가가 불안한 사람들은 환경에 적응할 수 없다. 가령 황금만능주의를 신봉하더니 하룻밤 자고 나서는 황금을 돌같이 본다던가, 외향적이고 친구 사귀기를 좋아하던 사람이 갑자기 내성적이고 혼자 있는 것을 즐긴다면 그 자신도 혼란스러울 뿐만 아니라 남들도 그를 어떻게 대해야 할지 몰라 난감할 것이다.

그러므로 자기 개념은 반드시 일관성과 안정성을 가져야 한다. 이런 안정성이 인지적으로 표출된 것이 바로 '자기 기대'다. 가령 자신이 농구에 소질이 있다고 생각해야 적극적으로 농구장에 가서 연습하고, 학습과 연구가 자기 적성에 맞다고 생각해야 그것에 매진하며, 스스로 돈 버는 능력이 있다고 믿어야 사업에 뛰어든다. 아무런 기대도 없이 가치 실현을 위해 노력하는 사람은 없다. 임상에서는 이런 자기 기대를 자기 실현적 예언 효과 self-fulfilling prophecy effect라고 부른다. 흰

색 자동차를 사고 싶은 사람은 거리에서 흰색 자동차를 유심히 살펴보고, 자신이 수학자가 될 수 있다고 믿는 사람은 수학을 열심히 공부하기 때문에 발전할 가능성도 크다. 그래서 사람들은 자기 평가의 일관성을 혼란스럽게 하는 모든 자극을 위협으로 여긴다.

　자존감이 높은 사람들은 자기 고양 동기와 자기 일관성 동기가 일치한다. 그들은 내면 깊은 곳에서 자기 고양과 성공을 갈망하며, 자기 개념이라는 인지 수준에서도 자신이 가치를 실현할 능력이 있다고 믿는다. 실제 행동에서든 인지적으로든 성공을 위해 노력하고 좋은 결과를 거둘 수 있다고 믿는 것이다. 그러므로 그들은 다소 어려운 목표를 세우고 그것을 실현하기 위한 계획을 세운 뒤 차근차근 실천해 나간다.

　하지만 자존감이 낮은 사람들은 이 두 가지 동기가 충돌한다. 자기 고양과 자기 일관성 사이에 모순이 나타나는 것이다. 그들도 성공을 바라고, 남들의 칭찬을 듣고 싶어 하며, 좋은 결과를 거두면 기뻐한다. 또한 남들에게 비난을 받거나 실패하면 우울해한다. 하지만 자아 기대와 자기 평가 측면에서는 스스로 무능하고, 목표를 실현할 수 없으며, 환경을 통제할 수 없다고 여긴다. 또한 자신은 장점보다 단점이 많고 남들에게 호감을 주지 못한다고 생각한다. 그들에게서 나타나는 이런 내적 충돌은 목표 실현에 걸림돌이 될 뿐만 아니라, 심리적 에너지를 크게 소모시키는 결과를 낳는다.

내가 진정 원하는 것은 무엇일까?

자존감이 낮은 사람들은 내면 깊은 곳에 있는 자신의 욕구를 발견하지 못한다. 이처럼 자기 고양과 자기 일관성이 충돌함으로써 욕구가 제 때 충족되지 못하면 다음과 같은 성향이 나타난다.

우선 자신에게 필요한 것이 무엇인지 알지 못한다. 자존감이 높은 사람들은 자기 내면을 탐색할 필요가 없다. 그들은 자기 평가와 행동 면에서 동시에 같은 목표를 추구하기 때문에 남들의 반응에 크게 연연하지 않는다. 반면 자존감이 낮은 사람들은 겸손하고 신중하게 보이지만 자신을 진정으로 이해하지 못한다.

영화 「악마는 프라다를 입는다」를 보면 여주인공이 대학 졸업 뒤 유명한 패션지 편집장의 비서로 입사한다. 그녀는 성공을 위해 악독한 편집장이 시키는 대로 묵묵히 따른다. 때로는 편집장의 해괴한 지시 때문에 자신의 신념을 어기기도 한다. 피나는 노력의 대가로 그녀는 마침내 당당한 커리어 우먼으로 우뚝 선다.

하지만 그녀는 화려한 패션계의 유명 인사나 워커홀릭으로 사는 것이 자신의 원하던 바가 아님을 늦게 깨닫는다. 결국 그녀는 모든 것을 과감하게 포기하고 옛 애인과 평범한 생활로 돌아간다. 그녀는 자아를 탐색하는 과정에서 혹독한 대가를 치러야 했다. 그녀가 만약 자신이 진정으로 원하는 것이 무엇인지 잘 알고 있었다면 처음부터 평범하고 여유로운 생활을 선택했을 것이다.

그런데 패션 잡지사라는 치열한 업무 환경에 적응했다는 것은 그녀에게 부귀영화가 필요했기 때문이다. 자존감이 낮은 사람들은 남들의 시선을 과도하게 의식하는 탓에 자신이 진정으로 원하지 않는 직업을 선택하고, 그런 모순에 괴로워하며 심리 건강을 해친다.

한 여대생이 졸업 뒤에 유명한 대기업의 비서직에 취업했다. 주위에서는 연봉이 높은 회사에 들어간 그녀를 부러워하고 가족들도 기뻐했다. 그런데 입사한 지 2년이 흐른 뒤 그녀의 심리 건강에 심각한 문제가 생겼다. 출근하기를 두려워하는가 하면 어떤 날은 출근길에 구토를 하고 식은땀을 흘리기도 했다. 업무 효율도 현저히 저하되었다. 상사가 그녀를 승진시키려고 했지만 그녀는 오히려 퇴직을 고민하기 시작했다. 그녀는 친구의 권유로 심리 상담을 받았고, 마침내 마음의 병을 앓게 된 원인을 깨닫게 되었다. 사실 그녀는 예술 분야에 흥미가 있었고, 교사가 되고 싶어 했다. 하지만 부모의 반대와 가정 형편 때문에 원하지 않는 직업을 선택한 것이었다. 그녀는 많은 사람들을 응대하고 서류를 처리해야 하는 비서 업무를 좋아하지 않았다. 그녀는 그 일이 마음에 들지 않았지만 주변 사람들의 선망 어린 시선 때문에 자신이 진정으로 원하는 것이 무엇인지 제대로 인식하지 못했다. 그녀는 오랫동안 자신의 진정한 자아를 억눌렀고, 결국 마음의 병이 찾아오고 말았다.

심리 상담을 할 때 자존감이 낮은 사람들에게 가장 흔하게 하는 조언은 진정한 자아로 돌아가 자신에게 필요한 것이 무엇인지 돌아보라는 것이다. '진정으로 원하는 것이 무엇인가요? 인생이 얼마 남지 않았다고 한다면 가장 하고 싶은 일은 무엇인가요? 지금까지 살면서 가장 아쉽고 후회스러운 일은 무엇인가요? 5년 뒤 자신의 가장 이상적인 모습은 어떤 것인가요? 10년 뒤에는 어떤 사람이 되고 싶나요? 돈 때문이 아니라면 제일 하고 싶은 직업이 무엇인가요?' 이런 질문을 통해 자신을 돌아보게 하는 것이다. 자존감이 높은 사람들에게는 이런 질문이 필요하지 않다.

자기 고양과 자기 일관성이 충돌함으로써 나타나는 또 하나의 성향은 이익 앞에서 매우 긴장하고 불안해한다는 것이다. 자존감이 높은 사람들은 이익을 논할 때 불안해하지 않는다. 그러므로 그들의 행동은 언제나 효과적이며 자신이 원하는 것을 얻을 수 있다. 그래서 뻔뻔하다는 핀잔을 들을 수 있지만, 계산적이고 실용적인 태도는 심리 건강에 더 유리하다. 반면 자존감이 낮은 사람들은 이익 앞에서 긴장하고 불안해한다. 가령 직장에서 연말 성과금을 받을 때 그들은 지급이 불공평하면 어쩌나 걱정한다. 자존감이 높은 사람들이라면 상사에게 강하게 항의하거나 공개적으로 불만을 표출한다. 설령 목적을 달성하지 못하더라도 그들은 자신의 행동이 남들에게 어떻게 비칠지에 대해서는 걱정하지 않는다.

하지만 자존감이 낮은 사람들은 남들에게 불공평한 대우를 받거나 손해 보지 않을지 늘 불안해한다. 그들은 타인에게 적대감을 느끼면서도 자아 이미지를 보호하기 위하여 다툼을 최대한 피한다. 그들은 이익을 위해 공개적으로 언성을 높이거나 다투는 것은 부끄러운 일이라고 생각한다. 그렇다고 해서 그들의 속마음도 같은 것은 아니다. 심리학자들의 연구에 따르면 자존감이 낮은 사람들은 이익이 결부된 일에서 매우 긴장하고 초조해한다. 작은 이익 앞에서도 그들의 내면은 거센 풍랑이 일 듯 흥분된다. 그들은 긍정적인 결과를 갈망하는 마음이 남들보다 훨씬 크고, 자신의 욕구가 충족되지 못할까 봐 더 많이 걱정한다. 그러므로 그들은 사소한 일에 연연하고 초조해한다.

마지막으로, 자존감이 낮은 사람들에게서는 내면과 행동의 충돌이 목표 실현에 걸림돌이 된다. 그들은 자신의 능력을 믿지 못하고, 사교에 자신감이 없어 많은 기회를 놓쳐버릴 뿐만 아니라, 자아 분석과 평가에 심리적 에너지를 너무 많이 소모한다. 자존감이 높은 사람들은 자아 분석에 오랜 시간과 정력을 쏟을 필요가 없다.

반대로 자존감이 낮은 사람들에게서는 자기 고양과 자기 평가가 강하게 충돌하는데, 이는 목표 실현을 어렵게 만든다. 그만큼 실패의 기능성도 높아진다. 실패하고 나면 그들은 또 자기반성을 시작한다. '나는 왜 이럴까? 나는 왜 번번이 운이 없을까? 어째서 고통은 늘 내게만 찾아올까?' 이런 자기반성은 내면의 고통을 더 가중시키고 잘못된 내부 귀인을 유발하여 실패에서 교훈을 얻게 만든다. 대인 관계에서도 사람을 더 위축시키는 결과를 낳는다.

목표 수준을
어떻게 잡을 것인가?

자기 고양 동기가 있을 때 사람들은 자기 긍정을 통해 더 좋은 기분으로 일할 수 있다. 이 과정에도 두 가지가 있다. 첫째는 자기 고양과 욕구 충족을 위해 노력하는 것이고, 둘째는 자아에 대한 위협에 저항하고 성공 가능성을 높이는 것이다. 이 두 가지 모두 자기 보호의 동기로 해석할 수 있다. 자존감이 높은 사람들은 전자인 '자기 고양 전략'을, 자존감이 낮은 사람들은 후자인 '자기 보호 전략'을 사용한다. 두 가지 전략 모두 실제 상황에서 그때그때 다른 기능을 발휘한다.

예를 들면 일의 성공 가능성이 높거나 환경적으로 특별히 유리하거나 불리한 요건이 없을 때는 노력이 결과에 가장 큰 영향을 미친다. 이 경우에는 자존감이 높은 사람들에게 유리하다. 그들은 자신감이 넘치고 정서적으로 안정되어 있기 때문에 높은 목표를 세워도 열심히 노력해서 큰 성과를 거둘 수 있다. 반면 상황이 불리하여 성공 가능성이 낮을 때는 자존감이 낮은 사람들의 보수적인 전략이 더 큰 효과를 발휘한다. 목표가 낮기 때문에 실현 가능성이 상대적으로 높고, 또 실패한 뒤의 좌절감이 비교적 덜하다.

그런데 자존감이 낮은 사람들의 문제는 상황에 관계없이 낮은 목표를 세운다는 데 있다. 가끔은 누가 보아도 성공할 확률이 높은 유리한 상황임에도 불구하고 그들은 자신감 부족으로 보수적인 전략을 세운다. 이런 목표는 실현한다 해도 성과가 크지 않고, 성공으로 얻을 수 있는 자부심과 보람도 상대적으로 적다.

예를 들어 명석하고 집안도 넉넉한 대학생이 있었다. 공부하기를 좋아하고 재능도 있기 때문에 학업 성적도 늘 우수하다. 그런데도 그는 단지 학자의 길이 안정적이지 않다는 자기 보호의 동기 때문에 한 회사의 마케팅부에 취업했다. 그렇게 30년이 흘러 그는 회사의 고위 임원으로 승진했지만, 학문에서 포부를 이루지 못한 것을 못내 후회스러워했다. 그는 매일 산더미처럼 쌓여 있는 업무를 처리하고도 성취감을 느끼지 못했다. 그가 원하는 것은 틀에 박힌 회사 업무가 아니라, 자유로운 학문연구이기 때문이다. 그가 후회스러운 삶을 살게 된 것은 돈을 벌겠다는 낮은 목표를 선택했기 때문이다. 돈을 버는 것은 굉장히 매력 있는 길이고 금세 성과를 얻을 수 있지만, 장기적인 인생 계획으로 보면 그에게 너무 낮은 목표였다.

이런 그에게는 그보다 학문적인 재능이 뒤지고 집안 형편도 여의치 않은 한 친구가 있었다. 그럼에도 그 친구는 자존감이 높고 학문으로 성공하겠다는 포부를 가지고 있었기 때문에 어려운 상황에서도 학문을 포기하지 않았다. 그는 석사, 박사 학위를 취득한 뒤 계속 학교에 남아 학생들을 가르쳤고, 30년 뒤에는 세계적인 학자의 반열에 올라섰다. 두 사람의 판이하게 다른 길을 걷게 한 것은 그들의 인생 목표였고, 그 목표를 세우는 데 가장 결정적인 역할을 한 것은 자존감이었다.

물론 자존감이 높은 사람들에게도 문제는 있다. 그들은 자신이 처한 환경과 관계없이 너무 높은 목표를 세우거나 과도한 모험을 하는 경향이 있다. 실현 불가능성을 알면서도 너무 높은 목표를 세우는 것은 융통성 없는 행동이다. 현실적으로 불리한 상황에 있고, 그 상황을 인력으로 바꿀 수 없다면 목표를 적당히 낮추는 것이 현명하다.

인간의 자존 문제는 진화의 동기가 아니다. 인간의 대뇌는 번식과 생존을 위해 진화했으며, 자기 긍정이나 자존은 진화의 동기가 아니었다. 사람은 좋은 일을 하거나 친구를 사귀면 기분이 좋고 잘못을 저지르면 우울해진다. 그러므로 자존감이 높든 낮든 극단적인 것은 좋지 않다. 중요한 것은 우리가 현실적인 환경에 따라 자신에게 가장 이로운 전략과 목표를 세워야 한다는 점이다.

고생만 하고
대가를 누리지 못하는 이유

> 겪지 못하는 불행은 없지만, 누리지 못하는 행복은 있다.
>
> → 중국 격언

"누리지 못하는 행복"이란 무엇일까? 이 말에는 여러 가지 뜻이 있다. 아마도 어려울 때는 사람들이 최선을 다하지만, 일이 잘되면 갈등이 생겨 대가를 얻지 못하는 의미가 가장 클 것이다. 위험한 상황에서는 누구든 투지가 불타오르지만, 문제가 해결되고 평범한 생활로 돌아가면 인생의 목표를 잃고 무덤덤하게 살아간다는 뜻도 있다. 전쟁이 벌어지면 용맹하게 전쟁터를 누비던 장군도 평화로울 때는 남들과 별 다를 것 없이 평범하게 생활하는 법이다.

심리학의 관점에서 보면 이런 현상의 원인도 자존감에서 찾을 수 있다. 자존감이 낮을수록 성공했을 때 기뻐하기는 하지만 그 결과를 부정적으로 해석할 수 있다. 아니면 자아를 진정으로 이해하지 못하기 때문에 성공을 오히려 부담으로 여기고 불필요한 스트레스를 받을 수도 있다.

예를 들어 자존감이 낮은 한 학생이 반장이 되고 싶어서 후보로 나섰다. 하지만 반 친구들 앞에서 후보 연설을 할 때가 되자 그는 너무 긴장한 나머지 식은땀을 흘렸다. 설령 당선된다 해도 부담감에 그 기쁨을 제대로 누리지 못할 수도 있다. '내가 좋은 반장이 될 수 있을까? 잘못해서 선생님께 꾸중을 들으면 어떻게 하지? 아이들이 반발해서 반장 자리에서 쫓겨나면 어떻게 하지?' 이런 걱정은 일의 결과에도 안 좋은 영향을 미칠 수 있다. 반면 자존감이 높은 학생은 자신의 능력을 믿기 때문에 모순된 감정에 빠지지 않는다. 그는 당당하게 후보 연설을 하고, 당선되면 기쁨을 충분히 만끽한다. 그는 '친구들이 날 믿고 찍어 주었으니까 기대를 저버리지 않도록 훌륭한 반장이 될 거야' 하고 다짐한다.

자기 일관성 동기 이론에 따르면 똑같은 일을 두고도 사람들은 자기 평가에 따라 각기 다르게 해석하고 반응한다. 자존감이 낮은 사람들은 안 좋은 일이 생기면 그것을 부정적인 자기 평가와 일치시키는 반면, 좋은 일이 생겼을 때는 자기 평가와 괴리를 나타낸다. 반대로 자존감이 높은 사람들은 좋은 일이 생기면 그것을 긍정적인 자기 평가와 일치시키는 반면, 나쁜 일이 생기면 자기 평가와 괴리를 나타낸다.

그러므로 자존감이 낮은 사람들은 좋은 일이 생겨도 적응하는 과정이 필요하며, 그 과정에서 혼란을 느껴 긴장과 불안을 느끼기도 한다. 가령 자존감이 낮은 학생은 오히려 성적이 중간 수준에서 유지될 때 불안감을 느끼지 않는다. 부정적인 자기 평가와 큰 괴리가 없기 때문이다. 하지만 어느 날 시험에서 1등을 한다면 인지 균형이 깨져 불안해하기 시작한다. 한편으로 뿌듯해하면서도 '내가 1등을 하다니. 뭔가 잘못된 게 분명해. 내가 전교에서 유명해지면 어떻게 하지? 다음번 시험을 망치면 어떻게 하지?' 하는 걱정 때문에 마냥 기뻐하지 못한다.

사람들은 보통 좋은 일이 생기면 몸도 더 건강해지고 나쁜 일이 생기면 나빠진다. 그런데 한 연구 결과에 따르면 이 원리도 개인에 따라 차이가 있다. 좋은 일이 생겼을 때 어째서 사람마다 다르게 해석하고 정의하는 것일까? 특히 자존감이 낮은 사람들에게는 좋은 일이 오히려 상반된 효과를 불러일으키기도 한다. 브라운 등의 심리학자들은 좋은 일이 생겼을 때 신체 건강에 미치는 영향이 자존감에 따라 다르게 나타난다고 주장했다. 좋은 일이 생기면 자존감이 낮은 사람들에게서는 부담감이 더 커지고 자아 주체성 또한 혼란스러워진다. 반면 자존감이 높은 사람들에게서는 이런 현상이 나타나지 않는다.

여대생들을 대상으로 로젠버그 자존감 척도Rosenberg's Self-Esteem Scale와 생활 사건 척도Life Event Scale를 측정한 실험이 있다. 자존감을 측정할 때 현재 많이 사용하는 로젠버그 척도는 사람들의 일반적인 자존감, 즉 감정의 결과인 전반적인 자존감만 측정할 수 있을 뿐이다. 이것은 "나는 장점을 많이 가지고 있다", "나는 자신에 대해 긍정적인 태도를 가지고 있다" 등의 항목을 통해 자존감이 높은지 낮은지를 측정한다. 생활 사건 척도란 최근에 일어난 긍정적인 사건과 부정적인 사건을 이용해 스트레스를 측정하는 것이다.

피실험자들은 위 두 가지에 대해 측정받은 뒤 신체검사를 받았고, 몇 개월 뒤 다시 신체검사를 받았다. 검사 자료를 토대로 생활 속의 긍정적인 사건이 자존감과 신체 건강에 미치는 영향을 살펴본 결과, 처음 세운 가설이 사실로 입증되었다. 즉 긍정적인 사건이 일어났을 때 자존감이 낮은 여대생들에게서는 신체 건강이 오히려 안좋아지는 것으로 나타난 반면, 자존감이 높은 여대생들에게서는 특별한 연관성이 나타나지 않았다. 그 뒤 여대생들의 학교 보건실 방문 횟수를 조사해 보았더니 자존감이 낮은 학생들일수록 좋은 일이 생겼을 때 방문하는 횟수가 더 많았고, 자존감이 높은 학생들에서는 변화가 나타나지 않았다. 긍정적인 사건이 발생했을 때 자존감이 낮은 학생들에게서는 그 일이 자기 평가와 일치하지 않아 자아 혼란을 일으킨다는 사실을 알 수 있다.

하지만 이 실험을 실시한 연구자는 자존감이 낮은 사람들이 긍정적인 결과보다 부정적인 결과를 더 좋아하고 자학 성향을 가졌다고 결론 내릴 수는 없다고 지적했다.

이것은 그들이 자기감과 가치를 증명하는 방법을 찾기 위한 과정이라는 것이다. 그들은 자신이 가치 없는 사람이라고 생각하기 때문에 좋은 결과가 나타났을 때 한편으로는 기뻐하면서도 다른 한편으로 불안해한다. 이것은 바로 그들 안에서 자기 고양 동기와 자기 일관성 동기가 충돌하고 있음을 보여 주는 것이다.

08

자존감과
대인 관계

과도한 자기 방어의 덫

몇 번 연애를 했지만 번번이 연인에게 실연당한 여자가 있었다. 그녀의 슬픈 연애사는 바로 낮은 자존감 때문이었다. 데이트를 할 때마다 연인이 늦거나 급한 일이 있어서 약속을 취소하면 그녀는 몹시 초조해하며 그가 자신을 좋아하지 않는 것이 아닌지 의심했다.

또한 '내게 이렇게 소홀한 남자를 믿을 수 있을까? 지금도 이러한데 앞으로 더 심해지지 않을까?'라고 고민했다. 심지어 '내가 매력이 없나 봐. 관두자. 아무도 믿지 못하겠어. 나 자신 외에는 아무도 믿지 말자'라고 생각했다.

하지만 자존감이 높은 사람들은 똑같은 일을 겪어도 그녀처럼 생각하지 않는다. 그들은 자기 보호를 최우선으로 하지 않는다. 즉 누구에게든 피치 못할 급한 사정이 있을 수 있다고 생각한다. 그들에게는 자신의 자존감보다는 대인 관계를 지키는 것이 더 중요하기 때문에 타인의 결점이나 실수를 수용한다.

자존감이 낮은 사람들은 결혼한 뒤에도 배우자를 과소평가하는 경향이 있다. 그들은 이해 부족이나 두려움 때문에 낯선 사람에 대해 두려워한다. 하지만 상대에게 익숙해지고 진심을 솔직하게 표현하게 되면 그의 단점을 크게 생각하고 부정적인 관점에서 바라본다.

아내가 못생겼다고 무시하거나, 집안일에 서툴다고 불평하거나, 자신의 성공을 위해 내조해주지 않는다고 원망한다. 아이가 열심히 공부해서 좋은 성적을 받아 오면 운동은 하지 않고 공부밖에 모른다고 나무란다. 또 자기 집이 좁지 않은데도 물건을 둘 곳이 없다고 투덜거린다.

자존감이 높은 사람들은 그 반대다. 그들은 타인과 세상을 긍정적으로 바라보고 낯선 사람을 객관적으로 평가한다. 특히 자신과 가까운 사람에 대해서는 더 긍정적이기 때문에 그들과 결혼하면 '가치 증대'를 경험할 수 있다.

예를 들면 아내의 외모가 썩 예쁘지 않아도 성격이 좋고 똑똑하다고 생각한다. 아이가 산만하고 놀기를 좋아해도 불안해하지 않고 오히려 웃는 얼굴로 바라보며 "에너지가 넘치는구나. 나 어렸을 때랑 똑같아"라고 말한다. 집이 넓지 않아도 열심히 가꾸며 청소한다.

똑같은 환경이나 사람을 대해도 자존감에 따라 마음가짐은 완전히 다르다. 전자는 자신이 가난하고 무엇이든 다 부족하다고 여기지만,

후자는 쉽게 만족하고 자신이 부유하다고 생각한다. 또한 전자는 부정적인 생각 때문에 일을 회피하고 무슨 일이든 편협한 사고를 가지고 해석하는 경향이 강하다.

자존감이 낮은 사람들의 소통 방식

사람들은 과거의 경험에서 타인과 교제하는 방식을 배우며, 이것은 일생 동안 대인 관계에 큰 영향을 미친다. 예를 들어 '나는 작고 약해서 강한 사람에게 늘 비난을 받아'라든지, '나의 부모는 나를 무조건적으로 수용하고 사랑해. 내가 무엇을 하든 나를 사랑해'라는 생각이 각인되면 이후 대인 관계에 지속적인 영향을 미치게 된다. 그런 생각은 대인 관계에서 필터 역할을 하면서 불확실한 정보를 접했을 때 옳거나 그른 가치관을 작동시켜 정보의 불충분함을 보완한다.

자존감이 낮은 사람들에게 타인은 초자아^{superego}*의 역할을 한다.

---

* 프로이트가 제시한 개념. 프로이트는 인간의 인격 구조가 세 가지로 이루어져 있다고 했다. 이드^{id}는 본능적인 충동이고, 초자아는 윤리적인 나 또는 이상적인 나이며, 자아^{ego}는 환경과 현실에 따라 본능과 윤리의 충돌을 조절한다.

다시 말해 그들에게 타인은 자아를 평가하고 비판하고 심지어 공격하는 역할을 한다. 도널드 위니코트Donald Winnicott 등의 심리학자들은 부모 자식 관계에 영향을 받지 않는 아기는 없다고 했고, 해리 스택 설리반Harry Stack Sullivan은 초기의 부모 자식 관계가 '나—너'의 모델을 형성하는데, 사랑이 부족한 양육 방식을 기초로 한 모델은 아이를 안정감 없고 불안한 사람으로 자라게 한다고 했다.

제임스 마크 볼드윈James Mark Baldwin 등의 심리학자들은 특히 불안감과 낮은 자존감의 관계를 연구했다. 불안한 가정 환경에서 부모의 진정한 사랑과 관심을 받지 못하고 늘 꾸지람과 비난을 받으며 자란 아이들은 자존감이 낮다. 그들은 스스로 가치 없고 별 볼 일 없는 실패자라고 생각하고, 타인은 권력을 가진 비판가로 바라본다.

이렇게 자아와 타인의 관계에 대한 기억은 대인 관계의 모델이 되고, '나—너'라는 인간관계를 대하는 기본적인 방식이 된다. 내가 잘못하면 상대는 비판자가 되고, 나는 권력이 없는 반면 상대는 권력을 가지고 있다고 생각하는 것이다. 이 경우 '만약……라면 ……' 식의 기대를 가지게 된다. 예를 들면 그들은 '내가 잘못하면 그가 나를 비난할 거야'라고 생각한다. 이런 사고방식은 대인 관계에서 어떤 역할과 지위를 가질 것인지에 결정적인 영향을 미친다. 다시 말해 자존감이 낮은 사람들은 자신을 권력 없고 비천한 존재라고 생각하게 된다. 그뿐만이 아니라, 타인과 교제하는 동안 상대의 속마음을 상상하고 결과를 예상하게 만든다. 실험실의 쥐가 조건 반사를 하는 것처럼 말이다. 실험실 쥐에 지렛대를 누를 때마다 먹이가 공급되는 장치를 해 놓으면 그 쥐는 자신이 원하는 것에 대한 결과를 예측하고 행동 방식을 배우게 된다. 인간도 마찬가지다. 초기의 경험을 통해 타인과의 접촉 결과를 예상하게 되고, 그 예상에 따라 자신의 태도를, 즉 불안해하며 회피하는 것과 자발적으로 다가가는 것 둘 중 하나를 선택하게 된다.

    연구에 따르면 자존감의 높고 낮음은 사람들이 교제하는 과정에서 느끼는 정서적 반응에 영향을 미친다. 성장 과정에서 안정감을 얻은 사람들은 자신의 사회적 위치를 긍정적으로 평가하고 통제감을 가지며, 실패한 뒤에도 남들이 자신에게 호의적이고 수용적일 것이라고 예상한다. 하지만 자존감이 낮은 사람들은 한 가지 일에서 실패하면 그것으로 인해 남들이 자신을 거절하고 무시할 것이라고 여긴다. 실패가 자존감이 낮은 사람들의 불안감을 가중하는 악순환이 나타나는 것이다.

부정적 메시지에 대한
민감한 반응

　당신이 거리를 걷고 있거나 회의에 참석했다고 치자. 지금 당신의 모든 주의력은 자신이 거절당할 가능성에 쏠려 있다. 남들이 당신을 싫어하지 않을까 잔뜩 경계하기 때문에 다른 목표나 활동에 신경 쓸 여력이 없다. 이것이 바로 불안감이다.
　주의력은 다른 데로 전이되거나 집중되거나 분산될 수도 있다. 누구든 거절당할 가능성에 모든 주의력이 집중되면 과도한 경계심을 갖고 교제의 대상이나 내용에는 신경쓰지 못하게 된다. 또 주의력이 온통 자신의 안전에만 쏠리기 때문에 대인 기피증이나 우울증이 나타나게 된다. 볼드윈 등의 심리학자들은 자존감이 낮은 사람들이 거절과 관계된 정보에 더 민감하다는 가설을 세우고 실험을 실시했다. 그들은 피실험자들에게 깜박이는 모니터 화면을 보여 주고, 화면 위에는 '불만', '적대감' 등 거절과 관계된 단어와 '빛', '영화', '풀' 같은 중성적인 단어들이 빠르게 지나가게 했다.

그러자 자존감이 낮은 사람들은 거절에 관한 단어에 더 민감하게 반응했는데, 그 지속 시간도 중성적이거나 긍정적인 단어에 비해 더 길었다. 또한 그들은 미소 짓는 얼굴보다 찌푸린 얼굴에 우선적으로 반응하는 경향을 보였다. 다시 말해 그들은 거절과 관계된 상대의 반응에 더 쉽게 주의를 기울이는 것이다.

앞으로 받을 수 있는 상처에 대한 민감성

불안하고 자존감이 낮은 사람들은 대인 관계에서 나타나는 부정적인 메시지에 특별히 민감하다. 이것은 과거 실패했거나 남을 믿었다가 상처를 입은 경험 때문일 수 있다. 이런 경험 때문에 그들은 무슨 일을 하든 거절당하거나 버림받는 결과를 예상하게 하고, 어두운 색안경을 끼고 타인을 바라본다.

볼드윈 등의 심리학자들은 피실험자들에게 모니터로 불완전한 문장을 보여 주었다. 그 문장은 "내가 상대방을 믿는다면 그는 아마도……"처럼 자신이 받을 수 있는 상처에 관한 것이었다. 그다음 상처받는 것과 관계된 단어나 그림을 깜빡이는 영상으로 빠르게 보여 주었다. 그러자 자존감이 낮은 사람들은 '상처'라는 단어와 그것과 관계된 그림을 빠르게 알아보았다. 그들의 머릿속에는 상대를 완전히 신뢰한다면 상처받게 될 것이라는 생각이 저절로 떠오르기 때문이다. 그로 인해 그들은 자신이 좋아하는 상대에게도 부정적인 태도를 보이고, 상처받지 않도록 자신을 보호하는 데 가장 주력했다.

이 실험 결과는 자존감이 낮은 사람들이 어째서 타인과 친밀하고 신뢰를 나누는 관계 맺기를 회피하는지 설명해 준다. 그들에게는 왜 특별히 친한 친구가 없을까? 그들은 왜 항상 외로워하고 혼자 산책하기를 좋아할까?

이것이 그들이 내면 깊은 곳에서 상대를 진심으로 신뢰하지 못하기 때문이다. 그들은 '나는 가치 없는 사람이야. 나를 진정으로 이해하지 못하는 사람들은 나를 따분하고 사귈 필요가 없는 사람으로 여길 거야'라고 생각한다. 아마도 그들이 유년기에 부모에게 무조건적인 사랑을 받지 못하고 친밀한 유대감을 형성하지 못했기 때문일 것이다. 그러므로 이들은 타인과의 친밀한 관계를 불편해하고 두려워한다.

조건부 사회적 접촉

인본주의 심리학자로 불리는 로저스는 자존감이 낮은 사람들은 불안감 때문에 타인과의 사회적 접촉 또한 조건적이거나 겉으로만 친해 보이는 경우가 많다고 했다. 자신이 조금이라도 실패하면 상대에게 거절당하거나 비난받을 것이라고 생각하기 때문이다. 그들에게 '성공'이란 일시적으로 남에게 수용되는 느낌을 주지만, '실패'는 아주 작은 것이라도 영원히 거절당하거나 배척당하는 느낌을 준다.

거절에 대한 민감성

자존감이 낮은 사람들은 자신의 체면이 깎이거나 남에게 거절당할 것을 두려워하기 때문에 거절에 더 민감하게 반응한다. 그러므로 그들은 거절당할 가능성을 더 크게 예상하며, 남들이 자신을 좋아하지 않는다고 생각한다. 하지만 이런 주관적인 느낌은 객관적인 사실에 부합하지 않는 경우가 많다.

한 실험에서 피실험자들에게 모니터로 거절과 관계된 단어를 보여 준 뒤 이어 사람의 얼굴 사진을 보여 주었다. 찡그린 얼굴, 무표정한 얼굴, 웃는 얼굴이 뒤섞여 있었다. 실험 결과 거절에 민감한 여성들은 그것과 관계된 단어를 보고 난 뒤 찡그린 얼굴에 더 빨리 반응했다. 이는 그들이 거절과 반감을 자동적으로 연결해서 생각한다는 뜻이다. 반면 거절에 민감하지 않은 여성들에게는 이런 반응이 나타나지 않았는데, 이는 그들이 거절을 받아들이는 능력이 강함을 의미한다.

연인들을 대상으로 실시한 실험에서도 비슷한 결과가 나타났다. 연인끼리 다툰 뒤 화해했을 때, 거절에 민감한 사람들은 더 부정적인 반응과 적대감을 보였다. 반면 거절에 덜 민감한 사람들은 다툰 뒤에도 자신이 거절당했다고 여기지 않았다.

거절에 민감한 사람들은 거절당하지 않기 위해 자신이 진정으로 바라는 것을 표현하지 않고, 도움이 필요할 때도 요청하지 않으며 체면을 지키려 한다. 이것은 거절에 민감한 성향을 개선할 수 있는 중요한 단서를 제공한다. 중성적이고 애매한 신호를 부정적으로 해석하지 않고 상대를 신뢰하도록 노력해야 하며, 남에게 거절당했다면 즉시 마인드 컨트롤을 통해 부정적인 감정을 떨쳐 버리는 것이 좋다.

무조건적 지지와
인정이 일으키는 효과

　　　　　　　　　　자존감은 대인 관계와 관련되어 있다. 그렇다면 대인 관계에 대한 인식을 바꾸면 자존감을 변화시킬수 있을까? 이 방면에 대한 심리학자들의 연구에서 고무적인 결과가 도출되었다. 한 번 형성된 자존감은 바꾸기 힘들다는 것은 잘 알려진 사실이다. 직접적인 자기 고양은 별로 효과가 없다. 예를 들면 학생들에게 날마다 거울을 보며 "나는 좋은 사람이다". "나는 멋지다"라고 말하게 하는 것은 효과적이지 않다. 이런 방법은 자존감이 사회적 교제를 바탕으로 하고 있음을 간과한 것이다.

　볼드윈 등의 심리학자들은 대인 관계에 대한 인식을 바꿈으로써 자존감을 변화시키는 실험을 했다. 대학생들은 두 그룹으로 나누어 한 그룹에는 무조건적으로 자신을 지지해 주는 친구가 있다고 상상하게 하고, 다른 그룹에는 항상 자신을 비판하거나 평가하는 사람이 있다고 상상하게 했다. 그다음 두 그룹에게 매우 어려운 임무를 수행하게 한 뒤, 다시 자기 평가를 하게 했다. 그러자 후자 그룹, 즉 조건적으로 자신을 수용해 주는 사람이 있다고 상상한 그룹이 실패 뒤 더 많이 우울해하고 그 원인을 자신에게서 찾는 경향을 나타냈다. 또한 그들은 한 가지 잘못으로도 자기를 전부 부정했다. 반면 전자 그룹, 즉 무조건적으로 자신을 지지해주는 친구가 있다고 상상한 그룹은 실패 뒤에도 자신을 더 너그럽게 바라보았다.

자신에 대한 불안한 평가는 타인의 비판을 예상할 때 생겨난다. 조건적 수용 관계가 대뇌 속에서 작동하면 사람들의 자기 평가는 자존감이 낮거나 우울증을 앓는 사람들의 그것과 비슷해진다. 즉 스스로 자책하고 쓸모없다고 생각하는 것이다. 반대로 안정되고 무조건적인 수용 관계가 작동하면 자신을 너그럽게 받아들인다. 사람들의 사고 습관은 사회와 분리될 수 없으며, 생각과 감정은 인간관계를 바탕으로 한다.

사람들은 행동하기 전에 자신의 행동이 가져올 결과를 예상한다. 이런 예상은 '만약……라면 ……'의 방식으로 선언지어 지식을 형성하게 된다. 사람들은 자신이 특정한 방식으로 반응할 경우 타인과의 교제에서 어떤 상황이 발생할지 예상할 수 있으며, 그 예상한 바에 따라 자신의 행동을 선택하게 된다. 볼드윈 등의 심리학자들은 '만약……라면……'이라는 부정적인 모델을 바꾸면 자존감도 변화시킬 수 있는지 오랫동안 연구했다. 그들은 다음과 같은 실험을 통해 몇 가지 결론을 도출해 냈다.

첫째, 관계를 바꿈으로써 일의 동기를 변화시키는 것이다. 사람은 타인의 요구와 압력에 떠밀려 일할 때는 수동적인 동기를 가지고 임하게 된다. 그렇다면 이런 관계를 바꿈으로써 일의 동기도 바꿀 수 있을까? 연구자들은 피실험자들을 두 그룹으로 나누어 미로 찾기를 수행하게 했다. 한 그룹에게는 "이것은 반드시 해야 하는 일입니다. 우리는 당신이 해낼 수 있다고 믿습니다. 몇 번 반복해서 더 잘할 수 있게 노력해야 합니다"라고 했다. 또 다른 그룹에게는 명령하거나 평가하지 않았다.

미로 찾기가 끝난 뒤 그들이 그것을 할 때 어떤 기분이었는지 조사했다. 그 결과 전자 그룹에서는 속으로 '나는 다른 선택이 없어, 이것을 해야만 해'라고 되뇌며 수행했다는 대답이 많았다. 참여의 자발성이 약했던 것이다. 반면 후자 그룹의 사람들은 더 가벼운 마음으로 부담감 없이 그것을 즐겼다.

둘째, 자아를 긍정적인 감정과 연결시킬 경우 자존감에 변화가 생기는지 알아보았다. 연구자들은 피실험자들은 두 그룹으로 나누어 반응 시간을 알아볼 수 있는 게임을 하게 했다. 모니터에 자신의 이름, 생일, 고향과 관계된 단어가 나오면 재빨리 마우스를 클릭하는 게임이었다. 전자 그룹이 하는 게임에서는 자아와 관련된 단어를 수용과 관련된 메시지와 연결시켰다. 모니터에 개인 정보와 관련된 단어가 나올 때마다 웃는 얼굴이나 호의적인 얼굴이 나오게 한 것이다. 후자 그룹에서는 자신과 관련된 정보가 나올 때 웃는 얼굴, 찡그린 얼굴, 무표정한 얼굴이 무작위로 뒤섞여서 나오게 했다.

  게임이 끝난 뒤 자존감 테스트를 실시해 본 결과 전자 그룹 사람들의 자존감이 상승하는 결과가 나타났다. 또한 이런 연습을 통해 자존감이 낮은 사람들의 공격성을 줄일 수 있다는 사실도 밝혀졌다.

09

자존감과
우울증

우울증은
어떻게 유발되는가?

우울증은 오랜 시간 계속되며 사람을 극도로 의기소침하게 만드는 심신의 질병이다. 주된 증상은 기분이 가라앉고, 수동적이고 소극적인 태도를 갖게 되며, 비관과 절망에 휩싸여 생활에 집중하지 못한다는 것이다. 우울증은 현대인들에게 가장

- 식욕 감퇴와 체중 감소
- 피로와 졸음
- 무기력
- 정력 감퇴
- 모든 일이 가치 없다고 느껴짐
- 집중력 저하
- 자살 충동

그림 9-1 우울의 증상

심각한 마음의 병으로, 가장 직접적인 부작용은 바로 자살이다. 자살자의 70퍼센트 이상이 우울증을 앓았다는 통계 결과가 있듯이 우울증은 중요한 사회 문제로 여겨지고 있다. 구체적으로 볼 때 그림 9-1에서 열거한 증상이 2주 이상 계속되면 우울증으로 진단할 수 있다.

우울증에도 경미한 수준과 심각한 수준이 있다. 극도로 심각한 우울증을 앓고 있는 사람들은 소수이고, 대부분은 중간 혹은 경미한 수준의 우울증을 보인다. 경미한 경우에는 대개 특별히 치료하지 않아도 저절로 치유된다.

현대 사회에서 우울증은 보편적인 심리적 질병이다. 통계에 따르면 프랑스인과 미국인의 우울증 발병률은 각각 21퍼센트, 19퍼센트이고, 중국인의 발병률은 약 7퍼센트로 상대적으로 낮다. 전문가들은 중국인의 발병률이 낮게 나타난 이유는 우울증에 대한 사람들의 관념 때문이라고 분석한다. 실제로 우울증을 앓고 있지만 체면 때문에 진료를 받지 않아 통계에 잡히지 않는 환자들이 적지 않다는 것이다.

우울증이 생기는 원인은 크게 두 가지다. 하나는 '외부의 부정적인 사건'이다. 사랑, 성취, 능력 등 자기 가치의 근원을 상실하게 되는 것이 가장 주된 외부 요인이다. 배우자의 사망, 실연, 사업 실패 등이 여기에 속한다. 다른 하나는 '내부의 심리적 요인'이다. 몇몇 이들은 부정적인 사건만으로도 우울증이 생기지만, 대부분은 외부 사건만으로는 질병으로 발전하지 않는다. 그러므로 내부의 심리적 요인이 더 중요하며, 건강한 심리는 외부 사건을 이겨 낼 수 있도록 면역 작용을 한다.

심리는 부정적인 사건으로 인해 받는 상처의 크기에 영향을 미친다.[*] 비유하자면 심리는 건축재와 같다. 탄탄한 건축재로 지은 집은 재해가 닥쳐도 쉽게 무너지지 않는다. 마찬가지로 건강한 심리를 가진 사람들은 외부 사건의 충격에도 쉽게 상처받거나 흔들리지 않는다. 반면 자존감이 낮은 사람들은 부실한 건축재로 지은 집과 같아서 똑같은 재해에도 더 큰 타격을 받는다.

우울증과 낮은 자존감이 밀접한 관계를 가지고 있다는 것은 이미 많은 연구로 입증되었다. 브라운 등의 연구에 따르면 동일한 부정적 사건을 겪어도 자존감이 낮은 여성들은 높은 여성들보다 우울증이 생길 확률이 두 배나 더 높다. 다시 말해 부정적인 사건이 발생했을 때 자존감이 낮은 사람들은 더 쉽게 우울해진다.

구체적으로 말하면 우울증을 유발하는 자존감으로는 두 가지가 있다. 첫째, 조건부 자존감이다. 자존감이 낮은 사람들은 자존감에 전제 조건을 둔다. 그들은 자존감이 높은 사람들처럼 평균 이상의 자기 가치감을 가지고 있지 못하다.

그래서 그들은 자신이 어떤 성공의 기준에 도달해야만 누군가의 사랑을 얻을 수 있다고 생각한다. 게다가 그 성공과 사랑받음의 기준은 완벽에 가까울 만큼 높을 뿐만 아니라 유일하다. 그들은 사랑과 관심

---

[*] Jonathon D. Brown, 앞의 책.

을 받고 성공하는 것 외에 다른 데서는 자기 가치를 느끼지 못한다.

한 사업가가 큰돈을 벌겠다는 야망 하나만을 바라보며 열심히 일했다. 그는 큰돈을 벌어야만 남들 앞에서 체면이 서고 행복한 인생을 살 수 있다고 믿으며, 가족과의 즐거운 시간이나 여가 활동 등 모든 욕구를 외면했다. 하지만 그가 생각하는 부자의 기준은 너무 높았다. 그는 사업에서 작은 손실이 생겨도 스스로 가치 없는 사람이라고 생각했다. 다른 것으로는 그 가치를 대체할 수 없다고 믿었기 때문에 결국 그는 우울증이 생기고 말았다.

이 같은 조건부 가치에는 두 가지가 있다. 하나는 대인 관계에서 가치를 찾는 것이다. 다시 말해 타인의 수용, 동의, 사랑에 과도하게 의존하는 성향이다. 이런 성향을 가진 사람들은 남에게 거절이나 실연을 당하면 아무도 자신을 사랑하지 않는다며 외로워한다. 다른 하나는 성취에서 가치를 찾는 것이다. 이런 성향을 가진 사람들은 무엇을 성취해야만 스스로 가치 있는 사람이라 여기고, 자신의 능력이 어떤 기준에 도달하고 성공을 거두어야만 의미 있는 인생이라고 생각한다. 목표나 기준에 이르지 못하면 스스로 무능하다고 자책하고 수치스러워한다. 대인 관계에서 가치를 찾는 사람들은 퇴직, 사업 실패 등과 같은 일이 일어날 때 쉽게 우울해진다.

불안정한 자존감 또한 우울증을 유발한다. 자존감에는 안정된 자존감과 불안정한 자존감이 있다. 안정된 자존감을 가진 사람들은 자신을 긍정적으로 생각하는 반면, 불안정한 자존감을 가진 사람들에게서는 일의 성패에 따라 자신에 대한 생각이 수시로 바뀐다. 그러므로 조건부 자존감과 불안정한 자존감 사이에는 밀접한 관계가 있다. 연구에 따르면 자존감의 변화를 측정한 결과를 바탕으로 우울증을 예측할 수 있다. 버틀러 등의 심리학자들이 대학생들을 상대로 30일간 자존감의 수준과, 긍정적이거나 부정적인 사건이 발생한 다음 날 자존감이 어떻게 변화하는지 측정한 바 있다.[*] 그 결과 낮은 자존감 자체가 아니라 자존감의 안정성이 우울증을 유발하는 것으로 나타났다. 불안정한 자존감을 가진 학생들은 부정적인 사건이 발생한 뒤 안정적인 자존감을 가진 학생들에 비해 우울감을 더 많이 느꼈다. 그러므로 진정으로 자존감이 높은 사람은 힘든 일이 닥쳤을 때 크게 좌절하거나 우울해하지 않는다.

---

[*] Jonathon D. Brown, 앞의 책.

부정적 인지와
우울증의 관계

낮은 자존감은 우울증의 인지 내용과 관계가 있다. 우울증 환자들은 인지와 자기 평가에서 자존감이 낮은 사람들과 비슷한 성향을 나타낸다. 자존감이 낮은 사람들의 자괴감, 귀인 방식, 자기 비판, 자기 처벌 등의 증상은 거의 우울증의 증상과 동일하다.

인지 치료 congnitive therapy를 연구한 아론 백 Arron Beck 등의 심리학자들은 환자의 건강하지 못한 인지 도식 congnitive schema 또는 인지 구조로 우울증을 해석했다. 잘못된 인지 구조가 환자의 심리 세계를 주도함으로써 자신과 세계를 왜곡해서 바라보도록 만든다는 것이다.

우울증 환자들은 자신의 경험이나 미래를 주로 부정적인 태도로 바라본다. 세계를 이해할 때 그들은 부정적인 내용에 집중하는 경향이 있다. 다시 말해 그들은 검은 선글라스를 쓰고 이 세상을 바라보기 때문에 모든 것이 검고 암울하게 보인다. 그들은 자아와 세상과 미래를 대할 때 거의 언제나 부정적인 도식을 사용한다. 우울증은 바로 이런 자아 왜곡과 부정적인 인지 도식에서 비롯된다. 우울증 환자들의 특징을 살펴보면 다음과 같다.

첫째, 우울증 환자들은 자기 가치감이 부족하기 때문에 자존감이 낮은 사람들과 마찬가지로 어떤 특수한 분야에서 인생의 모든 가치를 얻으려 한다. 이는 도박을 할 때 '올인'하는 것과 같다. 사랑이든 일이든 어느 한 가지에 과도하게 의존하기 때문에 그것이 실패하면 자신의 전체가 실패했다고 생각한다. 이 경우, 그들의 자기 평가에는 '모든', '항상', '전부'와 같은 단어들이 자주 등장한다는 특징이 있다.

둘째, 우울증 환자들은 자신에 대한 과소평가와 자기 부정이 심각한데, 이 역시 자존감이 낮은 사람들의 사고방식과 비슷하다. 심지어 후자보다 더 심하기도 하다. 그들은 자신이 추하고 남들에게 호감을 주지 못하며 나태하고 가치 없는 사람이라고 생각한다. 누구나 이따금씩 이런 자책감을 느끼지만 우울증 환자들처럼 자기 전체를 부정하지 않으며, 감정이 길게 지속되지도 않는다. 또한 우울증 환자들에게서는 공격적인 자아 폄하 현상이 나타난다. 특정한 사건의 성패를 평가하는 것이 아니라, 자아를 무너뜨리는 방식으로 정신적인 자학을 한다.

셋째, 우울증 환자들은 미래에 대해서도 비관적이고 절망적으로 바라보기 때문에 자신이 다음에도 실패할 것이라고 여긴다. 그러므로 그들은 적극적이고 건설적인 활동을 하지 않으며, 무슨 일을 하든 이미 비참한 결과가 눈앞에 나와 있는 것처럼 소극적으로 행동한다. 그들은 마치 미래를 비관하는 예언가처럼 보인다. 그러므로 우울증 환자들에게서는 인간의 기본적인 동경심이 나타나지 않으며, 그들을 설득하기도 쉽지 않다.

넷째, 우울증 환자들은 귀인 방식에서도 자존감이 낮은 사람들과 마찬가지로 실패 원인을 자신의 능력이나 노력 부족 등 내부에서 찾고, 실패를 영원한 것으로 생각한다.

다섯째, 우울증 환자들은 기억과 주의력에 편차가 나타나 부정적인 사건은 쉽게 기억하고 그런 일에 우선적으로 반응한다. 특히 자신에 대해서도 장점보다 단점에 더 주목한다.

여섯째, 우울증 환자들은 자존감이 낮은 사람들과 마찬가지로 자기반성과 자아 분석, 자기 평가에 굉장히 열중하며, 외부의 시선에 과도하게 연연한다.

일곱째, 이런 부정적인 생각은 타인이 아니라 자신에게 집중되는데, 이는 의식의 통제 없이 자동적으로 나타난다.

벡 등의 심리학자들이 고안한 인지 치료는 치료학의 관점에서 우울증의 원인을 잘못된 신념이나 인지에서 찾고 부정적인 생각을 바꾸는 데 초점을 둔다. 그들은 잘못된 인지 도식을 수정하면 우울증을 치료할 수 있다고 주장한다. 우울증 환자들에게서는 '인지—정서—인지'의 악순환이 나타난다. 부정적인 자기 평가가 부정적인 정서와 행동을 유발하고, 다시 후자는 전자를 더 가중시킨다. 그러므로 인지를 수정하면 정서도 변화시킬 수 있다는 논리다. 인지 치료는 우울증 치료에 좋은 효과를 보인다. 하지만 이론이 너무 단순하고 자존감 연구의 결과와 일치하지 않는 내용도 더러 있다는 단점이 있다.

낮은 자존감은
우울증의 원인일까?

우울증 환자들 가운데는 자존감이 낮은 사람들이 있기는 하지만, 우울증의 원인은 매우 복잡하다. 우울감은 생물학적 유전이나 환경의 영향과 밀접한 관련이 있다. 쌍둥이에 대한 연구에서는 유전 인자가 우울증 발병의 중요한 원인임이 밝혀졌다. 과학자들도 우울증을 일으키는 유전자를 발견했다. 미국 예일대학 연구팀은 MKP-1 mitogen activated protein kinase phosphatase(활성화 단백질 키네아제-1) 유전자 결손이 우울증을 일으키는 중요한 원인임을 발견했다. 환경의 영향으로 유전 인자가 대뇌를 변화시킨다는 것이다. 연구 결과 우울증은 대뇌 신경 시냅스 간극의 신경 전달 물질인 세로토닌과 노르에피네프린의 농도 저하와 연관되어 있음이 밝혀졌다. 또 다른 연구에서는 우울증의 유전적 소질을 가진 사람들은 연속되거나 심각한 좌절을 겪으면 대뇌 중 세로토닌 계통의 기능을 상실하여 그

수준이 저하된다는 사실이 밝혀졌다. 세로토닌은 도파민의 원료로, 도파민이 부족하면 우울증이 나타나고 자살 충동을 느끼게 된다.

우울증은 여러 가지 증상으로 나타난다. 그 대표적인 것은 기분이 저조하다는 것이다. 첫째, 정서적인 면에서 우울증은 좌절감으로 표현된다. 예전에는 기분 좋게 느끼던 사물이나 활동에 더 이상 흥미를 안 보이고, 코미디를 보아도 아무 반응이 없다. 둘째, 동기 면에서 보면 우울증 환자들은 타인과의 교제에서 위축되고, 자살 충동을 느끼며, 대인 관계를 기피한다. 조사에 따르면 우울증 환자들 중 3분의 2가 대인 관계에서 위축되고, 낯선 사람을 심하면 가족과 친구들까지 만나지 않으려고 한다. 셋째, 신체적으로는 이유 없이 피곤하고, 두통과 위통 등의 통증이 나타나며, 아무리 자도 졸리거나 도무지 잠이 오지 않는 수면 장애를 겪는다. 이 밖에도 식욕 감퇴로 인해 체중이 감소하고, 물리적으로나 언어적으로 반응 속도가 느리다. 넷째, 인지 면에서 우울증은 부정적인 자기 평가, 죄책감, 절망 등으로 표현된다. 조사에 따르면 우울증 환자의 97퍼센트가 부정적인 자기 평가와 자책감을 나타낸다. 잘못했을 때 자신에게서 원인을 찾는 것은 우울증 환자들에게서 보편적으로 나타나는 증상이다. 이 밖에도 그들은 미래를 비관적이고 절망적으로 바라본다. 그러므로 자신의 상황은 호전되기는커녕 계속 악화할 것이라고 여긴다. 이런 정서는 매우 위험한 것으로 종종 자살을 유발한다.

우울증 환자들은 대부분 자존감이 낮다. 하지만 낮은 자존감은 우울증을 유발하는 간접적인 원인 중 하나일 뿐 직접적인 원인은 아니다. 흡연이 폐암의 원인 중 하나이기는 하지만, 담배를 피운다고 해서 모두 폐암에 걸리지는 않는 것과 마찬가지다. 인과관계에서는 원인이 있으면 필연적으로 결과가 따라오지만, 상관관계에서는 양쪽의 변화가 일정한 연관성은 있지만 그 연관성은 또 다른 외부 요인에 의해 결정된다.

자존감이 낮은 사람들은 대부분 자신감이 부족하고 스스로 약자라고 생각하지만 우울증을 앓는 것은 아니다. 그들은 남들보다 즐거워하는 일이 적기는 하지만 일에서 성과도 거두고 정상적으로 가정을 꾸리고 살아간다. 일부는 인생철학이나 심리 건강에 대한 책을 읽으며 자아 탐구에 심취하기도 하고, 낮은 자존감을 극복하고 행복해지기 위해 노력한다.

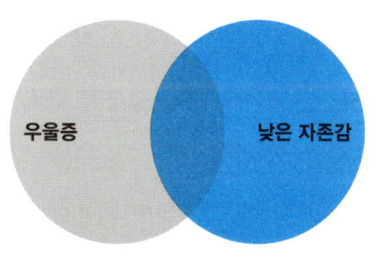

그림 9-2 우울증과 낮은 자존감

하지만 우울증 환자들은 자아에 대한 긍정적인 생각도 가지고 있으며, 중요한 분야에서 자신의 능력을 높게 평가하기도 한다. 우울증이 경미한 경우에는 특히 더 그렇다. 머릿속으로는 자신이 부자이거나, 유능한 인재이거나, 훌륭한 음악가이거나, 독자들에게 사랑받는 작가라는 사실을 잘 알고 있다. 그럼에도 그들은 자신의 인생이 암담하다고 느낀다. 영화배우 장궈룽張國榮, 작가 싼마오三毛, 억만장자 웨이둥魏東 등 높은 명성을 누리고 있음에도 자살을 선택한 이들은 자신의 장점이나 가치를 잘 몰라서가 아니다. 우울증은 낮은 자존감 외에도 대뇌의 신경 전달 물질 교란, 세로토닌 계통의 불균형, 도파민 부족 등과도 관련이 있다. 우울증은 매우 복잡한 뇌 계통의 질병이다.

그림 9-2는 우울증과 낮은 자존감의 관계를 그림으로 나타낸 것이다. 서로 독립된 두 개의 원이 있고, 교집합이 존재한다.

우울증과 낮은 자존감은 서로 영향을 주고받는 관계에 있다. 낮은 자존감으로 인해 기분이 더 가라앉고 우울증이 심해질 수 있고, 또 한편으로는 우울한 상태가 자존감을 끌어내려 자신을 더욱 부정적으로 바라보게 만들 수 있다. 기분이 저조할 때 사람들은 합리적인 듯 보이는 생각으로 자신을 포장하려는 경향을 나타내는데, 이때 등장한 것이 바로 낮은 자존감이다. 원래는 자존감이 낮지는 않지만 우울증으로 인해 자존감이 낮아지고 행동이 위축되는 경우를 종종 볼 수 있다.

심리학자들의 연구에 따르면 부정적인 기질이 우울증을 유발하는 것이 아니라, 반대로 후자가 전자를 유발한다. 부정적인 기질이 우울증의 원인이라면 우울증이 발생하기 전과 치료가 된 뒤에도 그런 기질이 나타나야 한다. 하지만 연구 결과 우울증이 치료되고 나면 우울감과 부정적인 기질 사이에 뚜렷한 연관성이 나타나지 않았다. 그러므로 부정적인 기질은 우울증에 수반되는 한 가지 증상일 뿐이다.

물론 그렇다고 해서 우울증을 앓고 있는 내내 부정적인 기질이 지속적이고 안정적으로 나타나는 것은 아니다. 대학생들을 대상으로 시험에 낙제한 뒤 우울한 감정의 변화와 귀인 성향을 분석한 연구가 있다. 평소에는 귀인 성향과 우울한 감정의 변화 사이에 큰 연관성이 없지만, 시험에 낙제했다는 소식을 듣고 난 직후에는 둘 사이에 분명한 연관성이 나타났다. 이 연구 결과는 또 다른 해석을 제시한다. 즉 비관적인 귀인 성향이 우울한 감정을 유발하는 것이 아니라, 우울할 때 나타나는 부정적인 감정이 인지를 방해하여 귀인 오류를 일으킨다는 것이다.

긍정적인 요인과 부정적인 요인의 공존

우울증과 관련된 인지 이론 분야에서 가장 주목하는 것은 인지의 부정적인 성향이다. 즉 개인의 인지 내용과 가치 추구에 '병적인 편향'이 나타나느냐 하는 것이다. 20세기 말 긍정심리학이 탄생하면서 심리학 분야에서 인류의 행복에 대한 관심이 많아지기 시작했다. 학자들은 심리적 질병과 부정적인 인지 사이에 연관성이 있음을 인정하는 한편, 긍정적인 심리 요인과 심리 건강에 주목하며 개인과 군중, 사회 전체의 발전과 자아실현을 위해 기여하고자 했다.

긍정심리학에서는 '고통 경감과 행복 증진은 별개의 독립적인 변수이며, 진정한 심리학이란 인간의 고통을 경감하고 행복을 증진하는 과학'이라고 역설했다. 이 이론에서는 우울증 환자 등 심리적인 질병을 앓고 있는 사람들은 연구할 때 그들에게 있을 수 있는 문제, 결점,

잘못, 부정적인 인지를 따로 떼어 내어 분석하지 않는다. 대신 자아를 하나의 복잡한 전제로 바라보고 긍정적 요인과 부정적 요인이 한 개체 안에 공존할 수 있다고 인식한다.

그리하여 긍정심리학은 개인을 새롭게 이해하고 심리적 질병을 분석할 수 있는 길을 열어 주었다. 이 이론에 따르면 인간은 선천적으로 행복할 수 있는 본능과 성장 잠재력을 가지고 태어난다. 심리적 질병을 앓고 있는 사람이라도 긍정적인 정서와 능력을 가지고 있는데, 정상인과 비교할 때 그런 것이 일시적으로 억제되었을 뿐이다. 그렇다고 심리적 질병 가운데 부정적인 변수의 존재를 부정하는 것은 아니다. 부정적인 변수는 그대로 두고 긍정적인 변수를 자극함으로써 건강한 심리를 유도해야 한다고 보는 것이다.

긍정심리학에서는 우울증의 원인을 긍정적인 에너지 부족에서 찾는다. 긍정적인 인지의 '오류'를 비롯해 체험과 의지가 부족하기 때문에 우울한 감정이 생긴다는 것이다. 이 분야의 학자들은 '심리 건강'이란 단순히 심리적 질병을 없애는 것이 아니라, 행복한 체험과 긍정적인 동기를 자극할 때 실현되는 것'이라고 주장한다. 긍정적인 체험과 감정이 '심리적 질병을 막아 내는 최고의 무기'라는 것이다. 이 이론은 기존의 관점을 보완하고 우울증을 치료할 수 있는 새로운 돌파구를 제시했다. 우울증 또는 기타 심리적 질병에 대해 증상을 없애고 단점을 보완하는 데만 중점을 두지 않고 긍정적인 잠재력을 이끌어내 저항력과 적응력을 강화하자는 것이다.

심리적인 질병을 앓고 있을 때 긍정적 요인과 부정적 요인이 서로 독립적이며 각기 다른 법칙에 따라 작동한다는 것은 이미 많은 연구를 통해 밝혀진 사실이다. 예를 들면 예전에는 낙관적 성향과 비관적 성향을 서로 상반된 것으로 인식했다. 그리하여 낙관적 성향이 높은 사람들은 비관적 성향이 낮고, 비관적 성향이 높은 사람들은 낙관적 성향이 낮다고 생각했다. 그런데 두 성향이 상반된 것이라면 양자 사이에 반비례 관계가 성립되어 상관계수가 −1.0에 가까워야 한다. 그런데 스웨덴에서 중년층을 상대로 실시한 연구 결과 두 성향 사이의 상관계수는 −0.02에 불과했다. 미국에서 노년층을 상대로 실시한 조사에서도 상관계수는 −0.27이었고, 중국에서 실시한 조사 결과에서도 −0.25였다. 긍정심리학의 창시자인 마틴 셀리그만Martin Seligman도 2008년 발표한 논문에서 우울함과 행복감의 상관계수는 −0.35에 불과하다며 이는 둘 사이에 상관관계가 거의 없음을 의미한다고 주장했다. 이런 것은 모두 긍정성과 부정성이 서로 독립하며 공존할 수 있음을 보여 준다.

인간은 매우 복잡한 존재다. 항상 희망에 가득 차 있는 사람도 있지만, 희망과 절망이 불안정하게 번갈아 가며 나타나는 이도 있고, 우울증 환자들처럼 절망에서 헤어나지 못하는 이도 있다. 우울증 환자들은 염세적인 경향을 나타내며, 일할 능력을 상실하여 약물이나 입원 치료를 받아야 한다. 또 어떤 사람들은 우울증 판단 기준에 부합하지만 기본적으로 가능한 경우도 있다. 이 책에서 말하는 '우울한 사람들'이란 바로 후자를 의미한다. 그들은 우울증을 앓고 있지만 여전히 긍정적인 신념을 가지고 있다.

허버트 마시Herbert W. Marsh가 제시한 다면적 자기 개념multidimensional self-concept은 우울한 사람에게도 긍정적인 자기 평가 기제가 존재하는 이유를 설명해 준다. 사람은 누구나 '나는 누구인가'에 대해 전반적으로 자기 평가를 하고, 그와 동시에 특정 영역에 대한 구체적인 평가도 내린다. 일반적인 자기 개념과 특정한 상황의 저차원 자기 개념은 다면적인 관계를 맺고 있기는 하지만 본질적으로 서로 독립되어 있다. 또한 저차원 자기 개념에 해당하는 것들도 서로 독립적이다. 예를 들어 일반적인 자기 개념은 긍정적이지만, 저차원 자기 개념은 상당히 부정적일 수 있다. 반대로 전자는 부정적이지만 후자는 긍정적일 수도 있다. 자아는 복잡한 구조로 이루어져 있으며, 긍정적인 요인과 부정적인 요인이 한 개체 안에 공존할 수 있다.

펠럼의 주장에 따르면 자아 안에는 긍정적인 신념과 부정적인 신념이 서로 독립적으로 존재하며, 우울한 사람들은 전자보다 후자와 더 강한 연관성을 가지고 있다. 하지만 우울한 사람들도 저차원 자기 개념에서는 자신을 상당히 긍정적으로 평가할 수 있다. 중국의 심리학자 샤오펑肖豐도 이러한 관점에서 동의했다. 그는 학생들을 정상적인 심리를 가지고 있는 그룹, 경미한 우울증을 앓고 있는 그룹, 우울증 환자 그룹 이렇게 셋으로 나누고, 각각 자아의 감정과 관련된 단어를 어떻게 판단하는지 분석했다. 그 결과 우울감이 심한 사람일수록 부정적인 단어를 많이 떠올린다는 것을 알 수 있었다. 이는 우울증이 부정적인 자아와 밀접한 관계가 있음을 보여 준다. 하지만 주목해야 할 점은 우울증이 심한 환자라 할지라도 자아에 대한 감정 안에는 부정적인 요인과 긍정적인 요인이 동시에 존재한다는 사실이다. 자아 체계 안에 두 요인이 함께 존재하기 때문에 우울감을 가진 사람들은 '부정적인 자아'를 가지고 있고 정상적인 사람들은 '긍정적인 자아'를 가지고 있다고 단정 지을 수는 없다. 그러므로 연구자들은 자아라는 복잡한 기체를 다차원적으로 분석해야 하며, 그런 관점에서 우울한 사람과 정상적인 사람의 차이를 탐색해야 한다.

펠럼 등의 심리학자들도 우울증 환자들이 자아에 대해 긍정적인 자기 평가를 하는지 연구했다.[*] 그들은 우울증 환자들을 대상으로 특정 상황에 대한 자기 평가와 일반적인 자기 평가를 측정했다. 여기에서 '특정 상황'이란 특수한 재능에 대한 평가를 의미한다. 가령 '나는 음악적 재능이 있어', '나는 농구를 잘해' 같은 특정 분야에 대한 자기 평가다. 일반적인 자기 평가란 '나는 남들에게 호감을 준다', '나는 예의 바른 사람이야', '나는 유능한 사람이야' 같은 추상적인 평가를 의미한다.

그들은 피실험자들을 우울하지 않은 그룹(A), 경미한 우울감을 가진 그룹(B), 중간 정도의 우울감을 가진 그룹(C), 심각한 우울감을 가

---

[*] Roy F. Baumeister, *Self-Esteem: The Puzzle of Low Self-Regard*, Plenum Press, 1933.

진 그룹(D)으로 나누고, 그들이 주변 사람들과 자신을 어떻게 비교하는지 조사했다. '당신은 다른 사람들에 비해 예의가 바릅니까?' 또는 '당신은 다른 사람들에 비해 매력적입니까?' 등의 질문을 하고 그 결과를 백분위로 나타내게 했다. 50은 주변 사람들보다 뛰어나지도 뒤지지도 않는 점수다. 여기에서 자신이 낫다고 생각하면 더 높은 점수를 주고, 뒤진다고 생각하면 더 낮은 점수를 매기게 했다. 그 결과 일반적인 자기 평가에서는 A,B,C,D 그룹의 점수가 각각 65,56,46,41점으로 나왔다. 하지만 절대치로 보면 C와 D 그룹의 점수도 크게 낮은 것은 아니며, 중간(50점)보다 약간 부정적일 뿐이다. 다만 특정 분야의 자기 평가를 함께 고려하면 우울감을 가진 사람들에게서도 전혀 자괴감이 나타나지 않았다. A,B,C 그룹의 점수는 각각 88,85,80점이었는데 뜻밖에도 D 그룹의 점수는 86점이었다. D 그룹이 심각한 우울증을 앓고 있지만 특정 분야에서는 자신이 훌륭한 능력을 가졌다고 여기고 있음을 알 수 있다. 이러한 사실은 우울증 치료에 매우 중요한 돌파구가 된다.

중국 심리학자 저우야周雅는 고등학생들 중 우울감을 가진 이들과 정상적인 이들을 대상으로 전반적인 자존감과 특정 분야에 대한 자기 평가의 차이를 조사했다. 그 결과 동성과의 관계, 이성과의 관계, 정서 안정성, 수학 능력, 일반적인 학업 능력, 전반적인 자존감, 이 여섯 가지 항목에서 우울감을 가진 학생들의 점수가 낮았다. 정상적인 학생들에 비해 자기 평가가 낮은 것이다. 외모, 체격 조건, 부모와의 관계,

성실성, 언어 능력에 대한 평가는 정상적인 학생들과 두드러지는 차이가 없었다. 특히 주목할 점은 성실성 항목에서 우울감을 가진 학생들의 평균 점수가 정상적인 학생들보다 높았다는 점이다. 우울한 사람들도 특정 분야에서는 자신을 긍정적으로 평가하며, 심지어 몇몇 분야에서는 정상적인 사람들보다 더 높이 평가한다는 것을 알 수 있다.

펠럼 등의 심리학자들은 우울한 사람들이 스스로 가장 긍정적으로 평가하는 분야에서 실제로 어떤 능력을 발휘하는지를 연구했다. 많은 사람들이 최소 한 분야에서는 자신의 능력이나 인격적 특징을 긍정적으로 평가했다. 예를 들면 여러 부분에 대해 불만을 가지고 있지만 수학 암산 능력에 대해서는 매우 높게 평가하거나, 스스로 쓸모없는 사람이라고 여기지만 성실성에 대해서는 긍정적으로 평가하는 것이다. 우울감을 가지고 있지만 자신의 지능에 대해서는 상당히 긍정적으로 평가하는 경우, 어려운 문제를 풀었을 때 자신에게서 원인을 찾고 앞

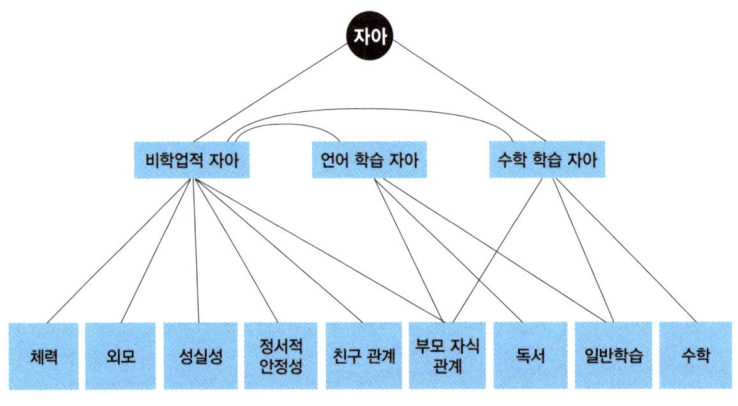

그림 9-3 다면적 자기 개념

으로도 문제를 풀 수 있을 것이라고 생각했다. 특정한 분야에서는 내부 귀인을 하지 않는다는 것을 알 수 있다.

　타인의 평가를 구하는 방식에서 우울증 환자들과 일반인들의 차이를 연구한 결과에 따르면, 전자는 후자에 비해 타인에게 부정적인 피드백이나 평가를 구하려는 성향을 나타냈다. 예를 들어 전자는 연인에게 평가를 구할 때 부정적인 질문을 한다. "왜 나를 대인 관계에 서툰 사람이라고 생각해?", "왜 내가 공부를 열심히 안 한다고 생각해?"라고 묻는 것이다. 하지만 그들도 긍정적인 자기 평가를 하는 분야에서는 타인에게 좋은 평가나 피드백을 구하려고 한다. 가령 자신이 그림을 잘 그린다고 생각하는 사람은 "시험 성적보다 먼저 내 그림에 대해 이야기해 보는게 어때?"라고 말한다. 자기 평가가 긍정적인 분야에서는 우울증을 가진 사람들도 일반인들과 마찬가지로 남의 칭찬을 들으려고 한다. 우울감을 가진 사람들은 일반적인 자기 개념에 대해서는 부정적이지만 자신의 강점에 대해서는 긍정적인 사실을 알 수 있다.

　우울감을 가진 사람들은 어떻게 스스로 그 감정에서 벗어날 수 있을까? 특정한 계기가 있을 경우 우울감이 해소되는 이유는 무엇일까? 이것은 특정 분야에 대한 긍정적인 자기 개념과 밀접한 관련이 있다. 중간 정도의 우울증을 앓고 있는 환자들을 대상으로 한 연구 결과 그들의 회복 정도와 특정 분야에 대한 긍정적인 자기 평가는 서로 관련성이 있음이 증명되었다. 환자가 특정 분야에서 자신을 긍정적으로 평가할수록 그들의 치유 속도도 더 빨랐다.

타인을 과소평가하는 이유

우울한 사람들은 자존감이 낮은 사람들과 마찬가지로 불안한 자기 가치를 보호하기 위해 자신보다 낮은 이들과 비교하려는 경향이 있다. 타인을 과소평가함으로써 자기 고양을 하는 것이다. 펠럼 등의 연구 결과에 따르면 일반인들은 타인을 객관적이고 정확하게 평가하며, 남들도 그들을 평가할 수 있다. 하지만 우울한 사람들에게는 이런 대등한 관계가 성립하지 않는다. 전반적으로 볼 때 그들은 여러 분야에서 타인에 대해 낮게 평가하는 반면, 남들은 그들을 높이 평가한다. 예를 들면 우울한 사람들은 남들이 자신에게 어떻게 부당한 대우를 했는지, 남들이 얼마나 무능하고 인격적으로 저열한지에 대해 불평을 늘어놓는다. 하지만 그의 주변 사람들은 그들을 예의 바르고 성실하고 유능하다고 생각한다. 펠럼 등은 우울한 사람들이 자기 평가가 긍정적인 분야에서는 타인을 과소평가하는 경향이 더 심하다는 사실을 발견했다.

　또한 몇몇 심리학자들은 우울한 사람들과 정상적인 사람들은 낯선 이와 짧게 접촉하게 한 뒤 그 이전과 이후의 정서 변화를 조사했다. 그 결과 두 그룹의 사람들 모두 자기 평가가 긍정적인 분야에서는 낯선 이를 과소평가하는 경향이 나타났다.

　하지만 우울한 사람들만 그것에서 우월감을 느끼거나 기분이 좋아졌고, 정상적인 사람들에게서는 정서의 변화가 나타나지 않았다. 특히 심각한 우울증 환자들일수록 타인을 과소평가할 때 더 큰 행복감을 느꼈다. 낮은 자존감에 대한 연구와 마찬가지로 이 연구 역시 우울증의 심리적 병인을 타인과의 비교에서 찾아냈다.

우울증적 현실주의란?

우울한 사람들이 일반적으로 생각하는 것처럼 부정적인 것은 아니다. 오히려 그들은 객관적이고 현실적인 관점에서 자신과 세상을 바라본다. 아로요 등의 심리학자들은 우울감 통제 능력에 대한 자기 평가에 대해 연구했다. 어떤 상황에서는 피실험자들이 스위치를 누르면 전등의 밝기를 조절할 수 있게 했고, 또 어떤 상황에서는 스위치를 누르는 것과 전등의 밝기 사이에 아무런 관계가 없도록 했다. 그다음 피실험자들에게 자신이 스위치를 누르는 행위가 전등의 밝기 조절에 얼마나 영향을 미치는지 판단하게 했다. 실험 결과는 뜻밖이었다. 우울한 사람들은 자신의 조절 능력을 매우 객관적이고 정확하게 판단한 반면, 정상적인 사람들은 그 능력을 과대평가하여 과도하게 긍정적인 인지 편향을 나타낸 것이다. 이로써 연구자들은 인지 편향이라는 개념에 대해 다시 검토해볼 수 밖에 없었다. 우울한 사람들이 더 부정적인 것일까, 아니면 정상적인 사람들이 너무 긍정적인 것일까?

후속 연구를 통해 우울한 사람들이 절대적으로 부정적인 것도 아니고, 항상 자신을 과소평가하지도 않으며, 오히려 늘 자부심을 가지고 있음이 밝혀졌다. 특정 분야에 대한 자기 개념에서 그들은 심지어 정상적인 사람들보다 더 긍정적으로 자신을 평가했다. 자기 평가에서는 우울한 사람들이 정상적인 사람들보다 자신을 부정적으로 평가했지만, 그런 평가가 더 현실적이고 객관적이고 정확할 수 있다.

이러한 연구 결과를 바탕으로 심리학자 미셸은 '우울증적 현실주의 depressive realism'라는 개념을 고안해 냈다. 이 개념은 우울한 사람들이 심하게 부정적인 인지 편향을 가지고 있지 않으며, 그들은 그저 자신의 단점과 현실적인 위험성, 손실 등을 더 정확하고 예민하게 인식한다는 것이다.[*] 벡은 "정서적 괴로움과 인지의 정확성 사이에는 곡선 관계가 성립한다. 우울하지 않고 심리적으로 건강한 사람들은 긍정적인 인지 편향을 가지고 있으며, 경미한 우울증을 가지고 있는 사람들은 현실적이고 객관적인 태도로 자신을 바라본다. 부정적인 인지 편향은 심각한 우울증 환자들에게서만 나타난다"라고 주장했다.

---

[*] Jonathon D. Brown, 앞의 책.

긍정적으로 착각하라

우울증과 낮은 자존감의 관계에 대해 연구한 바에 따르면 우울증 환자들이 일반적으로 생각하는 것처럼 자신에 대한 부정적인 생각으로 가득 차 있어서 하루 종일 자책하고 아주 가끔씩만 기분이 좋아지는 것은 아니다. 긍정심리학 전문가인 바바라 프레드릭슨Babara Fredickson의 연구에 따르면 우울증 환자들이 하루 중 기분이 좋을 때와 우울할 때의 비율을 보면 1:1에 가깝다. 좋지 않은 일 때문에 우울한 시간의 비중이 많아져도 그 비율을 대략 0.8:1.2 정도다. 약물이나 상담 치료를 진행할 경우 그 비율은 2:1까지 높아지는데, 이는 우울증이 없는 사람들과 거의 비슷한 수준이다. 누구나 일상생활에서 우울한 생각을 할 때가 적지 않다. 우울한 사람들도 기분 좋을 때가 있고, 단지 그 시간이 일반인들보다 약간 짧을 뿐임을 알 수 있다.

감정의 양쪽 극단, 즉 우울증 수준의 절망이나 극도의 기쁨이 계속 유지되는 경우는 없으며, 대부분 그 중간에 위치한다. 그러므로 우울증 예방과 치료는 환자의 긍정적인 심리를 자극하고 확대하는 데 초점을 맞추어야 한다.

긍정적 착각의 이점

긍정심리학에서는 우울함의 원인을 긍정적 인지의 부족에서 찾는다. 긍정적 인지 체계가 우울증이 없는 사람들에게서는 '자기기만' 성향을 유발하는데, 심리학자들은 이를 '긍정적 착각 positive illusion'이라고 부른다. 현실 생활에서 우울증이 없는 사람들은 양호한 자기감을 가지고 있다. 자신이 남들보다 더 똑똑하고 매력적이며 대인 관계도 좋다고 생각하는 것이다. 또한 그들은 자신에게 긍정적인 일(행복한 결혼 생활이나 건강, 장수 등)이 많이 일어나고 부정적인 일(불치병, 불의의 사고 등)이 일어날 가능성은 적다고 생각한다. 요컨대 일반인들은 최소한 세 가지 긍정적 착각을 가지고 있다.

첫째, 자기 고양이다. 즉 긍정적인 일의 원인을 항상 자신에게서 찾는다. 그들은 어떤 일이 성공하면 자신의 노력과 긍정적인 개성 덕분이라고 생각한다.

둘째, 통제의 환상illusion of control이다. 그들은 환경이나 결과에 대한 자신의 통제 능력을 과대평가하는 경향이 있다. 그러므로 그들은 불확실한 일에 대해 자신이 감당해 낼 수 있다고 믿는다.

셋째, 비현실적인 낙관이다. 그들은 자아와 미래에 대해 과도하게 긍정적인 기대를 품고 있다. 어떤 의미에서 보면 도박사는 낙천주의자들이다. 도박을 즐기는 사람들은 자신의 운을 과대평가한다. 자존감이 낮거나 우울감을 가진 사람들에게는 도박사와 같은 성격이 필요하다. 적당히 긍정적인 착각은 자기 보호 기능을 발휘하기 때문에 심리 건강에 큰 도움이 된다.

세 가지 행복

긍정심리학 전문가들은 행복 체험을 구성하는 세 가지 요소를 다음과 같이 분류했다.

1) 유쾌한 감정: 과거 지향적인 긍정적 감정(만족감, 쾌감, 자부심 등), 미래 지향적인 긍정적 감정(낙관성, 희망, 신념 등), 현재 지향적인 긍정적 감정(바로 지금의 즐거운 경험).

2) 참여감: 생활에서 일어나는 모든 사건에 적극적으로 관심을 갖고

그로 인해 얻는 긍정적 감정.

　3) 의미감: 자신과 외부 세계를 연결하여 정신적 자아를 확대하고 승화함으로써 얻는 긍정적 감정.

　연구 결과에 따르면 이 세 가지 행복 체험과 우울감 사이에는 밀접한 관계가 있다. 셀리그만 등은 우울증 환자의 유쾌한 감정과 참여감과 의미감이 비우울증 환자나 일반인들에 비해 현저히 낮다는 임상 결과를 발표했다.

　긍정심리학 전문가들은 긍정적인 감정 부족과 우울감 사이에 인과관계가 있을 가능성이 크다고 주장한다. 이런 해석은 긍정적인 감정 자체가 가지고 있는 '확장 구축broaden-and-build'이라는 기능에서 나온 것이다. 일반적으로 부정적인 감정은 개인의 즉각적인 인지와 행위 체계를 위축시킨다. 그럼으로써 위급한 상황이 닥쳤을 때 긍정적인 에너지를 신속하게 발휘하게 함으로써 상해를 덜 받도록 만든다.

　예를 들어 겁 많은 고양이가 사람과 마주치면 그가 자신을 해칠지 그렇지 않은지를 예의 주시하며 판단해야 한다. 상대가 가까이 다가오기만 해도 몸을 돌려 도망친다면 자신을 보호할 수 있는 가능성이 높아진다. 반대로 긍정적인 감정은 개인의 즉각적인 인지와 행위 체계를 확장시켜 한계를 돌파하고 개방적인 마음으로 많은 것을 경험하게 만들며, 나아가 주관적인 행복감을 촉진한다. 연구에 따르면 긍정적인 감정이 발현되면 사람들은 창의적 사고를 발휘하고, 남을 기꺼이

도와주며, 유머러스해지고, 시야가 넓어진다. 긍정심리학 전문가들의 연구에서도 긍정적인 감정을 많이 경험할수록 우울증 발병 위험은 낮아진다는 사실이 입증되었다.

긍정적인 행동의 영향

긍정심리학에서는 행위를 통해 긍정적인 감정을 유발할 수 있다고 주장한다. 우울한 사람들에게 긍정적인 감정이 부족한 것은 '긍정적인 행동'이 적기 때문이라는 뜻이다. 긍정적인 행동에는 여러 가지가 있는데, '행위(규칙적인 운동 등), 인지(늘 감사기도를 하는 것 등), 의지(목표를 달성하기 위해 열심히 노력하는 것 등)' 이 세 가지가 모두 포함된다. 긍정적인 행동은 긍정적인 감정을 촉진한다. 특히 행동을 통해 유발된 긍정적인 감정은 환경 개선(복권 당첨 등)보다 더 오래 지속된다는 장점이 있다. 복권에 당첨되면 처음에는 기뻐도 시간이 흐를수록 그 감정은 희미해진다. 반면 운동이나 어떤 행동 습관을 통해 얻는 긍정적인 감정은 지속적으로 확대되어 일생 동안 영향을 줄 수 있다.

10
높은 자존감의 독,
낮은 자존감의 힘

높은 자존감의
단점

> 천하 사람들이 걱정하기에 앞서서 걱정하고,
> 천하 사람들이 즐기고 난 뒤에 즐긴다.
> → 범중엄 范仲淹
>
> 자존감은 모순된 것이다. 자존감이 필요한 사람에게는 그것이 없고,
> 자존감을 가진 사람에게는 그것이 필요하지 않다.
> → 에드워드 데시, 리처드 라이언

자신이 가치가 있는지에 대한 느낌인 자존감은 두 가지 기능을 가지고 있다. 하나는 내면에 대한 통합력과 안정성을 형성하여 혼란한 상황에 처했을 때 평정심을 찾고 자신을 중심으로 행동하게 한다. 다른 하나는 대인 관계를 반영하고 조절한다.

자존감은 타인에게 자신이 교제할 가치가 있는 사람임을 알려 준다. 자존감이 낮은 사람들의 겸손함이든 높은 사람들의 자신감이든 모두 대인 관계에서 자신에게 유리하도록 쓰는 '인격 가면'이며, 교제를 더 쉽게 만든다. 자신을 낮추면 남들의 공격을 피할 수 있고, 자신을 내세우면 남들에게 호감을 얻거나 존중받을 수 있다. 자존감이 높든 낮든 모두 나름대로 의의가 있고 유용하다.

앞에서는 낮은 자존감의 단점에 대해 주로 논했지만 그것이 아무런 역할을 하지 못하는 것은 아니다. 만약 낮은 자존감이 아무런 역할도 하지 못한다면 인류가 진화하는 과정에서 인간의 특성으로 보존되지 못했을 것이다. 마찬가지로 높은 자존감도 단점이 있다. 어떤 상황에서든 높은 자존감이 당사자에게 유리하게 작용하는 것은 아니다. 중요한 것은 자존감이 무엇을 바탕으로 하고 있고, 그것을 지지하는 동기와 의의가 무엇인가 하는 점이다.

지금까지는 높은 자존감과 낮은 자존감이 가지고 있는 심리적 기능의 차이에 대해 주로 논했다. 높은 자존감은 많은 부분에서 강점을 가지고 있고, 낮은 자존감은 우울함, 초조함, 수동적인 태도, 심리적 갈등 등과 관련되어 있다. 전체적으로 볼 때 높은 자존감의 가장 큰 장점은 사람들에게 호감을 줄 수 있다는 것으로, 그 밖에 다음과 같은 장점이 있다.

첫째, 높은 자존감은 행복감을 높이는 데 도움이 된다. 한마디로 자존감이 높은 사람이 더 행복하다. 연구에 따르면 높은 자존감은 나이, 수입, 교육, 건강 등의 요인과 마찬가지로 행복 지수와 정비례 관계를 보였다. 자존감과 행복감의 상관계수는 0.6으로 비교적 높은 상관관계를 나타냈다.

둘째, 높은 자존감은 우울감과 초조함을 극복하는 데 도움이 된다. 이 때문에 자존감이 높은 사람들은 상대적으로 실패와 충격을 견뎌내는 힘이 강하다. 자신에 대한 긍정적인 평가가 반드시 객관적인 것은 아닐지라도 그것은 미래의 불확실성으로 인해 찾아오는 초조함을 극복하는데 도움이 된다.

자존감이 높은 사람들도 스스로 예전에 별 볼일 없던 시절이 있었음을 안다. 하지만 그들은 대부분 현재의 자신은 긍정적이고 가치가 있다고 생각한다. 또한 자신이 상황이 점점 더 좋아질 것이라고 믿는다. 주변 사람들은 그렇게 생각하지 않을 수도 있지만 개의치 않는다. 그들은 자신이 여러모로 남들보다 낫고 타인과의 교제에서도 상대가 자신에게 호의적으로 대할 것이라고 믿는다. 특히 실패했을 때 그들은 더 자신감 있고 심리적으로 감당할 수 있는 힘이 강하다.

셋째, 높은 자존감은 대인 관계를 원만하게 이끈다. 자존감이 높은 사람들은 타인을 신뢰하고 긍정적으로 바라본다. 거절에 크게 민감하게 반응하지도 않고, 쉽게 질투하지도 않는다. 그들은 자존감이 낮은 사람들에 비해 생활 속에서 더 많은 결실을 보는 경우가 많다. 성공하고 부유해질 가능성이 크고, 남들에게 호감을 얻을 확률도 높다. 그러나 객관적으로 볼 때 그들이 진짜 이런 이익과 성공을 얻게 될까?

최근의 연구에 따르면 자존감이 높은 사람들이 비록 긍정적인 생각을 가지고 있고 진취적이기는 하지만, 객관적으로 보면 그들의 학업 성적, 업무 성과, 리더쉽 등이 자존감이 낮은 사람들보다 반드시 우월한 것은 아니다.

서양 문화에서는 높은 자존감을 맹신하는 경향이 있다. 서양인들은 높은 자존감이 심리 건강에 미치는 영향을 과대평가한다. 한 예로 미국 캘리포니아주 정부가 아동들의 자존감 향상을 위한 교육에 해마다 25만 달러씩 투자한 적이 있었다. 아이들의 자존감이 높아지면 따돌림, 범죄, 미성년자의 임신, 학업 수준 저하 등의 문제도 해결될 것이라고 기대하고 계획한 프로젝트였다.

이에 따라 모든 학교에서 자존감 교육을 실시했다. 중국에서 몇 년 전부터 유행하기 시작한 이른바 '상식 교육'도 자존감 교육과 매우 비슷하다. 이 교육에서도 부모와 교사가 아이들에게 언제나 "네가 최고야"라고 말하게 한다. 이것이 아이를 자신감 넘치고 스스로 사랑하며 긍정적인 사람으로 자라게 한다고 믿기 때문이다.

하지만 최근 들어서는 자존감 교육에 대한 의구심, 특히 높은 자존감의 신비한 효과에 반박하는 주장이 나타나고 있다. 캘리포니아주가 실시한 자존감 교육을 분석해 본 결과, 기대한 효과는 전혀 나타나지 않은 완전히 실패한 프로젝트였음이 드러났다.* 한 예로 따돌림은 자

---

* Kristin Neff, *Self-Compassion: The Proven Power of Being Kind to Yourself*, William Morrow

존심과 아무 연관성이 없었다. 자존감이 높든 낮든 남을 괴롭히는 동기는 매우 복잡하다. 열등감 때문일 수도 있고, 돋보이거나 강해 보이고 싶은 심리 때문일 수도 있다. 누구라도 남을 무시하고 괴롭힐 수 있다. 연구에 따르면 자존감이 높은 사람들에게는 다음과 같은 단점이 있다.

첫째, 자존감이 높은 사람들은 공격성이 강하다. 모욕을 당하면 먼저 자신을 반성해 보는 것이 아니라, 타인을 맹렬하게 공격한다. 한 예로 리톈이李天一의 어머니 멍거夢鴿는 자존감이 높은 사람일 것이다.* 그녀는 자기 능력과 통제감을 믿고 아들의 죄를 인정하지 않았으며, 피해자에게 사과하지도 않았다. 만약 자존감이 낮은 사람이라면 자신이 자녀 교육을 제대로 하지 못했음을 인정하고 옳은 방식으로 처리했을 것이다.

대학생들을 대상으로 한 실험에서도 지능 검사 점수가 평균에 못 미친다고 알려 주자, 자존감이 높은 사람들은 남을 비난하거나 검사의 공정성을 불신함으로써 스스로 위안했다. 반면 자존감이 낮은 사람들은 남을 높이 평가하고 부러워했다. 높은 자존감은 자기감을 양호하게 유지하는 데 도움이 되지만, 남에게 상처를 입히기도 한다. 자존

Paperbacks, 2015(reprinted edition).

* 2014년 유명 가수 멍거의 아들인 리톈이가 집단 성폭행에 가담했다가 체포된 적이 있다. 하지만 멍거는 피해 여성이 돈을 목적으로 거짓 고발을 한 매춘부라고 비난하면서 아들의 죄를 인정하지 않았다. — 옮긴이.

감이 높은 사람들은 때때로 위협을 받으면 남의 감정은 고려하지 않고 자기중심적으로 행동하는 경향이 있다.

둘째, 자존감이 높은 사람들은 위협을 받으면 심하게 집착한다. 예를 들면 실패할 확률이 100퍼센트라 할지라도 그들은 포기하지 않고 그 일에 매달린다. 과도한 자신감과 모험은 때로는 심각한 경제적 손실과 정신적 충격을 가져올 수 있다.

셋째, 자존감이 높은 사람들은 호감을 주는 인상이지만 유지하기가 어렵다. 그들은 남들이 자신을 좋아한다고 생각하지만, 실제로는 그렇지 않은 경우가 종종 있다. 대학생들을 대상으로 자신의 교제 능력, 대화 능력, 갈등 해결 능력 등을 평가하게 한 연구가 있다. 그 결과 자존감이 높은 학생들은 자신이 이런 능력을 갖추었다고 자신 있게 대답했지만, 기숙사 룸메이트들은 그들의 교제 능력이 평균 수준이라고 대답한 경우가 많았다. 또한 자존감이 높은 사람들은 남들이 실제보다 더 자신을 좋아한다고 생각하는 반면, 자존감이 낮은 사람들은 남들이 자신을 좋아하지 않는다고 생각했는데, 타인들의 객관적인 평가에서는 차이가 없었다. 자존감이 높은 사람과 낮은 사람에 대한 타인의 호감도는 비슷하게 나타났다. 다시 말해 자존감이 높다는 것은 그가 반드시 좋은 사람이라는 뜻은 아니며, 그가 스스로 자신을 좋은 사람이라고 여기는 것을 의미한다.

넷째, 자존감이 높은 사람들은 대개 나르시시스트다. 자아도취에 빠진 사람들은 자존감이 높을 가능성이 크다. 그들은 주변 사람들의 태도나 반응을 주의 깊게 관찰하거나 고려하지 않는다. 거의 언제나 기분이 좋고, 자신의 매력과 경쟁력에 대해 조금도 의심하지 않으며, 스스로 특별한 대우를 받아야 한다고 여긴다. 그들은 대부분 남에게 매력적인 첫인상을 남긴다. 하지만 그에 대해 더 많이 알아갈수록 사람들은 그를 싫어하는 경우가 많다. 뻔뻔하고 남을 배려할 줄 모르기 때문이다. 나르시시트들은 자신의 이익이 침해당하면 부드러운 방식으로 해결하지 못하고 강한 공격성과 분노를 그대로 표출한다.

낮은 자존감의
장점

　　　　　　낮은 자존감은 자신을 가치 없고 매력 없는 존재라고 여기게 만든다. 하지만 장기적인 관점에서 보면, 나아가 심리 진화의 측면에서 보면 낮은 자존감에서 기인한 심리적인 고통은 객관적인 이익으로 상쇄될 수 있다. 한마디로 낮은 자존감도 순기능을 가지고 있다는 것이다. 자신을 낮추고 신중하게 행동하는 사람들은 남의 눈에 잘 띄지 않으므로 질투나 공격을 받을 가능성이 적다. 또한 그들의 겸손함은 주변 사람들에게 호감을 준다. 그렇기 때문에 사람들은 그들을 경계하지 않으며, 그들이 어려움에 처했을 때 기꺼이 도와주려고 한다.

　그들은 무거운 책임을 짊어질 필요도 없다. 이 또한 낮은 자존감이 가진 또 하나의 장점이다. 리더가 된다는 것은 남들보다 더 많은 책임을 져야 함을 의미한다. 그만큼 리스크도 커진다. 권력을 가진 사람들은 어떤 일에서 중대한 결정을 내려야 한다. 그 일은 생사가 걸린 막중한 문제일 수도 있다. 이런 경우 결정을 내리는 사람에게는 대단한 용기가 필요하다. 자존감이 높은 사람들은 권력욕이 강한 만큼 감당해야 할 부담감도 크다. 반면 자존감이 낮은 사람들은 남들 앞에 나서려 하지 않고 조직원이나 관중의 역할에 만족하기 때문에 큰 책임을 감당하지 않아도 된다.

진화학적인 관점에서 보아도 자존감이 낮음 사람들은 환경과 변화에 더 쉽게 적응하여 자신을 안전하게 지킬 수 있다는 장점을 가지고 있다. 어떤 존재든 가장 중요한 것은 영역 확장이나 포식이 아니라, 자신을 안전하게 지키는 일이다. 배고픈 사자는 사냥감을 놓쳐도 크게 좌절하지 않는다. 다음 기회를 노리면 그만이기 때문이다. 하지만 만약 생명의 안전이 위협받는다면 다음 기회는 영원히 없다. 생명조차 구할 수 없는데 사냥감을 잡은들 무슨 소용이 있을까.

첫째, 자존감이 낮은 사람들은 자신의 통제력을 과소평가하고, 자신과 세계를 비관적으로 바라본다. 하지만 위험이 도사리고 있는 현실 앞에서는 이런 생각이 자기 보호 기능을 발휘한다. 그들은 실패하면 '그럴 줄 알았어' 하면서 체념하기 때문에 상대적으로 덜 실망하거나 분노한다. 즉 실패할 수도 있다고 생각하기 때문에 결과를 순순히 받아들인다. 특히 실패가 거의 확실한 상황이라면 자존감이 낮은 사람들은 아예 시도조차 하지 않기 때문에 자신을 보호할 수 있다.

둘째, 자존감이 낮은 사람들이 반드시 비효율적인 것은 아니다. 연구 결과 자존감이 높은 낮든 업무 성과, 학업 성적, 사회적인 성공, 수입 등에서 큰 차이가 나타나지 않았다. 자존감이 높아도 실패할 수 있고, 낮아도 성공할 수 있다. 자존감은 일의 성패를 좌우하는 가장 큰 요인이 아니다. 성공 여부는 지능, 노력, 운 등에 의해 결정된다. 자존감이 성패에 어떤 영향을 미치는지는 매우 복잡한 문제다. 자기감이 양호한 사람은 정서적으로 안정되고 어려움을 두려워하지 않고 적극적이기 때문에 공부나 일에서 높은 효율을 거둘 때가 많다.

하지만 자신을 과대평가하는 경향은 어떤 상황에서는 성공의 걸림돌이 되기도 한다. 대표적인 경우가 복잡하고 어려운 상황에서도 과도한 자신감 때문에 소홀히 대비하는 것이다. 자신을 과대평가하면 중요한 시험을 앞두고도 열심히 공부하지 않을 수 있다. 반대로 자존감이 낮은 사람들은 중요한 시험을 앞두고 자기 실력을 믿지 못해 쉬이 불안해한다. 이로 인해 창의력과 집중력이 떨어질 수도 있지만, 적당한 긴장은 더 열심히 공부하게 만들어 좋은 결과를 가져온다.

요컨대 자존감이 높든 낮든 장단점이 다 있다. 어떤 상황에서는 높은 자존감이 유리하지만, 또 다른 상황에서는 그것이 오히려 해가 되기도 한다. 자존감이 낮은 사람들은 보통 자기 능력을 의심하고 남들이 자신을 좋아하지 않을까 봐 걱정한다. 그런데 이런 소심함은 타인을 배려하는 장점으로 나타날 수도 있다. 다른 한편으로는 자기 목표에 집중하지 못하고 타인의 반응에 따라 쉽게 흔들린다는 단점도 있다. 자존감이 높은 사람들은 항상 자신감이 넘친다. 어떤 상황에서는 이런 긍정적인 착각이 자기 고양에 도움이 된다. 가령 그들은 적당한 기회에 회사에 연봉 인상을 요구하거나, 자신의 이익이 침해받지 않도록 스스로 지키며, 자기 목표를 중심으로 생각하고 행동한다. 하지만 때로는 남의 의견을 듣지 않고, 자신의 단점을 똑바로 보지 못하며, 남의 장점에서 유익한 교훈을 얻지 못한다.

그러므로 일의 성패를 가져온 원인을 주관적인 정서로 귀결시킬 필요는 없다. 자존감이 얼마나 높은지가 한 사람의 인생을 결정하는 것은 아니다. 기분이 좋고 나쁨은 그저 성격이나 인격의 한 유형일 뿐이다. 부정적인 생각이 행복감을 느끼지 못하도록 방해할 때도 있지만, 진화의 관점에서 보면 환경에 적응하는게 더 효과적이다. 그러므로 부정적인 감정을 수용하되 극단으로 흐르지 않게 하며, 그 뒤에 숨겨진 긍정적인 의의를 이해해야 한다. 마찬가지로 긍정적인 감정의 역할을 과신하거나 너무 자랑스럽게 생각하지 말고 그저 자연스러운 감정으로 받아들이는 것이 좋다.

키케로와 카이사르의 자존감

높은 자존감 자체는 나쁜 것이 아니다. 스스로 가치 없는 사람이라고 생각하는 것보다는 가치 있다고 생각하는 편이 낫고, 자신의 통제력을 믿는 것이 믿지 않은 것보다 낫다. 또 자기 목표를 확신하는 것이 의심하는 것보다 낫다. 하지만 자존감이 행복을 결정하는 유일한 요건은 아니며, 사람의 운명을 변화시키는 만능열쇠도 아니다. 자존감은 행복감과 마찬가지로 심리 활동의 결과로서, 다른 힘에 의해서 나온다. 한마디로 그것은 결과이지 원인이 아니다.

그런데 자존감이 높든 낮든 겉으로 표출되는 심리적 특성 가운데 장단점이 모두 존재한다는 사실이 많은 연구를 통해 입증되었다. 그러므로 이런 지표를 가지고 자존감이 높다 혹은 낮다고 판단한다면 인간의 행위를 정확하게 해석할 수 없을 뿐 아니라 오히려 혼란만 일으킬 것이다. 자존감에서 가장 중요한 것은 긍정적인 자기감이 아니라 이런 자기 가치가 개인에게 무엇을 의미하는지에 있다. 자존감의 근원이 어디에 있고, 그것이 개인에게 실질적으로 어떤 영향을 미치는지 정확하게 알아야만 자존감이 긍정적인지 부정적인지, 건강한지 건강하지 않은지 판단할 수 있다.[*]

자존감의 가치와 의미를 판단하려면 단순히 높고 낮음의 지표만을 사용할 것이 아니라 다른 지표도 두루 고려해야 한다. 그 근원과 기초, 그로 인해 유발되는 행위와 부작용 등을 모두 살펴야만 자존감의 가치를 정확히 평가할 수 있다.

---

* Kristin Neff, 앞의 책.

조건부 자존감은 외부의 정의를 기준을 그것에 도달했다고 판단될 때만 자신의 가치를 인정하는 것이다. 이런 자존감을 가진 사람들은 경쟁에서 이기거나 남의 부러움을 사는 등 외재적인 목표를 달성한 경우에만 자신을 긍정적으로 평가한다. 예를 들면 전 과목에서 A를 받아야만 스스로 가치 있는 사람이라고 인정하는 학생의 경우가 그러하다. 연구에 따르면 이들의 자기 가치는 특정 분야에서 성공하느냐에 따라 좌우되며, 실패했을 경우 이들은 큰 고통을 느낀다.[*]

조건부 자존감은 불안정하고 취약하다. 이런 자존감을 가진 사람들은 성공하면 뛸 듯이 기뻐하고 실패하면 금세 좌절한다. 사람의 인생이란 복잡다단한 것이어서 언제나 행운이 찾아올 수도 없고 평생 악운만 따라다니지도 않는다. 인생은 쉬지 않고 흐르는 강물처럼 끊임없이 변한다. 행복과 행운에도 끝이 있듯이 불행과 고통도 지나간다. 오늘 1등을 했다고 해도 내일은 꼴찌를 할 수 있다. 아무리 우수한 운동선수도 언젠가는 은퇴하고, 아무리 똑똑한 정치가도 세월이 흐르면 늙는다. 그러므로 자기 가치를 외부 목표에 두는 것은 매우 위험하다. 목표 실현 여부에 따라 정서 기복이 심하면 이는 심리 건강에 이롭지 못하다.

그뿐만이 아니다. 조건부 자존감으로 인한 정서의 기복은 사람을 괴롭힌다. 이런 고통을 줄이기 위해 어떤 사람은 남들이 부러워하는

---

[*] Kristin Neff, 앞의 책.

목표를 내면화하려고 애쓴다거나, 취약한 자존감을 보호하기 위해 외적인 명예에 더 집착하기도 한다. 예를 들면 식구 수에 맞지 않는 넓고 호화로운 저택에 살고 싶어 한다든지, 그것으로도 만족하지 못해 드넓은 정원을 원한다. 하지만 그런 사람은 대농장주가 되어도 만족하지 못할 것이다.

반대로 진정한 자존감을 가진 사람들은 자기 가치를 외적인 목표나 성과가 아니라, 내재적이고 근본적이며 자기만이 가지고 있는 고유의 가치감에서 찾는다. 진정한 자존감은 일의 성패에 흔들리지 않고 안정적이다. 물론 성공하면 긍정적인 체험을, 실패하면 부정적인 체험을 한다는 사실을 부정하는 것은 아니다. 하지만 진정한 자존감을 가진 이들은 자기 가치감을 바로 자신의 내부에서 찾기 때문에 특정한 일의 성패에 따라 영향을 받지 않는다. 진정한 자존감의 심리적 기초는 개인의 통합성과 주체성과 자주성이다. 그러므로 그런 자존감을 가진 사람은 타인에게 영향을 쉽게 받지 않는다.

자존감을 측정할 때 기존에는 그것이 높은지 낮은지만 평가할 뿐 그것의 근원이나 기능은 구분할 수 없었다. 조건부 자존감을 가진 사람들은 측정 당시 외부 목표가 실현되었거나 자기만족을 느끼는 상태에 있었다면 높은 점수가 나온다. 하지만 얼마 지나지 않아 좋지 않은 일을 겪고 나면 그들의 자존감은 금세 낮아진다. 반면 진정한 자존감을 가진 사람들의 높은 자존감은 자신에 대한 긍정적인 감정에서 비롯된다. 그러므로 똑같이 자존감이 높게 측정되었다 해도 개인에 따라 그 점수가 의미하는 바는 각각 다르다. 동일한 점수를 얻었더라도 진정한 자존감을 가진 사람들의 자기 가치감은 외적인 목표에 따라 흔들리지 않는다. 반면 조건부 자존감을 가진 사람들은 자존감에 굉장히 연연한다. 그들은 자존감을 갖고 싶어 하고 그것을 얻지 못할까 봐 걱정하는데, 이러한 태도는 그들의 행위를 조절하는 중요한 힘이 된다. 그들은 남들의 부러움을 사고 비난을 피하는 데 모든 노력을 쏟아붓는다.

진정한 자존감을 가진 사람들은 내재적이고 고유한 가치감을 가지고 있다. 그러므로 그들의 목표와 행동에는 자기만의 흥미나 내면의 진정한 가치가 반영된다. 그들은 타인의 기대에 흔들리지 않는다. 일의 성패가 그들의 감정에 영향을 미치기는 하지만, 그렇다고 자신에 대한 모든 평가를 좌우하는 경우는 없다.

이러한 동기 이론에 따라 우리는 사람들을 두 부류로 나눌 수 있다. 하나는 사건의 결과에 따라 자신을 정의하고 외모, 인기, 재산, 사회적 지위 등 외적인 목표에서 자기 가치를 찾는 부류다. 심리 건강이라는 측면에서 보면 이런 외적인 목표는 부정적인 정서와 관계가 있다. 외부의 기준을 만족시키지 못하면 자존감이나 자기 가치감 전체가 무너져 버린다. 다른 하나는 내재적 가치를 중요하게 여기는 부류다. 그들은 자신이 가치 있고 장점이 많은 사람이라고 믿는다. 무엇을 가졌는지 또는 무엇을 실현했는지가 아니라, 한 인간으로서 살고 있다는 사실 자체로도 가치 있다고 여긴다.

살다 보면 누구나 이익, 명예, 외모 같은 외재적인 것과 관련하여 현실적인 문제에 부딪힌다. 모든 사람이 정도의 차이는 있지만 물질적인 이익을 추구하며 살아가야 한다. 하지만 동기와 추구하는 목표에 따라 사람들을 구분할 수 있다. 같은 일을 해도 어떤 사람은 안정감을 가지고 내재적인 가치에 따른다. 예를 들면 똑같은 사업가라도 이익 극대화를 목적으로 하는 사람이 있고, 한두 푼에 벌벌 떨지 않고 여유로운 마음을 가진 사람도 있다. 후자는 자기 상황에 따라 계획과 목표를 세우고, 주변 사람들에게 쉽게 영향을 받지 않는다. 그들은 자기 내면의 가치감과 신념을 돈보다 중요하게 여긴다. 정확하게 말하면 그들은 진정한 신념과 가치를 가지고 일하기 때문에 기본적인 윤리를 어기지 않고 일에서 만족감과 기쁨을 추구한다.

하지만 불안한 허영심을 가진 사람들은 오로지 경쟁에서 이기려는 생각만 가지고 있다. 그런 이들은 돈을 벌면 명품으로 온몸을 치장하고, 값비싼 자동차와 호화로운 주택을 장만하여 자신을 과시했다. 그러나 사업이 순탄하지 못하면 자책하고 자포자기한다. 그들은 일의 결과에 따라 감정이 수시로 바뀔 만큼 정서적으로 불안하다. 사업이 잘되면 자존감이 올라가고, 그렇지 않으면 내려간다. 또한 자기보다 못한 사람을 보면 자존감이 올라가지만, 나은 사람을 보면 추락한다. 같은 일을 해도 그 동기가 허영심일 수도 있고 야심일 수도 있다. 이렇게 본다면 사람을 허영가와 야심가로 나눌 수 있다.

조건부 자존감을 가진 사람들은 대체로 허영심이 강하다. 그들은 일을 하는 과정 자체에 집중하지 못하고, 일의 목표와 의의를 중요하게 여기지 않는다. 그들의 유일한 관심사는 남들의 갈채와 환호뿐이다. 그들이 기울이는 모든 노력도 역시 명예와 남들의 감탄과 부러움을 얻기 위한 것이다. 그들에게 가장 큰 이상은 세상 모든 사람들이 자기 발밑에 엎드리는 것이다.

일본 작가 시오노 나나미鹽野七生가 쓴 『로마인 이야기』를 보면 이런 현상이 예리하게 분석되어 있다. 허영심이란 남들에게 자신의 우수함을 인정받았을 때 느끼는 희열이다. 반대로 야심가는 남의 찬사를 얻지 못해도 자기 목표를 계속 고집한다.

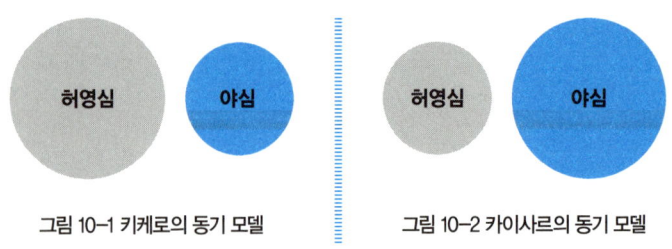

그림 10-1 키케로의 동기 모델   그림 10-2 카이사르의 동기 모델

이 분석에 따르면 로마의 법학자이자 연설가인 마르쿠스 툴리우스 키케로Marcus Tullius Cicero는 야심보다 허영심이 강한 인물이었다. 그가 하는 모든 일은 자신의 목표를 달성하기 위함이 아니라 남들의 갈채를 받기 위함이었다. 반대로 율리우스 카이사르Julius Caesar는 허영심보다 야심이 강한 인물로서, 자신의 포부를 실현하는데 모든 정력

을 쏟아부었다.*

 허영을 추구하는 사람들은 특정 분야의 명예와 이익에 연연하는데, 전반적으로 그들은 외적인 기준과 관계된 가치를 중시하는 경향이 있다. 가령 돈을 좋아하는 것은 그것이 허영심과 밀접한 관계가 있기 때문이다. 명예욕이 강한 이들은 자신의 외모다 타인의 시선에 과도하게 신경을 쓴다.

 그러므로 조건부 자존감을 가진 사람들은 돈, 외모, 남의 시선 등 외적인 것에 관심이 많다. 그들은 아름다운 외모나 우월한 성과와 능력을 가져야만 자신의 가치를 증명할 수 있다고 생각한다. 그리하여 그들은 그런 것의 득실에 과도하게 집착하면서 부담감과 긴장감을 안고 산다.

---

* 시오노 나나미, 『로마인 이야기 5: 율리우스 카이사르』

무조건적인
사랑의 힘

> 큰 사랑은 아무것도 바라지 않는다.
> → 중국 격언

조건부 자존감은 어디에서 비롯되는 것일까? 가장 주된 요인은 부모, 선생님 등의 교육 방식이다. 어른들은 은연중에 아이들에게 어떤 분야에서 성공하고 일정한 기준에 도달해야만 가치 있는 사람으로 존중받을 수 있다는 인식을 주입한다. 그런가 하면 용감하고, 지혜롭고, 운동을 잘 하거나 남에게 호감을 주는 등 외재적인 기준에 부합해야만 사랑받을 수 있다는 생각을 전해 준다. 이런 일이 반복되면 아이는 어른이 제시한 기준을 자신의 가치로 내면화한다.

연구에 따르면 불안정하거나 조건부 자존감을 가진 운동선수들은 외부 동기에 의해 운동을 한다고 생각하는 경향이 있다. 코치나 부모의 기대를 내면화하는 것이다. 또한 조건부 자존감을 가진 사람들은 실패하면 부모가 자신을 더 이상 사랑하지 않을 것이라고 여긴다. 조건적인 사랑으로 아이를 교육하는 부모들도 그런 교육을 받고 자란 경우가 많다. 부와 외모를 중시하는 미디어도 조건부 자존감을 심화하는 중요한 요인이다. 방송에서 부자나 인기 스타의 사치스러운 생활을 과도하게 홍보함으로써 사람들의 불안감과 비교 심리를 부추긴다.

진정한 자존감은 부모에게 받은 조건 없는 관심과 사랑을 통해 형성된다. 자식에 대한 부모의 사랑은 성공 여부나 개인적인 기대와 결부되어서는 안 되며, 아이의 관심과 적성, 건강한 삶을 위한 것이어야 한다. 그래야만 아이는 자주성을 가지고 자랄 수 있고, 환경이 변해도 정서 불안을 겪지 않고 안정적인 자기 가치감을 가질 수 있다. 그 덕분에 자존감에 큰 관심을 갖지 않고, 상대가 자신을 좋아하는지 좋아하지 않는지 의심하지 않으며, 자아 주체성을 가지고 진정으로 자신이 원하는 선택을 하며 살아갈 수 있다.

더우더우豆豆라는 아이가 있었다. 아빠는 더우더우를 아무 조건 없이 사랑하고 감싸 주었다. 더우더우는 초등학교에 들어간 뒤 용기와 끈기, 자주성을 보여 주었다. 그가 가장 좋아하는 것은 식물학이었고, 특히 중의학에서 약초를 이용해 환자를 어떻게 치료하는지 무척 궁금해했다. 어느 날 그는 하교 후 근처의 병원에 가서 의사에게 물었다.

"중의학을 공부하고 싶어요. 날마다 찾아와서 환자들을 진료하시는 것을 구경해도 될까요?"

의사는 그를 기특하게 여겨 흔쾌히 승낙했다. 몇 년 뒤 중학생이 된 그가 의사에게 말했다.

"더 많은 것을 배우고 싶어요. 중의학에 대해 더 많이 알고 계신 전문가를 추천해 주실 수 있나요?"

의사는 중의학계의 권위자인, 자신의 대학 은사님을 소개해 주었다. 더우더우는 저명한 그의 연구실에 찾아가 몇 년 동안 중의학을 배웠고, 결국 중의학대학에 당당히 합격했다. 현재 더우더우는 해마다 여름방학이면 예전 은사님들을 찾아가 건강을 돌보아 드리고 있다. 조건 없는 사랑을 받으며 자란 그는 자주적이고 남을 사랑할 줄 아는 마음을 가지게 된 것이다.

성공은 자존감의 필수 조건인가?

100년 전 미국 심리학자 윌리엄 제임스 William James는 자아에 대해 연구한 뒤 자존감에 대한 유명한 공식을 도출했다.

$$자존감 = \frac{성공}{욕구}$$

제임스는 자존감이 인간의 '욕구'와 관계되어 있다고 주장했다. 먼저, 욕구는 '당신은 누구인가', '당신의 목표와 이상은 무엇인가'와 관련된다. 이 경우 자신이 가치 있다고 여기는 분야에서의 성공 여부가 자존감을 결정한다. 가령 축구 선수라면 그의 인기, 재능, 수입, 생활 방식은 모두 축구와 관련되어 있으며, 축구에서 성공하면 저절로 자존감도 얻게 된다.

하지만 다른 분야에서 성공하는 것으로는 자존감을 얻을 수 없다. 예를 들어 축구 선수가 노래를 잘해도 그것은 자존감과 깊은 관계가 없다. 육상 선수가 올림픽 금메달을 땄을 때, 예능 프로그램에 출연해 노래 실력을 뽐내고 극찬을 받았을 때 자존감의 크기가 같을 수는 없다. 누구나 마찬가지다. 나 역시 어느 동료가 탁구 대회에서 우승했다 해도 시샘하는 마음이 들지 않을 것이다. 하지만 누가 심리 상담이나 긍정심리학 분야에서 큰 성과를 냈다면 초조해할 것이다. 그러므로 제임스는 자존감을 높이기 위해서는 자신에게 가장 중요한 분야에서 성과를 거두고 실력을 향상시켜야 한다고 주장했다.

욕구의 또 다른 의미는 자신이 세운 '기준'이다. 자존감은 스스로 세운 기준과 관련되어 있다. 예를 들어 올림픽 메달 획득을 목표로 삼았다면 동메달을 따더라도 매우 기쁘고, 은메달이나 금메달을 딴다면 더 기쁠 것이다. 하지만 금메달을 목표로 삼았다면 은메달이나 동메달을 땄을 때 자존감에 상처를 입게 된다. 올림픽 시상식에서 동메달보다 은메달을 획득한 선수가 더 우울해하는 것을 종종 볼 수 있는데, 이는 바로 기대치의 차이 때문이다.

제임스의 자존감 공식에서 욕구와 더불어 중요한 것은 능력, 즉 '성공'이다. 특별한 능력을 통해 성공적인 결과를 얻는다면 자존감도 높아진다. 그러므로 자존감을 높이기 위해서는 '더 큰 성공을 거두거나 욕구를 낮추거나' 둘 중 하나를 선택해야 한다.

제임스는 실용주의 철학의 창시자이기도 하다. 그의 사상은 그 후

100년간 성공학에 영향을 미쳤다. 그런데 제임스의 자존감 공식은 본질적으로 성공 지향적이며 조건부 자존감을 부추긴다. 자존감을 높이고 싶다면 계속해서 더 큰 성공을 이루어 내야 한다는 뜻이기 때문이다. 성공해야만 남에게 호감을 얻을 수 있고 그렇지 않으면 가치 없는 사람일까? 반면 제임스는 욕구를 줄이는 것에 대해서는 크게 강조하지 않았다.

성공의 자원과 기회는 유한하다. 누구나 뛰어난 능력을 가질 수 없으며, 세상에는 우수한 사람보다 평범한 사람이 더 많다. 세상에 태어나서 위대한 일을 이루지 못해도 작은 일에서 성과를 거둘 수는 있다. 게다가 성공은 영원하지 않다.

우리는 무엇을 하든, 어떤 사람이든 살아 있기만 하다면 그것만으로도 가치를 가지고 있다. 살아 있고 자신이 좋아하는 일을 하고 있다면 누구든 가치 있고 진정한 자존감을 가질 수 있다. 자존감은 성공과 필연적인 관계가 없으며, 내면의 고요함, 안정, 열정 등 심리적인 과정과 관계가 있다. 성공하지 않은 보통 사람도 자존감을 가질 자격이 있다.

자존감의 근원과
안정감의 중요성

조건부 자존감이 충격에 취약하고 불안정한 이유는 그것이 진심이 아니기 때문이다. 조건부 자존감은 외부에서 주입되기 때문에 자신에게 말로 필요한 것과 마음속 진심을 반영하지 못한다. 따라서 그 근원이 불안하기 때문에 심리적으로 건강하지 못한 상태가 나타난다. 조건부 자존감은 다음 네 가지 특징을 가지고 있다.

1) 자아의 가치감이 불안정하기 때문에 외부 요인에 쉽게 흔들린다.
2) 특별한 결과를 바탕으로 형성되기 때문에 불안정하다.
3) 개인의 진실한 의도와 가치를 반영하지 못하며, 심지어 진심과 충돌하기도 한다.
4) 스스로 완벽하지 않다는 사실을 인정하지 않게 만든다.

반면 건강한 자존감은 이와 반대되는 특징을 가지고 있다.

1) 자아의 가치감이 안정적이어서 쉽게 흔들리지 않는다.
2) 심리적인 만족감을 바탕으로 한다.
3) 개인의 진심이나 가치와 일치한다.
4) 자신의 단점에 대해 부정적이거나 방어적이지 않고 수용적이다.

자존감의 근원이 다르면 개인에게 작용하는 바도 다르다. 조건부 자존감을 가진 사람은 자존감이 높든 낮든 자신의 완벽한 이미지와 긍정적인 자아를 보호한다. 그들의 인생 목표는 자신의 단점을 감추는 데 있다. 예를 들면 동창회에 참석할 때 그들은 옛 친구들과 우정을 되새길 생각에 기뻐하는 것이 아니라, 동창들이 자신을 무시하지 않을지 걱정한다. 그래서 어떤 옷을 입고 갈지, 어떤 담배를 피울지 고민한다. 그들의 인생은 어떻게 하면 체면이 깎이지 않는지, 자존감이 위협받지 않을 수 있는지에 초점이 맞추어져 있다.

건강한 자존감을 가진 사람들은 자신의 기본적인 욕구를 만족시키기 위해 노력하며, 실력을 기르고 좋아하는 일을 하려고 한다. 그들은 자신이 완벽하지 않다는 사실은 물론 인생에서 힘든 일도 자연스럽게 받아들인다. 또한 체면을 지키기 위해 일부러 애쓰지도 않는다. 그들에 비해 조건부 자존감을 가진 사람들은 남들과 사귈 때나 일상생활을 할 때 늘 조심스럽다. 그들이 자기 가치감에 집착하는 것은 내면이 불안정하기 때문이다.

몇몇 심리학자들은 이런 자존감의 차이가 '심리적 본질성'에서 나온다고 주장한다. 심리적 본질성에 대해 매슬로는 '인간이 자기 고유의 본성을 충분히 발견하고 탐색하고 수용하여 의의와 가치를 실현하는 과정'이라고 했다. 로저스는 '자기 개념과 체험이 일치하는 것이며, 인간이 자신의 가치와 잠재력을 실현할 때 심리적 본질성도 충족된다'고 했다. 골드만 등의 심리학자들은 주관적 행복감은 자기 내면의 진정한 욕구를 충족시킬 때 증가하며, 그 행복감은 한 달 정도 지속된다고 말한다.[*]

심리적 본질성은 안정감이나 진정한 자존감과 관련이 있다. 연구에 따르면 자존감이 높은 사람들은 자신의 한계를 뛰어넘고 잠재력을 더 많이 발휘할 수 있는 도전적인 일을 좋아한다고 한다. 이런 사람들은 자신이 진정으로 원하는 것이 무엇인지 알고 그에 따라 결정을 내린다. 또한 의지가 강하고, 명확한 목표를 추구하며, 정서적으로 안정되어 있어 쉽게 초조해하지 않는다. 그들의 목표는 명예나 이익이 아니라 개인의 성장에 초점이 맞추어져 있다. 그들은 외부 사물이나 바깥세상에 관심이 많고 자아에 과도하게 집착하지 않는다.

행복감은 생활 만족도와 정신적 행복으로 나눌 수 있다. 전자는 긍정적인 정서와, 후자는 심리의 기능과 상태와 관련 있다. 일반적으로

---

[*] Michael H. Kernis, 앞의 책.

자존감이 높으면 생활 만족도가 높지만, 정신적 행복도 높은 것은 아니라고 한다. 정신적 행복은 심리적 본질성이 충족되고 자존감이 높아야만 느낄 수 있다. 단순한 욕구나 허영심 충족은 긍정적인 정서를 갖는 데 도움이 되기는 하지만, 내면의 진정한 행복을 의미하지 않는다. 즉 행복감을 느껴도 그것이 지속되지 않는다는 것이다. 지속적인 행복감을 얻으려면 자기 내면의 정신세계로 돌아가 잠재력과 가치를 실현해야 한다. 용기와 진심을 가지고 자신을 대하는 것, 이것이 바로 심리 건강과 행복감을 얻는 전제 조건이다.

11

가장된 자존감의 실체

높지만 불안한 자존감

　　　　　　　　　　자존감이란 타인과 교류할 때의 주관적인 느낌을 말한다. 예를 들어 자존감이 높은 사람들은 상사 앞에서 겸손하게 행동하지만 자신을 비하하지 않고 매우 가치 있는 사람이라고 생각한다. 그들은 상사가 자신보다 단지 권력이 강할 뿐이지 자신과 똑같은 인간이라고 여긴다.

　하지만 자존감이 낮은 사람들은 겉으로도 공손할 뿐만 아니라 속으로도 몹시 긴장하면서 상사가 인격적으로 자신보다 훌륭하다고 생각한다. 그런데 이런 판단은 어떤 객관적인 기준에 따른 것이 아니라 주관적인 느낌일 뿐이다.

　최근에는 자존감의 높고 낮음으로 사람을 나누는 방식을 보완하려는 시도가 보인다. 심리학자들은 높은 자존감이 완벽하다거나, 심리 건강을 판단하는 유일한 기준이라는 인식에 의문을 제기했다. 그리하여 자존감의 긍정적인 기능과 부정적인 기능에 더 주목하고, 자존감의 특성, 그것의 바탕이 된 요소, 자존감과 동기의 관계에 대해 더 깊이 연구하기 시작했다. 다시 말해 높은 자존감과 낮은 자존감의 차이뿐만 아니라, 조건부 자존감과 진정한 자존감, 자존감의 바탕이 부모 자식 간의 안정 애착인지 부모의 통제인지 등 다른 기준을 가지고 정의하고 이해하기 시작했다는 것이다.

높은 자존감도 그것이 어떤 기능을 하는지, 무엇을 바탕으로 하는지, 목표는 무엇인지에 따라 두 가지로 나눌 수 있다. 하나는 건강하고 높은 자존감이다. 이런 자존감은 자주적이고 안정적이며 실력 향상을 추구한다. 그것은 개인의 기본적인 욕구가 충족된 진정한 자기 만족감이자 자기 가치감이다. 다른 하나는 건강하지 못한 높은 자존감으로, 허영심과 외적인 명예와 이익을 추구하며, 불안하고 자기중심적이다. 이런 자존감을 가지고 있으면 불안정하고 취약한 자아를 보호하기 위해 자신을 과대평가하게 되는데, 그 뒤에 숨어 있는 진정한 동기는 낮은 자존감이다. 그러나 겉으로는 높은 자존감과 비슷한 형태로 표출되기 때문에 '가장된 자존감'이라 불리기도 한다.

자아도취에 빠진 사람들

가장된 자존감을 가진 사람들은 대부분 겉으로는 자신만만하게 보인다. 그들은 자기감이 양호하고, 부정적인 면은 감추고 긍정적인 면만 보여 준다. 그들 자신은 스스로 만족하는 것 같지만, 남들에게는 어색하고 작위적으로 비친다. 그들은 남들 앞에서 자신을 과장해서 자랑하고, 자신의 단점 등에 대해서는 이야기하지 않는다.

하지만 남들에 대해 이야기할 때는 정반대다. 그들은 남의 나쁜 점에 대해서만 시시콜콜 지적한다. 예를 들면 A는 자신이 대단한 인물들과 친분이 있다고 자랑하고 다닌다. 반면 집안의 안 좋은 일에 대해서는 전혀 언급하지 않는다. 자신의 화려한 인맥을 과시하지만 누가 도와달라고 하면 갖가지 핑계를 대며 미룬다. 그가 자신을 자랑하고 높이 올리는 목적은 오직 하나다. 바로 상대가 자신을 대단한 사람이라고 생각하게 만드는 것이다. 그 이면에 감춰진 진정한 동기는 자존 감을 지키는 것이다. 그러면서 그들은 속으로 이렇게 외친다. '내가 얼마나 대단한 사람들을 알고 있는지 봐라. 그만큼 나는 중요하고 완벽한 사람이야.'

살다 보면 누구나 남에게 거짓말을 하기 마련이다. 거짓말의 대부분은 자신이 교제할 가치가 있는 사람임을 보여 주기 위한 것이다. 가장된 자존감을 가진 사람들은 그런 경향이 남들보다 훨씬 심하다. 그들의 자기 자랑은 때와 장소를 구분하지 않는다. 이미 은퇴한 지 여러 해 된 한 교수는 옛 동료를 만날 때마다 안부도 묻기 전에 자신이 요즘 얼마나 바쁜지, 외국 출장을 얼마나 많이 다녀왔는지, 새로 하는 일은 또 얼마나 중요한지 등을 늘어놓는다. 그다지 친하지도 않고 깊은 이야기를 나눌만한 사람이 아닌데도 생뚱맞게 자신의 성과에 대해 늘어놓는다면 상대는 무척 난감하고 어색할 것이다.

가장된 자존감을 가진 사람들의 자기 과시는 사실을 바탕으로 한 것이 아니기 때문에 과정에 대한 묘사나 감정 이입이 부족하다. 그것은 그저 온전히 허풍일 뿐이다. 자기중심적이고 자기 연민이 강한 사람들은 마치 세상에 자기 혼자인 듯 남들과 잘 교류하지 않고, 그들의 반응에 신경 쓰지 않는다. 예를 들면 학교에서 학부모회의를 하는데 다른 아이가 명문 고등학교에 합격했다고 하면, 가장된 자존감을 가진 부모는 이렇게 말한다.

"그 학교가 뭐가 좋아요? 학업 스트레스도 심하고 관리도 엄격해서

학생들 몇 명은 자살한 걸요!"

그러면서도 속으로는 몹시 질투하면서 자기 아이도 그 학교에 입학하기를 바란다. 그들은 자존감을 지키기 위해서는 진실이나 옳고 그름 따위는 개의치 않는다. 그들의 관심사는 오로지 자신뿐이다.

자아도취에 빠진 사람들은 매우 높은 자존감을 가지고 있으며, 늘 기분이 좋다. 자신의 매력, 경쟁력, 지능에 대해 실제보다 더 높게 평가하고, 자신이 특별 대우를 받아야 한다고 생각한다. 이런 자아도취는 인격검사를 통해 측정할 수 있다. 예를 들면 "나는 특별한 사람이다", "내가 통치한다면 세상은 지금보다 훨씬 아름다워질 것이다", "나는 거울 보는 것을 좋아한다"등의 질문을 해 보면 그들의 속마음을 파악할 수 있다. 자아도취에 빠진 사람들은 그저 겉으로만 자신을 좋아하는 것처럼 보일뿐이다. 속으로는 자신을 싫어하면서도 불안정한 마음을 감추기 위해 그들은 더 열심히 겉모습을 포장한다.

자아도취에 빠진 사람들의 자존감은 전제 조건이 있으며 건강하지 못하다. 그들은 남의 관심과 칭찬을 받으면 기분이 좋아지지만, 반대로 줄어들면 곧 우울해하고 분노, 경멸, 반박 등의 반응을 보인다. 자아도취에 빠진 사람들이 위협을 받았을 때 보이는 행동을 연구한 심리 실험이 있다. 심리학자들은 피실험자들에게 중대한 사건에 대한 보고서를 쓰게 하고, 바로 옆방에 있는 심사위원들에게 그 보고서를 읽고 평가하게 했다. 심사위원들은 실제 전문가가 아니라 실험을 진행하는 연구원들이었다. 그들은 중립적인 평가 대신 일부러 호평과 악평

둘 중 하나만 말했다. 보고서를 평가한 뒤 피실험자와 심사위원들이 컴퓨터를 통해 간단한 문제를 함께 풀면서, 둘 중 문제를 빨리 푼 사람이 상대에게 부저를 눌러 경고하게 했다. 심사위원들이 일부러 문제를 늦게 풀자, 악평을 받았던 피실험자들이 부저를 가장 길고 세게 눌렀다. 자신을 낮게 평가한 사람에 대한 모욕적인 반격이자 보복인 것이었다.[*]

---

[*] Kristin Neff, 앞의 책.

가장된 자존감을 가진 사람들은 평등하고 우호적인 태도로 타인을 대하지 못한다. 그들은 모든 타인이 자신의 관객이라고 생각한다. 타인은 자신에게 박수만 칠 수 있으며, 무대에 올라올 수는 없다. 그들은 자신만이 무대에 오를 자격이 있다고 생각하기 때문에 타인의 권리, 자존감, 이익을 무시한다. 또한 그들은 좌절하거나 실패하면 남탓을 하며 책임을 미룬다. 남을 책망함으로써 괴로움을 떨쳐 내는 것이다.

가장된 자존감을 가졌거나 자아도취에 빠진 사람들은 자존감이 낮다. 그들에게 인생의 중요한 목표는 탄탄하지 못한 자신의 자존감을 지키는 것이다. 그들의 자존감은 취약하고 불안정하다. 그들은 남들에게 자신이 얼마나 훌륭한 사람인지 보여 주기 위해 일하는 것일 뿐 내면의 진정한 욕구 충족에는 관심이 없다. 겉으로 보면 그들은 즐겁고 자신감 넘치는 것 같지만 사실 속으로는 초조해한다. 그들의 유쾌함은 불안정하며 남들의 존중과 찬사에 의존한다.

자신에 대한 마음속 진정한 생각

초기의 자존감 연구에서는 대화 방식으로 자존감을 측정했다. 즉 자기 가치감에 대한 질문을 통해 자존감이 높은지 낮은지를 판단한 것이다. 이와 같이 질문에 대한 대답을 분석하는 방식으로 측정한 자존감을 '명시적 자존감'이라고 한다. 그런데 간단하고 용이한 대화형 자존감 측정 검사는 타인의 생각을 미리 예상하고 거짓말을 할 수 있다는 단점이 있다. 그리하여 사회적으로 바람직한 특성을 가지고 있는 것처럼 자신을 묘사하는 경향을 가리켜 심리학에서는 '사회적 바람직성social desirability'이라고 한다.

텔레비전 생방송 프로그램에 출연한 사람에게 "긴장되십니까?"라고 물으면 대부분 "아니오"라고 대답하지만, 심박 수나 땀샘의 활동, 피부 저항 등을 검사해 보면 평소와는 완전히 다른 상태에 있음을 알 수 있다. "자신이 가치 있는 사람이라고 생각하십니까?"라는 질문에 스스로 가치 있는 사람이라고 여기지 않으면서도 "물론이죠"라고 대답할 수 있다. 또 자신에게 불만을 품고 있는 사람도 그런 마음을 감추기 위해 "대체로 저 자신에게 만족합니다"라고 대답할 수 있다. 대화형 자존감 측정방식이 널리 사용되고는 있지만 그에 대한 반론과 비판도 만만치 않다. 어떤 이들은 이런 방식이 자아도취에 빠진 사람들의 자존감을 과대평가하기 쉽다고 지적한다.

이런 단점을 보완하기 위해 나온 개념이 바로 '암묵적 자존감'이다. 이것은 무의식적이고 자동적인 자기 평가로서, 유아기에 형성된다. 이것을 측정하는 가장 대표적인 방식이 '암묵적 연합 검사Implicit Association Test: LAT'다. 컴퓨터 프로그램을 통해 모니터에 '자신', '나' 등 자아와 관계된 단어와 '그것', '나무', '집' 등 자아와 무관한 단어를 보여 준다. 바로 뒤이어 '아름다운', '귀여운', '유능한' 등의 긍정적인 단어나 '두려운', '나쁜' 등의 부정적인 단어를 보여준다. 그다음 검사 대상자가 자아를 긍정적인 단어 또는 부정적인 단어와 연결하는 속도를 분석한다. 만약 자아를 긍정적인 단어와 신속하게 연결하면서 부정적인 단어와는 그렇지 않다면 검사 대상자의 암묵적 자존감이 높다고 볼 수 있다. 그 반대라면 암묵적 자존감이 낮다고 볼 수 있다. 이 검사를 통해 자존감을 측정해 보면 동일 인물이라도 대화형 자존감 측정 검사로 도출된 결과와 매우 큰 차이를 나타낸다.

암묵적 자존감은 잠재의식 속에 있는, 자아에 대한 진정한 생각이다. 반면 명시적 자존감은 의식적으로 언어나 감정을 통해 가공된 자기 평가다. 저우야의 연구 결과에 따르면 우울한 사람들에게서는 암묵적 자존감과 명시적 자존감 사이에 큰 차이가 없는 반면, 그렇지 않은 사람들에게서는 명시적 자존감이 암묵적 자존감보다 현저히 높게 나타난다. 후자의 사람들은 자기 고양 동기를 가지고 있기 때문이다.

일반적으로 자기 고양은 자기 보호 역할을 하기 때문에 심리 건강에 도움이 된다. 사람들에게서 자기 고양의 동기는 여러 가지로 표출된다. 자신을 실제보다 더 긍정적으로 표현한다거나, 좌절했을 때 실패의 원인을 자신에게서 찾지 않거나, 현재 자신이 과거보다 훨씬 우수하다고 믿는다. 앞으로 자신에게는 긍정적인 사건(원만한 결혼 생활, 건강한 장수 등)이 많이 일어나고 부정적인 사건(암 발병, 불의의 사고 등)은 일어나지 않을거라 믿기도 하고, 자기보다 나은 사람과는 의도적으로 거리를 두고 못한 사람과 비교하기도 한다.

하지만 자아도취에 빠져 있거나 가장된 자존감을 가진 사람들에게서는 이런 명시적 자존감이 비이성적일 만큼 확장되어 나타난다. 그들은 자신의 단점을 감추고 취약한 자존감을 보호하기 위해 과도하게 노력하며, 심지어 타인의 이익과 명예를 해치기도 한다.

자존감의 안정성과 가변성

　　　　　　　　자존감과 심리 건강의 관계는 자존감의 안정성과 불안정성이라는 각도에서 이해할 수 있다. 마이클 커니스Michael Kernis 등의 심리학자들은 '자존감의 안정성self-esteem stability'이라는 개념을 제시했다. 이것은 '자존감의 가변성self-esteem variability'이라는 개념과 반대된다. 자존감의 가변성이란 특정한 환경에서 개인이 즉각적으로 느끼는 자기 가치의 변동성을 의미한다.* 자존감이 쉽게 변하는 사람의 자기감은 최근 발생한 일에 의해 좌우된다. 그 결과에 따라 자존감이 높아지기도 하고 낮아지기도 하는 것이다. 반대로 자존감이 쉽게 변하지 않는 사람의 자기감은 상대적으로 안정적이어서 최근 일어난 일의 결과가 어떠하든 그것에 좌우되지 않

---

*　Michael H. Kernis, 앞의 책.

는다. 자존감이 높아도 쉽게 변한다면 실제로 취약한 것이고, 높으면서도 안정적이라야 탄탄하다고 말할 수 있다. 연구 결과에 따르면 자존감의 높고 낮음보다는 안정성이 심리 건강에 더 큰 영향을 미친다. 자존감이 안정되어야만 심리적으로 환경에 잘 적응하고 자주적으로 행동할 수 있다. 커니스 등은 '안정적인 높은 자존감'과 '가변적인 높은 자존감'이 어떻게 다른 역할을 하는지 분석했다.

첫째, 안정적인 높은 자존감을 가진 사람들은 긍정적인 자기감을 탄탄하게 가지고 있어서 외부 사건의 결과에 큰 영향을 받지 않는다. 반면 가변적인 높은 자존감을 가진 사람들은 자기 가치감이 취약해서 일의 결과에 따라 긍정적이거나 부정적인 반응을 과장되게 나타낸다.

둘째, 좌절했을 때라도 안정적인 높은 자존감을 가진 사람들은 강한 적대감을 보이지 않는다. 실패가 그들의 자존감을 위협하지 않기 때문이다. 반면 가변적인 높은 자존감을 가진 사람들은 강한 공격성과 적대감을 드러낸다. 실패가 그들의 취약한 자존감을 크게 다치게 했기 때문이다.

셋째, 시험에 합격하거나 낙방한 뒤 안정적인 높은 자존감을 가진 사람들은 비교적 온전하고 융통성 있는 귀인을 한다. 성공하더라도 자신의 노력이나 지능을 과도하게 강조하지 않고, 실패했을지라도 자신을 너무 자책하지 않는다. 하지만 가변적인 높은 자존감을 가진 사람들은 시험에 합격하면 전적으로 자신의 노력이나 실력 덕분이라고 자랑하고, 낙방하면 전날 밤 충분히 잠을 자지 못했다거나 문제가 편향적으로 출제되었다는 등 다른 원인을 찾는다. 그들은 자신을 변호하기 위해 외부에서 핑계를 찾는다.

넷째, 남들에게 찬사나 비난을 받았을 때도 안정적인 높은 자존감을 가진 사람들과 가변적인 높은 자존감을 가진 사람들의 반응이 다르다. 후자는 찬사를 들으면 스스로 유능하고 매력적인 사람이라고 여기며 당연하게 받아들인다. 반대로 비판을 받으면 평가 기준이 불공평하다거나 평가 방법이 정확하지 않다고 불평한다. 자신의 문제가 아니라 외부 요인이 자신에 대한 낮은 평가를 초래했다고 생각하는 것이다. 그들의 좌절했을 때 남에게 화풀이를 하는 것도 바로 이 때문이다.

가장된 자존감의 반항 기질

불안한 자기 가치감을 보호하겠다는 동기는 똑같은데 어째서 자존감이 낮은 사람들은 자신을 낮게 평가하면서 자기 회의, 도피, 포기, 자책, 자학 등의 방식으로 문제에 대응하고, 반대로 가장된 자존감을 가진 사람들은 고집스럽게 자신을 보호하고 과대망상을 나타내는 것일까? 무엇이 둘 사이에 이런 차이를 만드는 것일까?

그 이유는 사람들의 타고난 기질 또는 성격 때문이다. 가장된 자존감을 가진 사람들은 반항적인 기질을 가지고 있다. 그들은 천성적으로 용감하고, 의지가 강하며, 과감하다. 비판이나 처벌을 받으면 본능적으로 반항하고 쉽게 굴복하지 않는다. 이런 기질을 타고난 아이가 온화하고 민주적인 부모에 의해 양육되면 안정적이고 자주성을 가진 사람으로 자라게 된다. 또한 부모가 무조건적인 사랑으로 기른다면 아이는 실력 향상을 추구하고, 남을 애정으로 대하며, 건강하고 안정적이며 자존감 높은 인격을 갖게 된다.

하지만 불행하게도 이렇게 반항적인 기질을 가진 아이가 엄격하고 폭력적이고 억압적인 방식으로 길러진다면 결과는 완전히 달라진다. 아이가 말을 듣지 않고 반항할 때 부모가 고압적인 태도로 나간다면 아이의 반항심을 오히려 더욱 부추기고, 아이는 부모를 미워하게 된다. 부모의 꾸중과 억압은 아이를 순종적으로 만들 수 없을 뿐만 아니라, 아이에게 부모에 대한 부정적인 이미지를 심어준다. 아이는 속으로 '나는 지지 않아. 나는 좋고 강한 사람이니까. 나를 못살게 구는 사람들은 몽땅 지옥으로 보내 버릴 거야!' 라고 다짐할 것이다.

하지만 이런 반항심을 바탕으로 형성된 높은 자존감은 비판과 처벌에 저항하기 위한 것이지 진정한 자존심이 아니다. 특히 사랑, 모방, 안정 애착을 통해 긍정적인 가치관이 형성될 수 없다. '나는 누구인가?'라는 질문에 대한 대답은 그저 외견상의 강인함이나 과대망상, 우울함 등으로 나타나게 되며, 진정한 자주성, 안정적인 자신감, 긍정적인 가치관, 잠재력을 발휘할 수 있는 능력 등을 갖지 못한다. 반항심에 바탕을 둔 높은 자존감은 약하고 불안정한 자신을 보호하기 위한 몸부림일 뿐이다. 긍정적이고 건설적인 목표를 가진 행동이 아니라, 악착같이 자신을 보호하기 위해 '나를 공격하지 마. 나를 욕하지 마. 무슨 일이 있어도 나를 무시하지 마'라고 외치고 있는 것이다.

가장된 자존감을 가진 사람들은 자아에 대한 감정과 만족도가 자존감이 낮은 사람들에 비해서는 조금 낫다. 하지만 그들 역시 대인 관계에서는 부적응성을 드러낸다. 남들과 친해지지 못하고, 실패한 뒤에도 자기 성찰을 하지 않아 교훈을 얻지 못한다. 또한 동료, 특히 자신보다 강한 권위를 가진 사람들과 원만한 관계를 맺지 못하고, 주변 사람들에게 반감을 사거나 소외당한다.

그러므로 긍정적인 자기 가치감 자체가 인생의 목표가 되어서는 안 되며, 가장된 자기 가치감으로 스스로를 속여서도 안 된다. 그것은 불안하고 타인과 맞서는 감정이기 때문이다. 진정한 내면의 본심으로 돌아가 가치 있는 인생 목표를 추구하고, 남들과 진정한 유대 관계를 맺어 자신의 잠재력을 충분히 발휘하도록 노력해야 한다.

12

자존심과
작별하라

치명적인
자존감 게임

> 옳은 일은 하면 기분이 좋아진다.
> → 아리스토텔레스

자존감의 함정은 매우 치명적이다. 자존감은 타인과의 비교이자, 자신의 사회적 지위와 사회 계층에 대한 주관적 표현이다. 환경에 적응하고 살아남기 위해 오랫동안 진화하면서 사회적 지위는 개인의 운명이나 인생을 대하는 태도와 삶의 궁극적인 목표를 좌우하는 중요한 요소가 되었다.

그러므로 사회적 지위에 대한 주관적 감정인 자존감은 한 사람의 인생에서 매우 중요한 의미를 갖는다. 자존감과 관련된 문제는 우리에게 혼란을 일으키기도 한다. 하루 종일 자존감에 대해 골몰하며 연연하다 보면 때로는 자존감을 해치거나 잃기도 하고 남에게 무시당하기도 한다. 이런 행위는 우리 삶의 균형을 무너뜨린다.

살인범들 중에는 자존감 장애를 안고 있는 경우가 많다. 자존감 장애가 살인의 원인이 되기도 하는 것이다. 몇 년 전 자수성가한 기업가가 실적이 부진한 직원에게 "대학을 졸업한 게 뭐 대수인 줄 알아? 나는 초등학교도 못 나왔지만 자네 사장이 됐잖아!"라고 면박을 주었다. 그 일로 직원은 앙심을 품고 다음 날 흉기로 사장을 찔러 죽였다. 그가 살인을 저지른 논리는 아주 단순하다.

"나보다 사회적 지위가 높은 사람이 그런 말을 했다면 그렇게 분노하지 않았을 것입니다. 내가 제일 용납할 수 없는 것은 초등학교도 못 나온 주제에 나를 무시했다는 겁니다!"

또 다른 예를 살펴보자. 농촌에서 올라와 막노동으로 근근이 살아가던 한 남자가 성매매를 하다가 화대를 놓고 실랑이를 벌였다. 화가 난 여자가 외쳤다.

"가난뱅이 주제에! 돈 없으면 올 생각을 말았어야지!"

그러자 남자는 홧김에 흉기를 꺼내 여자를 찔러 죽였고, 나중에 경찰에 체포된 남자는 이렇게 말했다.

"다른 사람들은 무시해도 좋소! 하지만 나보다 못한 창녀가 날 비웃는데 그것을 어떻게 참습니까!"

이런 사건도 있었다. 한적한 농촌에 살던 세 자매(남자아이 하나, 여자아이 둘)가 어느 날 등굣길에 유괴당한 뒤 잔인하게 살해됐다. 수사 결과 범인은 뜻밖에도 같은 동네에 사는 장 모 씨로, 피해 아동들과는 육촌 사이였다. 아무도 예상하지 못한 결과에 마을 사람들은 충격에 빠졌다. 장 모 씨는 평소에 착실하고 내성적이며, 누구와 작은 다툼도 벌인 적도 없는 청년이었다. 그가 자백한 범행 동기는 이러했다.

그와 피해자의 집안은 할아버지 대부터 이웃에 살며 매우 돈독한 형제애를 나누었다. 그러던 중 피해자들의 할아버지가 새로 집을 지어 이사하면서 두 집이 나란히 위치하게 되었는데, 그때부터 장 모 씨의 할아버지가 불만을 늘어놓았다. 동생이 자기 집보다 더 큰 집을 지은 것은 자신을 무시하기 때문이라고 여긴 것이었다. 그렇지 않아도 장 모 씨는 어릴 적부터 할아버지에게 피해자의 집을 험담하는 소리를 듣고 자랐다. 그러면서 자기도 모르게 그 집을 증오하게 되었고, 증오가 계속 쌓이면서 급기야 그 집의 연약한 아이들에게 복수를 한 것이다. 피해자의 가족들은 이미 과거의 일을 까맣게 잊고 있었다. 이런 충동적인 살인은 왜 벌어지는 것일까? 무엇이 그들에게 살인 충동을 불러일으키는 것일까? 바로 상처받은 자존감을 지키기 위한 것이다. 잘못된 자존감은 이처럼 커다란 불행을 부를 수도 있다.

자존감을 자극하는 미끼

자존감 장애를 가진 사람들은 자존감을 가지고 게임을 한다. 즉 일부러 상대의 자존심을 자극하는 것이다.

"고작 그것밖에 안 돼? 창피하지도 않아? 어차피 나를 따라오려면 멀었어. 아니꼬우면 도전해 보시든가!"

이런 미끼를 던지는 것은 자존감이 낮아서 그 문제에 민감하기 때문이다. 이런 미끼는 자존감이 낮은 사람들에게 즉효를 발휘한다. 그들은 미끼를 덥석 물고 분노하거나 우울해한다. 이때부터 자존감 게임이 시작된다. 하지만 이 게임은 종종 처음 시작한 사람의 예상을 뛰어넘어 크게 확대되고, 때로는 그 자신까지 파멸로 몰고 간다.

가끔은 딱히 미끼가 없어도 자존감 게임이 벌어진다. 몇 년 전 모 대학 심리학과의 여자 대학원생 두 명이 나란히 미국 유학을 신청했다. 두 사람은 기숙사 룸메이트로 매우 친한 사이였다. 둘은 모두 미국 대학으로부터 장학생 입학 허가를 받았다. 그런데 그중 B가 합격한 대학이 더 좋고 장학금 액수도 더 많았다. 그러자 A는 B의 전자우편 계정을 도용하여 그 대학 입학을 포기한다는 메일을 보냈고, 이 때문에 B의 유학은 좌절되고 말았다. 나중에 이 사실을 안 B가 A를 고소했고, 결국 A는 미국 대사관의 블랙리스트에 올라 비자 발급을 거절당했다.

A의 어리석은 행동은 타인은 물론 자신에게도 막대한 손해를 입히고 말았다. A가 그런 행동을 한 이유는 낮은 자존감 때문이라고밖에

설명할 수 없다. 자존감이 낮은 사람들은 이처럼 잘못된 비교로 인해 대인 관계를 해치고 자신도 피해를 본다. 그들은 마치 자신이 남들보다 더 우월해야만 가치 있는 인생이라고 생각하는 것 같다. 자존감 이론은 이런 사람들이 남에게 반감을 느끼는 이유, 그들이 남들에게 소외당하고 고독해지는 이유를 설명해 준다.

  사람들 간의 격차가 점점 벌어지고 있기는 하지만, 사회가 발전함에 따라 사회적 복지나 보장도 더 많이 확대되고 있다. 이제는 누구든 생존을 위한 기본 욕구를 충족할 수 있고, 집과 자동차를 갖는 것도 예전만큼 특별한 일이 아니다. 그러므로 내가 남보다 더 나은지, 사회적 지위가 더 높은지 등은 이제 생존이 아니라 정신적인 만족감이나 체면상의 문제가 되었다. 그럼에도 여전히 많은 사람들이 자존감에 연연하고 그 문제로 고민한다. 이것은 비이성적인 현상이다. 특히 요즘에는 자존감 추구가 이미 병태적 수준에 이르렀고, 사람들을 불행하게 만드는 중요한 요인이 되었다.

추구할수록 더 낮아지는 자존감

　　　　　　　물론 자존감이 낮은 사람들은 심리적으로 괴로움을 안고 살아간다. 그들은 자신도 자존감이 높은 사람들처럼 자신감이 넘치면 얼마나 좋을까 하고 생각한다. 그러나 심리학자들의 연구 결과에 따르면 높은 자존감을 추구하는 것은 매우 위험한 일이며 실패할 가능성이 크다. 높은 자존감을 추구할수록 오히려 자존감이 더 낮아질 수도 있다.

　자존감이 낮은 사람들이 높은 자존감을 추구하는 것은 일종의 역설이다. 아무리 얻고자 해도 얻을 수 없기 때문이다. 이는 행복을 추구하는 것과 같은 이치다. 행복한 사람들은 행복을 추구할 필요가 없다. 불행한 사람일수록 행복을 갈망하지만 그럴수록 행복해지기는 힘들다. 행복은 만족감을 높인다고 해서 얻어지는 것이 아니라 무심결에 느끼는 것이다. 행복을 의식적으로 손에 넣으려고 하면 그것은 오히려 더 멀어진다.

낮은 자존감은 복잡한 환경과 심리적 요인이 함께 작용해서 형성되기 때문에 높은 자존감의 특징을 모방한다고 바뀌지 않는다. 높은 자존감은 자기 가치에 대한 긍정적인 감정이자 자아에 대한 호감일 뿐이며, 자존감의 높고 낮음은 전혀 중요하지 않다. 중요한 것은 자존감이 어디에 바탕을 두고 있고, 어떤 심리적 기능을 발휘하는지에 있다. 다시 말해 자존감의 성질과 의의, 어떤 목적에서 그것이 필요하고 또 어떻게 사용할 것인지가 가장 중요하다.

자존감 교육의 영향으로 시중에는 자존감 향상에 관한 자기 계발서가 넘쳐난다. 날마다 거울을 보며 "나는 멋진 사람이다", "나는 가치 있는 사람이다"라고 중얼거리면 자존감이 높아진다고 말하는 책들도 있다. 그런데 연구 결과를 살펴보면 그런 직접적인 방식으로는 자존감을 높을 수 없을 뿐만 아니라, 오히려 반대의 결과를 초래한다.

우드 등의 심리학자들이 한 가지 실험을 했다. 대학생들을 자존감이 높은 그룹과 낮은 그룹으로 나누고, 실험군에 속한 학생들에게는 하루에 4회 4분씩 "나는 멋진 사람이다", "내가 하는 모든 행동은 가치 있다"라고 말하게 했다. 반면 대조군에 속한 학생들에게는 아무것도 시키지 않았다. 그런 뒤 자존감을 측정해 본 결과 실험군 중 자존감이 낮은 대학생들은 대조군보다 오히려 더 낮게 나왔고, 자존감이 높은 대학생들은 대조군보다 높게 나왔다.

이런 연구 결과도 있다. 대학생 피실험자들을 대상으로 처음 보는 이성에게서 교제 능력을 평가받게 했다. 교제 능력에 자신 없는 학생들에게는 사전에 스스로 "나는 자신감이 넘친다. 나는 훌륭한 교제 능력을 가지고 있다"라고 말하며 훈련하게 했다. 하지만 실험 결과, 이런 훈련은 긴장 해소에 효과가 없을 뿐만 아니라, 오히려 자신에 대한 부정적인 생각을 더 심화시킨다는 사실이 밝혀졌다.[*]

이런 자기 주입 훈련으로는 자존감을 향상시킬 수 없다. 그렇다면 "옳은 일을 하면 기분이 좋아진다"라는 아리스토텔레스의 말처럼 성공 경험으로 자존감을 높일 수 있을까? 남에게 칭찬받거나 중요한 대회에서 우승하면 자존감이 높은 사람이든 낮은 사람이든 모두 기분이 좋아지기 마련이다. 그런데 불행하게도 자존감이 낮은 사람들에게 성공은 양날의 검과 같다. 기분이 좋아지기는 하지만 동시에 스트레스와 초조함도 느끼게 되어 성공이 오히려 부정적인 자기 연상을 일으킬 수 있다.

---

[*] Michael H. Kernis, 앞의 책.

성공이 주는 강박관념

성공의 결과는 자존감이 낮은 사람들의 자기 개념에 부합하지 않는다. 이 때문에 그들은 성공했을 때 인지 균형을 잃고 긴장하게 되며, 자기 보호의 동기를 부추겨 부정적인 생각을 한다. 예를 들면 '이번에 1등을 했는데 다음에 1등을 하지 못하면 얼마나 창피할까?', '이번에는 반장이 되었지만 일을 잘하지 못해서 다음번 선거에서 떨어지면 어떻게 하지?'라는 근심에 사로잡힌다. 그들은 자신이 성공할수록 오히려 단점이 더 드러난다고 생각한다. 한 번 성공했으니 다음에는 더 높은 목표를 추구해야 한다는 강박 관념 때문에 괴로워한다.

이 점은 자존감이 낮은 대학생들을 상대로 한 인지 능력 검사에서도 증명되었다. 검사 결과가 나오기 전 그들은 대조군의 피실험자들보다 훨씬 초조해했고, 좋은 결과가 나오자 자존감이 빠르게 향상되면서 자기 과대망상이 나타났다. 하지만 평범한 생활로 돌아가거나 일이 뜻대로 되지 않으면 그들의 자존감은 다시 추락했다.

그렇다면 자존감을 끌어올리기 위해 성공을 추구하는 것이 과연 효과적일까? 그렇지 않다. 특정한 일의 결과에 따라 얻는 자존감은 조건부 자존감이다. 연구에 따르면 자존감이 낮은 사람들은 직장에서 승진했을 때 더 높은 직위를 바라고, 큰돈이 생겼을 때도 타인과 비교하여 그 돈이 그리 많지 않다고 여긴다.

행복 속 괴로움

자존감이 낮은 사람들은 성공하면 초조함을 느끼고 자아에 더 관심을 갖는다. 하지만 자아에 대한 과도한 관심은 타인과의 교제를 방해하는 걸림돌이 된다. 오로지 자신에게만 모든 주의력을 집중함으로써 타인의 협력에는 소홀해지기 때문이다. 또한 외적인 기준에 연연하면서 그것에 도달하지 못할까 봐, 혹은 자신의 성과가 남들의 기대에 부응하지 못할까 봐 걱정한다.

자존감이 낮은 사람들은 성공했을 때 이상적인 기준을 가지고 자신을 바라보는데, 이상적인 기준과 현실의 자신 간 격차에 예민하게 반응한다. 자존감이 낮은 학생들은 시험 성적이 우수하면 무의식중에 자신이 사교성이 부족하다고 생각하고, 노래 대회에서 우승하면 자기도 모르게 변변치 않은 국어 성적을 떠올리며, 국어 시험에서 높은 점수를 얻으면 낮은 수학 점수를 생각한다.

그들은 도무지 만족할 줄 모른다. 아무리 좋은 결과가 나와도 더 높은 이상과 자신을 비교하며 괴로워한다. 성공이 그들을 '비교'라는 악순환 속으로 밀어 넣는 것이다. 우수한 성과를 거두고도 자신의 단점을 떠올리며 괴로워하는 심리를 나는 '행복 속의 괴로움'이라고 부른다.

자존감이 낮은 사람들은 거울을 보며 '나는 멋진 사람이다'라고 되뇌어 말해도 속으로는 '나는 멋지지 않아. 누구처럼 남에게 호감을 주지도 못해. 더 멋진 사람이 되기 위해 노력해야 해'라며 자책한다. 자존감이 낮은 바이올리니스트는 관객들의 박수갈채를 받으면 기뻐하면서도 또 금세 자신의 연주 중에 한 실수를 떠올린다. 그는 실수를 저지르지만 않았어도 더 뜨거운 갈채를 받았을 거라 생각한다. 또한 지난번 공연 때보다 안정된 실력을 발휘하지 못했다고 후회하면서 다음 공연에서도 잘해낼 수 없을 거라며 우울해한다.

이런 자기 평가는 실력 향상을 위해 노력하도록 만드는 순기능이 있다. 하지만 부정적인 영향도 적지 않기 때문에 남용해서는 안 된다. 이를테면 자아에 몰두하여 자기 평가에만 과도하게 집착한 나머지 현실적인 문제 해결에 소홀해진다. 안정적이고 건강한 심리를 가지고 있는 사람들은 스스로 욕구 충족과 실력 향상을 추구한다. 그들의 생각, 느낌, 행동에는 자기 내면의 진정한 욕구가 반영되어 있다. 자기 평가는 그들에게 그다지 중요하지 않다. 자신과 이상적인 자아 간의 차이를 계속 걱정하는 것은 인생을 자주적으로 살아가는 데 아무런 도움이 되지 않는다. 외적인 기준에 집착하는 한 아무리 성공해도 자존감을 끌어올릴 수 없다.

이 밖에도 자존감은 개인의 성격이나 기질에서 영향을 받는다. 사람들마다 기질적으로 자존감의 안정도나 높고 낮음에 차이가 있으며, 타고난 기질을 쉽게 바뀌지 않는다. 자존감이 높은 사람들을 아무리 따라 해도 낙관적인 성격을 타고나지 않았다면 자존감을 끌어올릴 수 없다.

자존감이 사람의 생각, 감정, 행동을 결정한다기보다는 환경, 행동,

생각이 자존감을 좌우한다고 보는 것이 더 정확하다. 그러므로 자존감을 향상시키기 위한 노력은 효과를 볼 수 없으며 오히려 부작용을 초래할 수 있다.

높은 자존감 추구의 함정

높은 자존감을 목표로 삼는 것은 버스를 잘못 타는 것과 같다. 버스가 빨리 달릴수록 목적지와의 거리는 점점 멀어진다. 높은 자존감을 추구하는 것 자체가 심리가 건강하지 못하다는 증거다. 잘못된 인생 목표를 내면화했거나, 진정한 자아를 이해하지 못했거나, 자존감이 부족할 때 사람들은 높은 자존감에 집착하게 된다. 높은 자존감을 추구하면 심리 건강에 다음과 같은 부작용을 초래할 수 있다.

정서의 불균형

높은 자존감을 추구한다는 것은 자신이 하고 있는 일에 많은 의미를 부여하고 있음을 의미한다. 높은 자존감에 집착하는 이들에게 성공은 단순히 일의 성패에만 국한된 것이 아니라 자신의 가치를 증명하는 것이다. 그런데 성공에 너무 많은 의미를 부여하는 것은 위험하다. 실패할 경우 '나는 실패했어'에서 끝나지 않고 '나는 가치 없는 사람이야'라는 열등감으로 이어지기 때문이다. 자신이 중요하게 생각하고 노력하는 분야에서 성공하면 긍정적인 감정은 급격하게 강해지지만, 실패하면 부정적인 감정에 압도당해 버린다. 누구든 성공에 집착할수록 실패를 두려워하는 법이다.

그러므로 그때그때 수행하는 일에 너무 많은 의미를 부여하지는 않는 것이 좋다. "달걀을 한 바구니에 담지 말라"라는 주식 투자의 원칙은 심리 건강에도 적용될 수 있다. 심리적으로 건강한 사람들은 일과 가정 사이에서 적절한 균형을 유지한다. 어느 한쪽에만 치우쳐 모든 에너지를 오롯이 쏟아붓는 것은 위험하다. 세계 각국의 장수 노인들을 조사해 본 결과, 다원화된 가치관을 가지고 있다는 공통점이 있었다. 일터에서 열심히 일하면서 가족이나 친구와의 관계도 매우 중요하게 여겨 심리적 균형을 유지하는 것이다.

자주성 저하

높은 자존감을 추구하고 남에게 인정받고 싶어 할수록 걱정, 근심, 스트레스도 더 커진다. 실패하면 남의 비웃음을 살 수 있기 때문이다. 자신을 과대평가하고 남들의 부러움을 받고 싶어 하는 것은 특정한 일의 결과에 자신의 존재 의미를 두기 때문이다. 외적인 목표를 반드시 완수해야 한다는 강박 관념은 긴장과 스트레스를 부른다.

진정한 심리 건강은 '자주성'에서 나온다. 자신이 진정으로 원하는 것을 인생의 목표로 삼고 자유롭고 주도적으로 실현해 나갈 때 비로소 건강한 심리를 얻을 수 있다. 예를 들어 시험에서 좋은 성적을 내기 위해 공부하면 스트레스와 긴장에 시달리게 된다. 자발적으로 원해서가 아니라 나쁜 성적을 받을까 봐 두려워 공부하는 것이기 때문이다. 반대로 진정으로 자신이 원해서 공부할 때는 즐거울 뿐만 아니라 할수록 만족감도 커진다. 성적보다 학습 과정을 중요하게 생각하고, 결과가 아닌 과정에서 얻는 즐거움을 만끽한다. 따라서 스트레스도 상대적으로 적다.

실력 향상 저해

높은 자존감에 대한 집착은 오히려 실력 향상의 걸림돌이 될 수 있다. 실수, 실패, 비판, 부정적인 평가가 실력 향상의 계기가 아니라, 허영심 때문에 자아를 위협하는 요소가 될 뿐이다. 그러므로 실패를 피할 수 없는 경우 다른 수단을 동원하여 자존감을 보호하려고 한다. 가장 대표적인 행동이 자신보다 못한 사람과 비교하거나 현실을 인정하지 않고 환경적 요인을 원망하면서 타인을 공격하는 것이다. 이런 것은 실패를 교훈 삼아 자신을 성장시키는 데 방해가 된다. 시험에서 부정행위를 하는 사람들 중에는 자기 평가에 집착하고 높은 점수를 얻기 위해 공부하는 사람들이 많다는 연구 결과도 있다.

원만한 대인 관계 저해

자존감을 인생의 목표로 삼으면 원만한 대인 관계를 맺는 데 방해가 된다. 자존감이 인생의 목표인 사람들은 자신이 남들 눈에 어떻게 보이는지에만 관심을 갖는다. 그들의 인생 목표는 남보다 우월해지는 것이기 때문에 자신의 성과에 과도하게 연연하는 반면 남의 욕구와 감정은 무시해 버린다. 타인에 대해 자신을 돕고 지지하는 존재로 여기는 것이 아니라 경쟁자이자 적으로 여기기 때문에 그들을 비난하고 그들과의 소통을 회피하려 한다. 이런 행동은 대인 관계에 악영향을 미칠 수 밖에 없다.

심리 건강에 불리한 영향

타인과의 경쟁에서 승리하는 것을 인생의 목표로 삼고 높은 자존감을 추구할수록 우울감은 오히려 더 커진다. 자존감을 추구하는 사람들은 특정한 일의 가치를 과장하고 자신의 전체적인 가치로 확대해서 생각하는 경향이 있다. 하지만 특정 분야의 성과에 의존함으로써 유지되는 조건부 자존감은 안정적이지 않으며, 실패하면 커다란 우울감에 빠지게 된다. 대학생들을 대상으로 한 연구에 따르면 수동적인 자존감을 가진 사람은 긴장된 사건이 발생하면 우울증에 걸릴 확률이 높다.

효율성 저하

높은 자존감을 추구하는 사람들은 자존감이 위협받으면 자신이 상처입지 않는 데만 모든 신경을 쏟아붓는다. 이 때문에 문제 해결이나 객관적인 목표를 우선시하기보다 자신이 손해 보지 않는 방식으로 대응한다. 대표적인 예가 일을 미루거나 아예 회피해 버리는 것이다. 처음부터 시작하지 않는 것이 실패해서 창피를 당하는 것보다 낫기 때문이다. 하지만 그럴수록 성공할 가능성은 점점 줄어들 수밖에 없다.

완벽함에서 멀어져라

그렇다면 자존감이 낮은 사람들은 자기 개념을 바꿀 필요가 없을까? 그들은 평생 심리적인 고통을 안고 살아가야 할까? 그런데 자존감 상승만이 유일한 해결책은 아니다. 자존감을 변화시키는 것 말고도 다른 방법으로 심리적으로 더 건강해질 수 있다.

첫째, 완벽주의자식 자기 평가를 피하라. 완벽하고 이상적인 사람이 되어야 한다는 강박 관념을 버려야 한다. 자신이 완벽하지 않다는 사실을 받아들이고 흑백 논리로 자신을 평가해서는 안 된다. 실패했다고 해서 자신이 가치 없는 사람이 되는 것은 아니다. 유연한 생각을 가지고 자신을 평가할 때 더 행복해질 수 있다.

둘째, 장점을 발휘하라. 자신의 단점에만 주목하지 말고 장점에도 적당히 관심을 기울어야 한다. 긍정심리학에서는 자신의 장점에 주목해서 그것을 발휘하라고 조언한다. 실력이든 성격이든 자신이 가진 장점에 주목했다면 자신을 긍정적으로 바라보는 데 큰 도움이 된다.

셋째, 친구나 배우자의 진정한 관심과 칭찬을 이용하라. 주변 사람들이 무조건적인 사랑과 관심을 베풀고 표현한다면 안정감이 향상될 수 있다. 연구 결과에 따르면 배우자가 장점을 칭찬해 주고 무조건적으로 수용해줄 경우 안정된 자존감은 1년가량 지속된다. 단 그 사랑과 관심은 무조건적이어야 한다. 만일 특정한 일의 성과에 대한 관심과 칭찬이라면 진정한 도움이 될 수 없다.

넷째, 자주성과 주도성을 기르라. 자신이 원하는 것을 주도적으로 추구해야 한다. 자존감에 과도하게 집착하지 않기 위해서는 자신을 좋아하고 있는 그대로 받아들이며, 자기 평가의 함정에 빠지지 않도록 노력해야 한다. 자신이 진정으로 원하는 것과 목표가 무엇인지 분명하게 알아야 하며, 사소한 득실에 연연하지 말아야 한다. 자기 평가나 이상적인 기준과 자신을 비교하는 것이 아니라, 가장 하고 싶고 소중하게 여기는 일이 무엇인지 생각해 본다면 안정된 자존감을 얻을 수 있다.

또한 일의 결과가 아니라 과정을 중시하면서 그 속에서 만족감을 느껴야 한다. 특정한 행위의 결과에서 자존감을 얻는 것은 위험한 일이다. 언제나 남보다 우수할 수 있는 사람은 없으며, 누구나 실패할 때가 있기 때문이다. 누구도 일의 결과를 완벽하게 통제할 수는 없다.

성공의 경험이 긍정적인 정서에 도움이 되는 것은 분명한 사실이다. 그러므로 동기와 마음가짐을 바꾸어야 한다. 일의 성패가 자신에게 미칠 영향을 생각하지 말고 자신의 목표 실현 자체에 집중하라. 일의 성패와 자기 평가를 연결하지 말고 개인적인 흥미와 실력 향상, 기본적인 욕구 충족에서 만족감을 얻어야 한다. 성공을 통해서 얻는 자존감 향상이나 허영심 충족이 아니라, 자신의 잠재력 실현에 더 주목해야 한다. 한마디로 외재적인 결과가 아니라 내재적인 가치 실현에 집중해야 한다. 이런 동기의 전환이 있어야만 심리적으로 건강해지고 생활이 더욱 행복해질 것이다.

자존감보다 중요한 것

　　　　　　　　　자신이 어떤 사람인지, 과연 좋은 사람인지, 남들에게 호감을 주는지 스스로 묻지 말라. 그렇다면 어떻게 해야 할까? 어떤 방법으로 자신을 성장시킬 수 있을까? 다음의 몇 가지 방법을 꾸준히 연습한다면 효과를 거둘 수 있을 것이다.

　첫째, 만약 내가 시한부 인생을 살고 있다면 지금 무엇을 하겠는가? 정말로 하고 싶지만 하지 못한 일은 무엇인가? 어떻게 하면 그것들을 해낼 수 있을까?

　둘째, 시간을 되돌릴 수 있다면 지금까지 내 삶에서 바꾸고 싶은 것은 무엇인가? 고치고 싶은 단점이나 후회되는 것은 무엇인가? 그것을 고치기 위해 어떻게 할 것인가?

　셋째, 주변 사람들이 모두 나를 좋아하고, 타인은 조금도 위험하지 않으며 절대적으로 신뢰하고 협력할 수 있다고 확신할 수 있다면, 인생의 목표를 무엇에 두겠는가? 어떤 태도로 타인을 대하겠는가? 남들 앞에서 자신을 어떻게 보여 주겠는가?

넷째, 남들이 나를 이해하고 공감한다고 확신할 수 있다면, 내가 무엇을 하든 그들이 나의 선택을 믿고 지지해 준다고 확신할 수 있다면, 다시 말해 남의 평가에 신경 쓸 필요가 없다면 무엇을 하고 싶은가? 진정으로 바라는 것은 무엇이며, 인생의 가장 큰 의미는 무엇이라고 생각하는가?

다섯째, 만약 언제든 자신을 원하는 대로 바꿀 수 있다면 어떤 사람이 되고 싶은가? 10년 뒤 자신이 어떤 모습이기를 바라는가? 나를 지켜보고 있는 사람들이 없다면 내가 어떤 모습일 때 가장 행복하고 만족스러운가?

여섯째, 남들과 성과를 비교하지 않는다면 내가 진정으로 좋아하고 흥미를 느끼는 것은 무엇인가?

일곱째, 마음속 가장 깊은 곳에서 어떤 목소리가 들리는가? 그 목소리는 내게 어떤 사람이 되라고 외치는가?

자존감 평가
텍사스 사회적 행위 설문

이 책에서는 한 개인의 대인 관계를 이해하는 사회적 척도로서 자존감을 논한다. 자존감이 높은지 낮은지, 건강한지 그렇지 않은지를 알면 타인과의 심리적 거리와 사회적 위치를 파악할 수 있다. 자존감을 측정하는 방법으로 텍사스 사회적 행위 설문 Texas Social Behavior Inventory: TSBI*이 있다.

각 문항을 보고 자신의 상황에 가장 가까운 숫자에 체크해 본다.

1. 전혀 그렇지 않다
2. 별로 그렇지 않다
3. 가끔 그렇다
4. 자주 그렇다
5. 항상 그렇다

* Jonathon D. Brown, *The Self*, Psychology Press, 2007.

01	누가 내게 말을 걸어오지 않는 한 남에게 먼저 말을 걸지 않는다.	1 2 3 4 5
02	나는 자신감이 있다.	1 2 3 4 5
03	나는 외모에 매우 자신 있다.	1 2 3 4 5
04	사람들과 원만하게 잘 지낸다.	1 2 3 4 5
05	사람들이 많을 때는 적당한 화젯거리가 떠오르지 않는다.	1 2 3 4 5
06	사람들과 있을 때 나는 제안을 하기보다 남들이 하자는 대로 한다.	1 2 3 4 5
07	사람들과 의견이 다를 때는 항상 내 의견을 관철시킨다.	1 2 3 4 5
08	나는 리더가 되고 싶다.	1 2 3 4 5
09	사람들이 나를 우러러 본다.	1 2 3 4 5
10	나는 사람들과 함께 있는 것을 좋아한다.	1 2 3 4 5
11	나는 상대를 똑바로 바라보며 이야기한다.	1 2 3 4 5
12	사람들이 나에게 주목하도록 만들기가 힘들다.	1 2 3 4 5
13	나는 다른 사람들을 책임지고 싶지 않다.	1 2 3 4 5
14	나보다 권위가 높은 사람과 함께 있어도 불편하지 않다.	1 2 3 4 5
15	나는 스스로 우유부단하다고 생각한다.	1 2 3 4 5
16	나는 내 사교 능력을 조금도 의심하지 않는다.	1 2 3 4 5

점수 계산법

- 1, 5, 6, 12, 13, 15번 항목은 1=5점, 2=4점, 3=3점, 4=2점, 5=1점이고, 나머지는 번호와 점수가 같다.
- 16개 문항의 점수를 모두 더해 총점을 계산한다.
- 총점이 높을수록 자존감이 높다는 뜻이다.

自尊有毒
Copyright ⓒ 2014 by Liu Xiang Ping
Korean Translation Copyright ⓒ 2022 by VIVACE Publishing Co.
This translation is published by arrangement with Liu Xiang Ping through
SilkRoad Agency, Seoul, Korea.
All rights reserved.

이 책의 한국어판 저작권은 실크로드 에이전시를 통해
Liu Xiang Ping과 독점 계약한 비바체 출판사에 있습니다.
저작권법에 의해 한국 내에서 보호를 받는 저작물이므로 무단 전재와 복제를 금합니다.

초판 1쇄 인쇄 2025년 07월 18일
초판 1쇄 발행 2025년 07월 30일

지은이 ㅣ 류샹핑
옮긴이 ㅣ 허유영
펴낸이 ㅣ 구본건

펴낸곳 ㅣ 비바체
출판등록 ㅣ 제2021000124호
주소 ㅣ (27668) 서울시 강서구 등촌동39길 23-10 202호
전화 ㅣ 070-7868-7849 팩스 ㅣ 0504-424-7849
전자우편 ㅣ vivacebook@naver.com

ISBN 979-11-93221-32-7 (03180)

- 이 책의 한국어판 저작권은 실크로드 에이전시를 통해 Beijing Huawenjingdian Book Co., Ltd.와 독점 계약한 비바체 출판사에 있습니다.
- 저작권법에 의해 한국 내에서 보호를 받는 저작물이므로 무단전재와 복제를 금합니다.

※ 잘못 만들어진 책은 구입처에서 교환 가능합니다.